기술분야 채용형 인턴 채용 대비

한국승강기 안전공단

직업기초능력평가

한국승강기안전공단
직업기초능력평가

초판 발행　2021년 1월 27일
개정판 발행　2023년 4월 21일

편 저 자 | 취업적성연구소
발 행 처 | ㈜서원각
등록번호 | 1999-1A-107호
주　　소 | 경기도 고양시 일산서구 덕산로 88-45(가좌동)
교재주문 | 031-923-2051
팩　　스 | 031-923-3815
교재문의 | 카카오톡 플러스 친구[서원각]
홈페이지 | www.goseowon.com

PREFACE

우리나라 기업들은 1960년대 이후 현재까지 비약적인 발전을 이루었다. 이렇게 급속한 성장을 이룰 수 있었던 배경에는 우리나라 국민들의 근면성 및 도전정신이 있었다. 그러나 빠르게 변화하는 세계 경제의 환경에 적응하기 위해서는 근면성과 도전정신 이외에 또 다른 성장 요인이 필요하다.

최근 많은 공사·공단에서는 기존의 직무 관련성에 대한 고려 없이 인·적성, 지식 중심으로 치러지던 필기전형을 탈피하고, 산업현장에서 직무를 수행하기 위해 요구되는 능력을 산업부문별·수준별로 체계화 및 표준화한 NCS를 기반으로 하여 채용공고 단계에서 제시되는 '직무 설명자료'상의 직업기초능력과 직무수행능력을 측정하기 위한 직업기초능력평가, 직무수행능력평가 등을 도입하고 있다.

한국승강기안전공단에서도 업무에 필요한 역량 및 책임감과 적응력 등을 구비한 인재를 선발하기 위하여 고유의 선발평가를 치르고 있다. 본서는 한국승강기안전공단 채용대비를 위한 필독서로 한국승강기안전공단 직업기초능력평가의 출제경향을 철저히 분석하여 응시자들이 보다 쉽게 시험유형을 파악하고 효율적으로 대비할 수 있도록 구성하였다.

신념을 가지고 도전하는 사람은 반드시 그 꿈을 이룰 수 있습니다. 처음에 품은 신념과 열정이 취업 성공의 그 날까지 빛바래지 않도록 서원각이 수험생 여러분을 응원합니다.

STRUCTURE

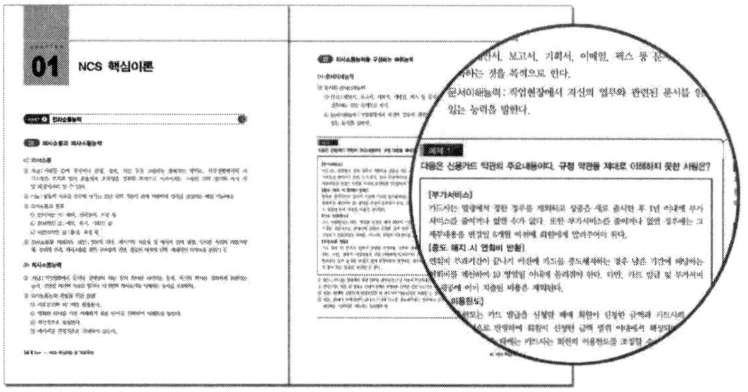

NCS 핵심이론

NCS 직업기초능력 핵심이론을 체계적으로 정리하여 단기간에 학습할 수 있도록 하였습니다.

NCS 예상문제

적중률 높은 영역별 출제예상문제를 수록하여 학습효율을 확실하게 높였습니다.

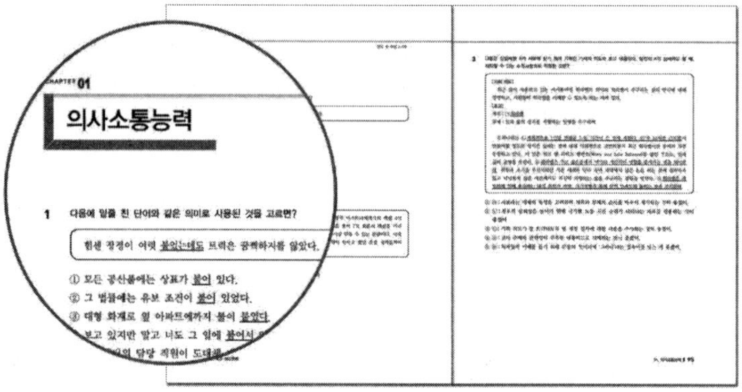

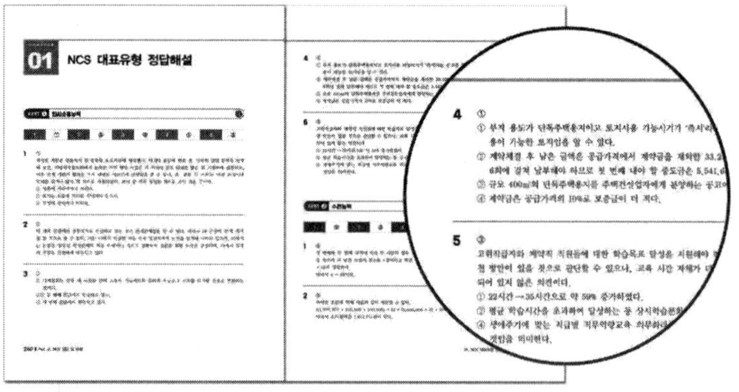

NCS 정답 및 해설

문제의 핵심을 꿰뚫는 명쾌하고 자세한 해설로 수험생들의 이해를 돕습니다.

CONTENTS

채용안내

✔ 한국승강기안전공단 소개

한국승강기안전공단은 「승강기안전관리법」에 의거 승강기안전으로 국민의 행복을 지키기 위하여 전력을 다하고 있으며, 승강기로 인한 위해를 방지하고 승강기 안전관리사업을 체계적으로 추진하기 위하여 다음과 같은 업무를 추진하고 있습니다.

① 승강기 이용자를 보호하고 승강기로 인한 위해를 방지하기 위한 승강기검사

② 승강기 안전기준 및 제도 선진화, 기술개발 등 승강기 전반에 걸친 종합적이고 체계적인 조사연구

③ 승강기 이용자의 안전교육, 승강기 관리자의 안전관리 능력향상, 승강기업계 기술인력 양성

④ 승강기 안전성 확보를 위한 승강기 모델, 부품에 대한 안전인증

⑤ 승강기 안전관리에 필요한 각종정보 제공 및 승강기 안전문화 확산을 위한 대국민 안전홍보활동

⑥ 한국국제승강기엑스포, 글로벌 네트워크 등을 활용한 승강기 안전기술 교류 및 업체 기술지원

⑦ 컨설팅, 진단 등을 통한 승강기의 안전성 확보 및 성능개선

⑧ 위험기계기구, 안전검사 및 안전진단

✔ KoELSA 인재상

HRD VISION		
Human Resource Development이 잇는 미래 세상		
인재상		
국민생활안전을 선도하는 최고의 승강기안전 전문가양성		
학습하는 인재	소통하는 인재	미래지향적 인재
조직발전과 자기개발을 위해 학습하는 인재	내 · 외부 고객과 소통하는 인재	기관 미래를 위해 도전하는 인재

✔ 중장기 경영전략

미션 … 승강기 안전, 국민행복실현				
비전 … 국민안전과 산업진흥을 선도하는 승강기안전 플랫폼기관				
핵심가치	안전	소통	성장	혁신
경영방침	안전중심의 책임완수	참여중심의 안전실천	성장중심의 상생협력	효율중심의 경영쇄신
경영목표	승강기 안전사고 80% 감소	승강기 안전문화 2.0배 향상	승강기 중소기업 경쟁력 향상 (매출액 비중 33%)	공공기관 혁신 우수기관 달성
전략방향	승강기 안전관리 선도	국민체감 안전환경 조성	승강기 산업 성장 활력 제고	효율중심 경영혁신 강화
전략과제 (12대)	01. 승강기 검사품질 신뢰 향상 02. 디지털 승강기 사고예방체계 확립 03. 승강기 안전진단 서비스 확대	01. 대국민 승강기 안전홍보 확대 02. 맞춤형 승강기 안전교육 강화 03. 승강기 종사자 안전역량 제고	01. 혁신성장 수요형 R&D 강화 02. 승강기 안전인증 규제 개혁 03. 승강기 중소기업 동반성장 지원	01. 자율·책임 기반 경영체계 강화 02. 직무 중심의 인사 혁신 03. ESG 기반 사회적책임 완수

✔ 안전보건경영방침

한국승강기안전공단 임직원은 안전보건을 경영의 최우선 가치로 삼아 안전하고 쾌적한 작업환경을 조성하고, 국민이 안전하고 편리한 삶을 살 수 있도록 다음의 안전보건경영방침을 적극 이행한다.

① 안전보건활동을 최우선적으로 이행하며, 맡은 직무에서 책임과 역할을 철저히 수행한다.

② 안전보건 법규와 규정을 준수하고, 위험요인의 지속적인 평가와 제거를 통해 안전사고를 사전에 예방한다.

③ 교육과 훈련을 통해 안전보건 역량을 높이고, 적극적으로 실천하여 안전보건을 생활화 한다.

④ 이해관계자가 함께 참여하는 안전보건을 위해 다양한 소통채널을 운영하고, 실천하는 안전문화를 조성한다.

⑤ 승강기 이용 국민의 안전과 편의를 보장하며, 사업 추진과정에서 안전보건 확보를 위해 노력한다.

✔ 채용형 인턴 채용안내

① 공통 응시자격

㉠ 「승강기 기사」 자격 보유자

㉡ 공단 인사규정 제11조에 따른 결격사유가 없는 사람

㉢ 기술분야(승강기 법정검사) 업무에 지장이 없는 사람

㉣ 채용예정일부터 근무 가능한 사람

㉤ 연령 제한 없음(단, 임용예정일 기준 공단 정년(62세)에 도달한 자 제외)

㉥ 병역필(임용일 전 전역가능자 포함) 또는 면제자(비해당자)

※ 임용예정일부터 근무의 예외 : 해외체류자, 코로나19 확진자, 의사환자, 자가격리자 등 특별한 사유가 있을 경우에 한하여 임용(예정)일을 유예할 수 있음 단, 이 경우 예비합격자 운영기간내 승인함

② 개별 응시자격 및 담당업무

채용분야	세부분야	개별 응시자격	담당업무
기술분야	일반	–	기술분야(승강기 법정검사) 업무 등
	지역인재 (울산 · 경남)	최종 학력(대학원 이상 제외)을 기준으로 울산 · 경남 지역 소재 학교 졸업예정자 또는 졸업자	
	고졸	최종학력이 '고등학교 졸업'인 자	
	국가유공자	관련 법령에 따른 국가유공자	
	장애인	「장애인고용촉진 및 직업재활법」 상 장애인	

③ 전형절

서류전형 ▶ 필기전형 ▶ 면접전형 ▶ 최종합격자 발표 및 이의신청 접수 ▶ 임용

④ 서류전형

㉠ 합격요건 : 응시자격을 충족한 응시자

㉡ 불합격 : 입사지원서 및 자기소개서 불성실 기재자(블라인드 채용 위반, 공란, 동일내용 반복, 타사 지원내용, 항목별 100자 미만 작성 등)

㉢ 합격발표 : 채용홈페이지 및 알리오 게시(개별안내 병행)

⑤ 필기전형

㉠ 시험장소 : 서류전형 합격자 발표 시 별도 안내 예정

㉡ 시험구성

교시	시험내용	시험시간	배점
1교시	인성검사	30분	적 · 부
2교시	NCS직업기초능력평가(총 40문항) – 직무기술서 상 직업기초능력 기준으로 출제	60분	100점

㉢ 합격자 결정

- 1교시 부적합자(적 · 부 판정)를 제외 한 후 가산점을 포함한 2교시 점수가 60점 이상인 사람 중에서 고득점 순위로 합격자 및 예비합격자를 선발
  ※ 가산점 부여기준 : 2교시 시험 만점의 40% 이상 득점자만 부여
- 합격자(면접전형 대상자)는 세부분야 별 채용인원의 2배수로 선발
- 동점자의 경우, 동점자 전원 면접전형 응시기회 부여
- 양성평등 채용목표제

• 적용분야 : 일반, 지역인재(울산 · 경남)

※ 해당공고에서 최종 선발예정인원이 6인 이상인 분야

• 적용방법 : 필기전형 시 모집단위별 어느 한 성(性)의 합격인원 비율이 필기전형 단계 선발인원의 15%에 미달할 경우 합격선의 −5점 이내에서 고득점순으로 목표 미달인원 만큼 당초 합격 예정인원을 초과하여 추가 합격처리

⑥ 면접전형

㉠ 전형장소 : 필기전형 합격자 발표 시 개별 안내 예정

㉡ 평가요소

• 직업관(직업윤리)
• 전문성 및 업무수행능력
• 예의 · 품행 및 성실성
• 발전가능성
• 고객지향성 및 협력성

㉢ 합격자 결정

• 평가요소별 산술평균값을 집계하여 가산점을 포함한 면접전형 평점(산술평균값, 소수점 셋째자리에서 반올림)이 60점 이상인 사람 중에서 고득점 순위로 최종합격자 및 예비합격자를 선발

※ 가산점 부여기준: 만점의 40% 이상 득점자만 부여

• 필기전형 점수를 반영하지 않음
• 동점자의 경우, 직업관(직업윤리), 전문성 및 업무수행능력, 예의 · 품행, 성실성, 발전가능성, 고객지향성 및 협력성 순 고득점자를 합격자로 선정

⑦ 가산점

구분	우대대상	대상전형		가산점 (만점기준)	부여기준
		필기	면접		
법정	장애인	○	○	10%	「장애인고용촉진 및 직업재활법」 상 장애인
	국가유공자	○	○	5% 또는 10%	관련법령에 의거 차등 부여, 가점이 높은 한 가지만 부여
	의사상자	○	○	5% 또는 3%	「의사상자 등 예우 및 지원에 관한 법률」 상 의사상자
한국사 자격증	전 분야	○	○	3%, 2%, 1%	국사편찬위원회의 한국사능력검정시험 3급 이상의 자격자 – 1급 : 3%, 2급 : 2%, 3급 : 1%(중복불가)
사회적 취약 계층 우대	저소득층	○	○	5%	「국민기초생활보장법」상 기초생활수급자
	다문화가정	○	○	5%	「다문화가족지원법」 상 다문화가족
	북한 이탈주민	○	○	5%	「북한이탈주민의 보호 및 정착지원에 관한 법률」에 의한 북한이탈주민

※ 가산점의 합은 최대 10%까지 적용

PART

I

NCS 핵심이론 및 대표유형

CHAPTER

01 NCS 핵심이론

PART Ⅰ 의사소통능력

01 의사소통과 의사소통능력

(1) 의사소통

① 개념 : 사람들 간에 생각이나 감정, 정보, 의견 등을 교환하는 총체적인 행위로, 직장생활에서의 의사소통은 조직과 팀의 효율성과 효과성을 성취할 목적으로 이루어지는 구성원 간의 정보와 지식 전달 과정이라고 할 수 있다.

② 기능 : 공동의 목표를 추구해 나가는 집단 내의 기본적 존재 기반이며 성과를 결정하는 핵심 기능이다.

③ 의사소통의 종류

㉠ 언어적인 것 : 대화, 전화통화, 토론 등

㉡ 문서적인 것 : 메모, 편지, 기획안 등

㉢ 비언어적인 것 : 몸짓, 표정 등

④ 의사소통을 저해하는 요인 : 정보의 과다, 메시지의 복잡성 및 메시지 간의 경쟁, 상이한 직위와 과업지향형, 신뢰의 부족, 의사소통을 위한 구조상의 권한, 잘못된 매체의 선택, 폐쇄적인 의사소통 분위기 등

(2) 의사소통능력

① 개념 : 직장생활에서 문서나 상대방이 하는 말의 의미를 파악하는 능력, 자신의 의사를 정확하게 표현하는 능력, 간단한 외국어 자료를 읽거나 외국인의 의사표시를 이해하는 능력을 포함한다.

② 의사소통능력 개발을 위한 방법

㉠ 사후검토와 피드백을 활용한다.

㉡ 명확한 의미를 가진 이해하기 쉬운 단어를 선택하여 이해도를 높인다.

㉢ 적극적으로 경청한다.

㉣ 메시지를 감정적으로 곡해하지 않는다.

02 의사소통능력을 구성하는 하위능력

(1) 문서이해능력

① 문서와 문서이해능력

㉠ 문서 : 제안서, 보고서, 기획서, 이메일, 팩스 등 문자로 구성된 것으로 상대방에게 의사를 전달하여 설득하는 것을 목적으로 한다.

㉡ 문서이해능력 : 직업현장에서 자신의 업무와 관련된 문서를 읽고, 내용을 이해하고 요점을 파악할 수 있는 능력을 말한다.

예제 1

다음은 신용카드 약관의 주요내용이다. 규정 약관을 제대로 이해하지 못한 사람은?

[부가서비스]
카드사는 법령에서 정한 경우를 제외하고 상품을 새로 출시한 후 1년 이내에 부가서비스를 줄이거나 없앨 수가 없다. 또한 부가서비스를 줄이거나 없앨 경우에는 그 세부내용을 변경일 6개월 이전에 회원에게 알려주어야 한다.
[중도 해지 시 연회비 반환]
연회비 부과기간이 끝나기 이전에 카드를 중도해지하는 경우 남은 기간에 해당하는 연회비를 계산하여 10 영업일 이내에 돌려줘야 한다. 다만, 카드 발급 및 부가서비스 제공에 이미 지출된 비용은 제외된다.
[카드 이용한도]
카드 이용한도는 카드 발급을 신청할 때에 회원이 신청한 금액과 카드사의 심사 기준을 종합적으로 반영하여 회원이 신청한 금액 범위 이내에서 책정되며 회원의 신용도가 변동되었을 때에는 카드사는 회원의 이용한도를 조정할 수 있다.
[부정사용 책임]
카드 위조 및 변조로 인하여 발생된 부정사용 금액에 대해서는 카드사가 책임을 진다. 다만, 회원이 비밀번호를 다른 사람에게 알려주거나 카드를 다른 사람에게 빌려주는 등의 중대한 과실로 인해 부정사용이 발생하는 경우에는 회원이 그 책임의 전부 또는 일부를 부담할 수 있다.

① 혜수 : 카드사는 법령에서 정한 경우를 제외하고는 1년 이내에 부가서비스를 줄일 수 없어
② 진성 : 카드 위조 및 변조로 인하여 발생된 부정사용 금액은 일괄 카드사가 책임을 지게 돼
③ 영훈 : 회원의 신용도가 변경되었을 때 카드사가 이용한도를 조정할 수 있어
④ 영호 : 연회비 부과기간이 끝나기 이전에 카드를 중도해지하는 경우에는 남은 기간에 해당하는 연회비를 카드사는 돌려줘야 해

출제의도
주어진 약관의 내용을 읽고 그에 대한 상세 내용의 정보를 이해하는 능력을 측정하는 문항이다.

해 설
② 부정사용에 대해 고객의 과실이 있으면 회원이 그 책임의 전부 또는 일부를 부담할 수 있다.

답 ②

② 문서의 종류

㉠ 공문서 : 정부기관에서 공무를 집행하기 위해 작성하는 문서로, 단체 또는 일반회사에서 정부기관을 상대로 사업을 진행할 때 작성하는 문서도 포함된다. 엄격한 규격과 양식이 특징이다.

㉡ 기획서 : 아이디어를 바탕으로 기획한 프로젝트에 대해 상대방에게 전달하여 시행하도록 설득하는 문서이다.

㉢ 기안서 : 업무에 대한 협조를 구하거나 의견을 전달할 때 작성하는 사내 공문서이다.

㉣ 보고서 : 특정한 업무에 관한 현황이나 진행 상황, 연구 · 검토 결과 등을 보고하고자 할 때 작성하는 문서이다.

㉤ 설명서 : 상품의 특성이나 작동 방법 등을 소비자에게 설명하기 위해 작성하는 문서이다.

㉥ 보도자료 : 정부기관이나 기업체 등이 언론을 상대로 자신들의 정보를 기사화 되도록 하기 위해 보내는 자료이다.

㉦ 자기소개서 : 개인이 자신의 성장과정이나, 입사 동기, 포부 등에 대해 구체적으로 기술하여 자신을 소개하는 문서이다.

㉧ 비즈니스 레터(E-mail) : 사업상의 이유로 고객에게 보내는 편지다.

㉨ 비즈니스 메모 : 업무상 확인해야 할 일을 메모형식으로 작성하여 전달하는 글이다.

③ 문서이해의 절차 : 문서의 목적 이해 → 문서 작성 배경 · 주제 파악 → 정보 확인 및 현안문제 파악 → 문서 작성자의 의도 파악 및 자신에게 요구되는 행동 분석 → 목적 달성을 위해 취해야 할 행동 고려 → 문서 작성자의 의도를 도표나 그림 등으로 요약 · 정리

(2) 문서작성능력

① 작성되는 문서에는 대상과 목적, 시기, 기대효과 등이 포함되어야 한다.

② 문서작성의 구성요소

㉠ 짜임새 있는 골격, 이해하기 쉬운 구조

㉡ 객관적이고 논리적인 내용

㉢ 명료하고 설득력 있는 문장

㉣ 세련되고 인상적인 레이아웃

예제 2

다음은 들은 내용을 구조적으로 정리하는 방법이다. 순서에 맞게 배열하면?

㉠ 관련 있는 내용끼리 묶는다. ㉡ 묶은 내용에 적절한 이름을 붙인다. ㉢ 전체 내용을 이해하기 쉽게 구조화한다. ㉣ 중복된 내용이나 덜 중요한 내용을 삭제한다.

① ㉠㉡㉢㉣ ② ㉠㉡㉣㉢
③ ㉡㉠㉢㉣ ④ ㉡㉠㉣㉢

출제의도

음성정보는 문자정보와는 달리 쉽게 잊혀지기 때문에 음성정보를 구조화 시키는 방법을 묻는 문항이다.

해 설

내용을 구조적으로 정리하는 방법은 '㉠ 관련 있는 내용끼리 묶는다. → ㉡ 묶은 내용에 적절한 이름을 붙인다. → ㉣ 중복된 내용이나 덜 중요한 내용을 삭제한다. → ㉢ 전체 내용을 이해하기 쉽게 구조화 한다.'가 적절하다.

답 ②

③ 문서의 종류에 따른 작성방법

㉠ 공문서
- 육하원칙이 드러나도록 써야 한다.
- 날짜는 반드시 연도와 월, 일을 함께 언급하며, 날짜 다음에 괄호를 사용할 때는 마침표를 찍지 않는다.
- 대외문서이며, 장기간 보관되기 때문에 정확하게 기술해야 한다.
- 내용이 복잡할 경우 '-다음-', '-아래-'와 같은 항목을 만들어 구분한다.
- 한 장에 담아내는 것을 원칙으로 하며, 마지막엔 반드시 '끝'자로 마무리 한다.

㉡ 설명서
- 정확하고 간결하게 작성한다.
- 이해하기 어려운 전문용어의 사용은 삼가고, 복잡한 내용은 도표화 한다.
- 명령문보다는 평서문을 사용하고, 동어 반복보다는 다양한 표현을 구사하는 것이 바람직하다.

㉢ 기획서
- 상대를 설득하여 기획서가 채택되는 것이 목적이므로 상대가 요구하는 것이 무엇인지 고려하여 작성하며, 기획의 핵심을 잘 전달하였는지 확인한다.
- 분량이 많을 경우 전체 내용을 한눈에 파악할 수 있도록 목차구성을 신중히 한다.
- 효과적인 내용 전달을 위한 표나 그래프를 적절히 활용하고 산뜻한 느낌을 줄 수 있도록 한다.
- 인용한 자료의 출처 및 내용이 정확해야 하며 제출 전 충분히 검토한다.

㉣ 보고서
- 도출하고자 하는 핵심내용을 구체적이고 간결하게 작성한다.
- 내용이 복잡할 경우 도표나 그림을 활용하고, 참고자료는 정확하게 제시한다.
- 제출하기 전에 최종점검을 하며 질의를 받을 것에 대비한다.

예제 3

다음 중 공문서 작성에 대한 설명으로 가장 적절하지 못한 것은?

① 공문서나 유가증권 등에 금액을 표시할 때에는 한글로 기재하고 그 옆에 괄호를 넣어 숫자로 표기한다.

② 날짜는 숫자로 표기하되 년, 월, 일의 글자는 생략하고 그 자리에 온점(.)을 찍어 표시한다.

③ 첨부물이 있는 경우에는 붙임 표시문 끝에 1자 띄우고 "끝."이라고 표시한다.

④ 공문서의 본문이 끝났을 경우에는 1자를 띄우고 "끝."이라고 표시한다.

출제의도

업무를 할 때 필요한 공문서 작성법을 잘 알고 있는지를 측정하는 문항이다.

해 설

공문서 금액 표시

아라비아 숫자로 쓰고, 숫자 다음에 괄호를 하여 한글로 기재한다.

예) 123,456원의 표시 : 금 123,456(금 일십이만삼천사백오십육원)

답 ①

④ 문서작성의 원칙

㉠ 문장은 짧고 간결하게 작성한다.(간결체 사용)

㉡ 상대방이 이해하기 쉽게 쓴다.

㉢ 불필요한 한자의 사용을 자제한다.

㉣ 문장은 긍정문의 형식을 사용한다.

㉤ 간단한 표제를 붙인다.

㉥ 문서의 핵심내용을 먼저 쓰도록 한다.(두괄식 구성)

⑤ 문서작성 시 주의사항

㉠ 육하원칙에 의해 작성한다.

㉡ 문서 작성시기가 중요하다.

㉢ 한 사안은 한 장의 용지에 작성한다.

㉣ 반드시 필요한 자료만 첨부한다.

㉤ 금액, 수량, 일자 등은 기재에 정확성을 기한다.

㉥ 경어나 단어사용 등 표현에 신경 쓴다.

㉦ 문서작성 후 반드시 최종적으로 검토한다.

⑥ 효과적인 문서작성 요령

㉠ 내용이해 : 전달하고자 하는 내용과 핵심을 정확하게 이해해야 한다.

㉡ 목표설정 : 전달하고자 하는 목표를 분명하게 설정한다.

㉢ 구성 : 내용 전달 및 설득에 효과적인 구성과 형식을 고려한다.

㉣ 자료수집 : 목표를 뒷받침할 자료를 수집한다.

㉤ 핵심전달 : 단락별 핵심을 하위목차로 요약한다.

㉥ 대상파악 : 대상에 대한 이해와 분석을 통해 철저히 파악한다.

㉦ 보충설명 : 예상되는 질문을 정리하여 구체적인 답변을 준비한다.

㉧ 문서표현의 시각화 : 그래프, 그림, 사진 등을 적절히 사용하여 이해를 돕는다.

(3) 경청능력

① 경청의 중요성 : 경청은 다른 사람의 말을 주의 깊게 들으며 공감하는 능력으로 경청을 통해 상대방을 한 개인으로 존중하고 성실한 마음으로 대하게 되며, 상대방의 입장에 공감하고 이해하게 된다.

② 경청을 방해하는 습관 : 짐작하기, 대답할 말 준비하기, 걸러내기, 판단하기, 다른 생각하기, 조언하기, 언쟁하기, 옳아야만 하기, 슬쩍 넘어가기, 비위 맞추기 등

③ 효과적인 경청방법

㉠ 준비하기 : 강연이나 프레젠테이션 이전에 나누어주는 자료를 읽어 미리 주제를 파악하고 등장하는 용어를 익혀둔다.

㉡ 주의 집중 : 말하는 사람의 모든 것에 집중해서 적극적으로 듣는다.

㉢ 예측하기 : 다음에 무엇을 말할 것인가를 추측하려고 노력한다.

㉣ 나와 관련짓기 : 상대방이 전달하고자 하는 메시지를 나의 경험과 관련지어 생각해 본다.

㉤ 질문하기 : 질문은 듣는 행위를 적극적으로 하게 만들고 집중력을 높인다.

㉥ 요약하기 : 주기적으로 상대방이 전달하려는 내용을 요약한다.

㉦ 반응하기 : 피드백을 통해 의사소통을 점검한다.

예제 4

다음은 면접스터디 중 일어난 대화이다. 민아의 고민을 해소하기 위한 조언으로 가장 적절한 것은?

> 지섭 : 민아씨, 어디 아파요? 표정이 안 좋아 보여요.
> 민아 : 제가 원서 넣은 공단이 내일 면접이어서요. 그동안 스터디를 통해서 면접 연습을 많이 했는데도 벌써부터 긴장이 되네요.
> 지섭 : 민아씨는 자기 의견도 명확히 피력할 줄 알고 조리 있게 설명을 잘 하시니 걱정 안하셔도 될 것 같아요. 아, 손에 꽉 쥐고 계신 건 뭔가요?
> 민아 : 아, 제가 예상 답변을 정리해서 모아둔거에요. 내용은 거의 외웠는데 이렇게 쥐고 있지 않으면 불안해서..
> 지섭 : 그 정도로 준비를 철저히 하셨으면 걱정할 이유 없을 것 같아요.
> 민아 : 그래도 압박면접이거나 예상치 못한 질문이 들어오면 어떻게 하죠?
> 지섭 : ________________________________

① 시선을 적절히 처리하면서 부드러운 어투로 말하는 연습을 해보는 건 어때요?
② 공식적인 자리인 만큼 옷차림을 신경 쓰는 게 좋을 것 같아요.
③ 당황하지 말고 질문자의 의도를 잘 파악해서 침착하게 대답하면 되지 않을까요?
④ 예상 질문에 대한 답변을 좀 더 정확하게 외워보는 건 어떨까요?

출제의도

상대방이 하는 말을 듣고 질문 의도에 따라 올바르게 답하는 능력을 측정하는 문항이다.

해 설

민아는 압박질문이나 예상치 못한 질문에 대해 걱정을 하고 있으므로 침착하게 대응하라고 조언을 해주는 것이 좋다.

답 ③

(4) 의사표현능력

① 의사표현의 개념과 종류

㉠ 개념 : 화자가 자신의 생각과 감정을 청자에게 음성언어나 신체언어로 표현하는 행위이다.

㉡ 종류
- 공식적 말하기 : 사전에 준비된 내용을 대중을 대상으로 말하는 것으로 연설, 토의, 토론 등이 있다.
- 의례적 말하기 : 사회 · 문화적 행사에서와 같이 절차에 따라 하는 말하기로 식사, 주례, 회의 등이 있다.
- 친교적 말하기 : 친근한 사람들 사이에서 자연스럽게 주고받는 대화 등을 말한다.

② 의사표현의 방해요인

㉠ 연단공포증 : 연단에 섰을 때 가슴이 두근거리거나 땀이 나고 얼굴이 달아오르는 등의 현상으로 충분한 분석과 준비, 더 많은 말하기 기회 등을 통해 극복할 수 있다.

㉡ 말 : 말의 장단, 고저, 발음, 속도, 쉼 등을 포함한다.

㉢ 음성 : 목소리와 관련된 것으로 음색, 고저, 명료도, 완급 등을 의미한다.

㉣ 몸짓 : 비언어적 요소로 화자의 외모, 표정, 동작 등이다.

㉤ 유머 : 말하기 상황에 따른 적절한 유머를 구사할 수 있어야 한다.

③ 상황과 대상에 따른 의사표현법

㉠ 잘못을 지적할 때 : 모호한 표현을 삼가고 확실하게 지적하며, 당장 꾸짖고 있는 내용에만 한정한다.

㉡ 칭찬할 때 : 자칫 아부로 여겨질 수 있으므로 센스 있는 칭찬이 필요하다.

㉢ 부탁할 때 : 먼저 상대방의 사정을 듣고 응하기 쉽게 구체적으로 부탁하며 거절을 당해도 싫은 내색을 하지 않는다.

㉣ 요구를 거절할 때 : 먼저 사과하고 응해줄 수 없는 이유를 설명한다.

㉤ 명령할 때 : 강압적인 말투보다는 '○○을 이렇게 해주는 것이 어떻겠습니까?'와 같은 식으로 부드럽게 표현하는 것이 효과적이다.

㉥ 설득할 때 : 일방적으로 강요하기보다는 먼저 양보해서 이익을 공유하겠다는 의지를 보여주는 것이 좋다.

㉦ 충고할 때 : 충고는 가장 최후의 방법이다. 반드시 충고가 필요한 상황이라면 예화를 들어 비유적으로 깨우쳐주는 것이 바람직하다.

㉧ 질책할 때 : 샌드위치 화법(칭찬의 말 + 질책의 말 + 격려의 말)을 사용하여 청자의 반발을 최소화 한다.

예제 5

당신은 팀장님께 업무 지시내용을 수행하고 결과물을 보고 드렸다. 하지만 팀장님께서는 "최대리 업무를 이렇게 처리하면 어떡하나? 누락된 부분이 있지 않은가."라고 말하였다. 이에 대해 당신이 행할 수 있는 가장 부적절한 대처 자세는?

① "죄송합니다. 제가 잘 모르는 부분이라 이수혁 과장님께 부탁을 했는데 과장님께서 실수를 하신 것 같습니다."
② "주의를 기울이지 못해 죄송합니다. 어느 부분을 수정보완하면 될까요?"
③ "지시하신 내용을 제가 충분히 이해하지 못하였습니다. 내용을 다시 한 번 여쭤보아도 되겠습니까?"
④ "부족한 내용을 보완하는 자료를 취합하기 위해서 하루정도가 더 소요될 것 같습니다. 언제까지 재작성하여 드리면 될까요?"

출제의도

상사가 잘못을 지적하는 상황에서 어떻게 대처해야 하는지를 묻는 문항이다.

해 설

상사가 부탁한 지시사항을 다른 사람에게 부탁하는 것은 옳지 못하며 설사 그렇다고 해도 그 일의 과오에 대해 책임을 전가하는 것은 지양해야 할 자세이다.

답 ①

④ 원활한 의사표현을 위한 지침

㉠ 올바른 화법을 위해 독서를 하라.

㉡ 좋은 청중이 되라.

㉢ 칭찬을 아끼지 마라.

㉣ 공감하고, 긍정적으로 보이게 하라.

㉤ 겸손은 최고의 미덕임을 잊지 마라.

㉥ 과감하게 공개하라.

Ⓢ 뒷말을 숨기지 마라.

ⓞ 첫마디 말을 준비하라.

ⓙ 이성과 감성의 조화를 꾀하라.

ⓒ 대화의 룰을 지켜라.

ⓚ 문장을 완전하게 말하라.

⑤ 설득력 있는 의사표현을 위한 지침

㉠ 'Yes'를 유도하여 미리 설득 분위기를 조성하라.

㉡ 대비 효과로 분발심을 불러 일으켜라.

㉢ 침묵을 지키는 사람의 참여도를 높여라.

㉣ 여운을 남기는 말로 상대방의 감정을 누그러뜨려라.

㉤ 하던 말을 갑자기 멈춤으로써 상대방의 주의를 끌어라.

㉥ 호칭을 바꿔서 심리적 간격을 좁혀라.

㉦ 끄집어 말하여 자존심을 건드려라.

㉧ 정보전달 공식을 이용하여 설득하라.

㉨ 상대방의 불평이 가져올 결과를 강조하라.

㉩ 권위 있는 사람의 말이나 작품을 인용하라.

㉪ 약점을 보여 주어 심리적 거리를 좁혀라.

㉫ 이상과 현실의 구체적 차이를 확인시켜라.

㉬ 자신의 잘못도 솔직하게 인정하라.

㉭ 집단의 요구를 거절하려면 개개인의 의견을 물어라.

ⓐ 동조 심리를 이용하여 설득하라.

ⓑ 지금까지의 노고를 치하한 뒤 새로운 요구를 하라.

ⓒ 담당자가 대변자 역할을 하도록 하여 윗사람을 설득하게 하라.

ⓓ 겉치레 양보로 기선을 제압하라.

ⓔ 변명의 여지를 만들어 주고 설득하라.

ⓕ 혼자 말하는 척하면서 상대의 잘못을 지적하라.

(5) 기초외국어능력

① 기초외국어능력의 개념과 필요성

㉠ 개념 : 외국어로 된 간단한 자료를 이해하거나, 외국인과의 전화응대와 간단한 대화 등 외국인의 의사 표현을 이해하고, 자신의 의사를 기초외국어로 표현할 수 있는 능력이다.

㉡ 필요성 : 국제화 · 세계화 시대에 다른 나라와의 무역을 위해 우리의 언어가 아닌 국제적인 통용어를 사용하거나 그들의 언어로 의사소통을 해야 하는 경우가 생길 수 있다.

② 외국인과의 의사소통에서 피해야 할 행동

㉠ 상대를 볼 때 흘겨보거나, 노려보거나, 아예 보지 않는 행동

㉡ 팔이나 다리를 꼬는 행동

㉢ 표정이 없는 것

㉣ 다리를 흔들거나 펜을 돌리는 행동

㉤ 맞장구를 치지 않거나 고개를 끄덕이지 않는 행동

㉥ 생각 없이 메모하는 행동

㉦ 자료만 들여다보는 행동

㉧ 바르지 못한 자세로 앉는 행동

㉨ 한숨, 하품, 신음소리를 내는 행동

㉩ 다른 일을 하며 듣는 행동

㉪ 상대방에게 이름이나 호칭을 어떻게 부를지 묻지 않고 마음대로 부르는 행동

③ 기초외국어능력 향상을 위한 공부법

㉠ 외국어공부의 목적부터 정하라.

㉡ 매일 30분씩 눈과 손과 입에 밸 정도로 반복하라.

㉢ 실수를 두려워하지 말고 기회가 있을 때마다 외국어로 말하라.

㉣ 외국어 잡지나 원서와 친해져라.

㉤ 소홀해지지 않도록 라이벌을 정하고 공부하라.

㉥ 업무와 관련된 주요 용어의 외국어는 꼭 알아두자.

㉦ 출퇴근 시간에 외국어 방송을 보거나, 듣는 것만으로도 귀가 트인다.

㉧ 어린이가 단어를 배우듯 외국어 단어를 암기할 때 그림카드를 사용해 보라.

㉨ 가능하면 외국인 친구를 사귀고 대화를 자주 나눠 보라.

01 직장생활과 수리능력

(1) 기초직업능력으로서의 수리능력

① 개념 : 직장생활에서 요구되는 사칙연산과 기초적인 통계를 이해하고 도표의 의미를 파악하거나 도표를 이용해서 결과를 효과적으로 제시하는 능력을 말한다.

② 수리능력은 크게 기초연산능력, 기초통계능력, 도표분석능력, 도표작성능력으로 구성된다.

㉠ 기초연산능력 : 직장생활에서 필요한 기초적인 사칙연산과 계산방법을 이해하고 활용할 수 있는 능력

㉡ 기초통계능력 : 평균, 합계, 빈도 등 직장생활에서 자주 사용되는 기초적인 통계기법을 활용하여 자료의 특성과 경향성을 파악하는 능력

㉢ 도표분석능력 : 그래프, 그림 등 도표의 의미를 파악하고 필요한 정보를 해석하는 능력

㉣ 도표작성능력 : 도표를 이용하여 결과를 효과적으로 제시하는 능력

(2) 업무수행에서 수리능력이 활용되는 경우

① 업무상 계산을 수행하고 결과를 정리하는 경우

② 업무비용을 측정하는 경우

③ 고객과 소비자의 정보를 조사하고 결과를 종합하는 경우

④ 조직의 예산안을 작성하는 경우

⑤ 업무수행 경비를 제시해야 하는 경우

⑥ 다른 상품과 가격비교를 하는 경우

⑦ 연간 상품 판매실적을 제시하는 경우

⑧ 업무비용을 다른 조직과 비교해야 하는 경우

⑨ 상품판매를 위한 지역조사를 실시해야 하는 경우

⑩ 업무수행과정에서 도표로 주어진 자료를 해석하는 경우

⑪ 도표로 제시된 업무비용을 측정하는 경우

예제 1

다음 자료를 보고 주어진 상황에 대한 물음에 답하시오.

〈근로소득에 대한 간이 세액표〉

월 급여액(천 원) [비과세 및 학자금 제외]		공제대상 가족 수				
이상	미만	1	2	3	4	5
2,500	2,520	38,960	29,280	16,940	13,570	10,190
2,520	2,540	40,670	29,960	17,360	13,990	10,610
2,540	2,560	42,380	30,640	17,790	14,410	11,040
2,560	2,580	44,090	31,330	18,210	14,840	11,460
2,580	2,600	45,800	32,680	18,640	15,260	11,890
2,600	2,620	47,520	34,390	19,240	15,680	12,310
2,620	2,640	49,230	36,100	19,900	16,110	12,730
2,640	2,660	50,940	37,810	20,560	16,530	13,160
2,660	2,680	52,650	39,530	21,220	16,960	13,580
2,680	2,700	54,360	41,240	21,880	17,380	14,010
2,700	2,720	56,070	42,950	22,540	17,800	14,430
2,720	2,740	57,780	44,660	23,200	18,230	14,850
2,740	2,760	59,500	46,370	23,860	18,650	15,280

※ 갑근세는 제시되어 있는 간이 세액표에 따름
※ 주민세=갑근세의 10%
※ 국민연금=급여액의 4.50%
※ 고용보험=국민연금의 10%
※ 건강보험=급여액의 2.90%
※ 교육지원금=분기별 100,000원(매 분기별 첫 달에 지급)

박○○ 사원의 5월 급여내역이 다음과 같고 전월과 동일하게 근무하였으나, 특별수당은 없고 차량지원금으로 100,000원을 받게 된다면, 6월에 받게 되는 급여는 얼마인가? (단, 원 단위 절삭)

(주) 서원플랜테크 5월 급여내역			
성명	박○○	지급일	5월 12일
기본급여	2,240,000	갑근세	39,530
직무수당	400,000	주민세	3,950
명절 상여금		고용보험	11,970
특별수당	20,000	국민연금	119,700
차량지원금		건강보험	77,140
교육지원		기타	
급여계	2,660,000	공제합계	252,290
		지급총액	2,407,710

① 2,443,910　② 2,453,910
③ 2,463,910　④ 2,473,910

출제의도

업무상 계산을 수행하거나 결과를 정리하고 업무비용을 측정하는 능력을 평가하기 위한 문제로서, 주어진 자료에서 문제를 해결하는 데에 필요한 부분을 빠르고 정확하게 찾아내는 것이 중요하다.

해 설

기본급여	2,240,000	갑근세	46,370
직무수당	400,000	주민세	4,630
명절 상여금		고용보험	12,330
특별수당		국민연금	123,300
차량지원금	100,000	건강보험	79,460
교육지원		기타	
급여계	2,740,000	공제합계	266,090
		지급총액	2,473,910

답 ④

(3) 수리능력의 중요성

① 수학적 사고를 통한 문제해결

② 직업세계의 변화에의 적응

③ 실용적 가치의 구현

(4) 단위환산표

구분	단위환산
길이	1cm = 10mm, 1m = 100cm, 1km = 1,000m
넓이	$1cm^2 = 100mm^2$, $1m^2 = 10,000cm^2$, $1km^2 = 1,000,000m^2$
부피	$1cm^3 = 1,000mm^3$, $1m^3 = 1,000,000cm^3$, $1km^3 = 1,000,000,000m^3$
들이	$1m\ell = 1cm^3$, $1d\ell = 100cm^3$, $1L = 1,000cm^3 = 10d\ell$
무게	1kg = 1,000g, 1t = 1,000kg = 1,000,000g
시간	1분 = 60초, 1시간 = 60분 = 3,600초
할푼리	1푼 = 0.1할, 1리 = 0.01할, 1모 = 0.001할

예제 2

둘레의 길이가 4.4km인 정사각형 모양의 공원이 있다. 이 공원의 넓이는 몇 a인가?

① 12,100a　　② 1,210a

③ 121a　　④ 12.1a

출제의도

길이, 넓이, 부피, 들이, 무게, 시간, 속도 등 단위에 대한 기본적인 환산 능력을 평가하는 문제로서, 소수점 계산이 필요하며, 자릿수를 읽고 구분할 줄 알아야 한다.

해 설

공원의 한 변의 길이는

$4.4 \div 4 = 1.1(km)$ 이고

$1km^2 = 10000a$ 이므로

공원의 넓이는

$1.1km \times 1.1km = 1.21km^2 = 12100a$

답 ①

02 수리능력을 구성하는 하위능력

(1) 기초연산능력

① 사칙연산 : 수에 관한 덧셈, 뺄셈, 곱셈, 나눗셈의 네 종류의 계산법으로 업무를 원활하게 수행하기 위해서는 기본적인 사칙연산뿐만 아니라 다단계의 복잡한 사칙연산까지도 수행할 수 있어야 한다.

② 검산 : 연산의 결과를 확인하는 과정으로 대표적인 검산방법으로 역연산과 구거법이 있다.

㉠ 역연산 : 덧셈은 뺄셈으로, 뺄셈은 덧셈으로, 곱셈은 나눗셈으로, 나눗셈은 곱셈으로 확인하는 방법이다.

㉡ 구거법 : 원래의 수와 각 자리 수의 합이 9로 나눈 나머지가 같다는 원리를 이용한 것으로 9를 버리고 남은 수로 계산하는 것이다.

예제 3

다음 식을 바르게 계산한 것은?

$$1+\frac{2}{3}+\frac{1}{2}-\frac{3}{4}$$

① $\frac{13}{12}$　② $\frac{15}{12}$

③ $\frac{17}{12}$　④ $\frac{19}{12}$

출제의도

직장생활에서 필요한 기초적인 사칙연산과 계산방법을 이해하고 활용할 수 있는 능력을 평가하는 문제로서, 분수의 계산과 통분에 대한 기본적인 이해가 필요하다.

해 설

$$\frac{12}{12}+\frac{8}{12}+\frac{6}{12}-\frac{9}{12}=\frac{17}{12}$$

답 ③

(2) 기초통계능력

① 업무수행과 통계

㉠ 통계의 의미 : 통계란 집단현상에 대한 구체적인 양적 기술을 반영하는 숫자이다.

㉡ 업무수행에 통계를 활용함으로써 얻을 수 있는 이점

- 많은 수량적 자료를 처리가능하고 쉽게 이해할 수 있는 형태로 축소
- 표본을 통해 연구대상 집단의 특성을 유추
- 의사결정의 보조수단
- 관찰 가능한 자료를 통해 논리적으로 결론을 추출 · 검증

㉢ 기본적인 통계치

- 빈도와 빈도분포 : 빈도란 어떤 사건이 일어나거나 증상이 나타나는 정도를 의미하며, 빈도분포란 빈도를 표나 그래프로 종합적으로 표시하는 것이다.
- 평균 : 모든 사례의 수치를 합한 후 총 사례 수로 나눈 값이다.
- 백분율 : 전체의 수량을 100으로 하여 생각하는 수량이 그중 몇이 되는가를 퍼센트로 나타낸 것이다.

② 통계기법

㉠ 범위와 평균

- 범위 : 분포의 흩어진 정도를 가장 간단히 알아보는 방법으로 최곳값에서 최젓값을 뺀 값을 의미한다.
- 평균 : 집단의 특성을 요약하기 위해 가장 자주 활용하는 값으로 모든 사례의 수치를 합한 후 총 사례 수로 나눈 값이다.
- 관찰값이 1, 3, 5, 7, 9일 경우 범위는 $9-1=8$이 되고, 평균은 $\frac{1+3+5+7+9}{5}=5$가 된다.

㉡ 분산과 표준편차

- 분산 : 관찰값의 흩어진 정도로, 각 관찰값과 평균값의 차의 제곱의 평균이다.
- 표준편차 : 평균으로부터 얼마나 떨어져 있는가를 나타내는 개념으로 분산값의 제곱근 값이다.
- 관찰값이 1, 2, 3이고 평균이 2인 집단의 분산은 $\frac{(1-2)^2+(2-2)^2+(3-2)^2}{3}=\frac{2}{3}$이고 표준편차는 분산값의 제곱근 값인 $\sqrt{\frac{2}{3}}$이다.

③ 통계자료의 해석

㉠ 다섯숫자요약

- 최솟값 : 원자료 중 값의 크기가 가장 작은 값
- 최댓값 : 원자료 중 값의 크기가 가장 큰 값
- 중앙값 : 최솟값부터 최댓값까지 크기에 의하여 배열했을 때 중앙에 위치하는 사례의 값
- 하위 25%값 · 상위 25%값 : 원자료를 크기 순으로 배열하여 4등분한 값

㉡ 평균값과 중앙값 : 평균값과 중앙값은 그 개념이 다르기 때문에 명확하게 제시해야 한다.

예제 4

인터넷 쇼핑몰에서 회원가입을 하고 디지털캠코더를 구매하려고 한다. 다음은 구입하고자 하는 모델에 대하여 인터넷 쇼핑몰 세 곳의 가격과 조건을 제시한 표이다. 표에 있는 모든 혜택을 적용하였을 때 디지털캠코더의 배송비를 포함한 실제 구매가격을 바르게 비교한 것은?

구분	A 쇼핑몰	B 쇼핑몰	C 쇼핑몰
정상가격	129,000원	131,000원	130,000원
회원혜택	7,000원 할인	3,500원 할인	7% 할인
할인쿠폰	5% 쿠폰	3% 쿠폰	5,000원
중복할인여부	불가	가능	불가
배송비	2,000원	무료	2,500원

① A<B<C ② B<C<A
③ C<A<B ④ C<B<A

출제의도

직장생활에서 자주 사용되는 기초적인 통계기법을 활용하여 자료의 특성과 경향성을 파악하는 능력이 요구되는 문제이다.

해 설

㉠ A 쇼핑몰
- 회원혜택을 선택한 경우 : $129,000-7,000+2,000=124,000$(원)
- 5% 할인쿠폰을 선택한 경우 : $129,000\times0.95+2,000=124,550$

㉡ B 쇼핑몰 : $131,000\times0.97-3,500=123,570$

㉢ C 쇼핑몰
- 회원혜택을 선택한 경우 : $130,000\times0.93+2,500=123,400$
- 5,000원 할인쿠폰을 선택한 경우 : $130,000-5,000+2,500=127,500$

∴ C<B<A

답 ④

(3) 도표분석능력

① 도표의 종류

㉠ 목적별 : 관리(계획 및 통제), 해설(분석), 보고

㉡ 용도별 : 경과 그래프, 내역 그래프, 비교 그래프, 분포 그래프, 상관 그래프, 계산 그래프

㉢ 형상별 : 선 그래프, 막대 그래프, 원 그래프, 점 그래프, 층별 그래프, 레이더 차트

② 도표의 활용

㉠ 선 그래프

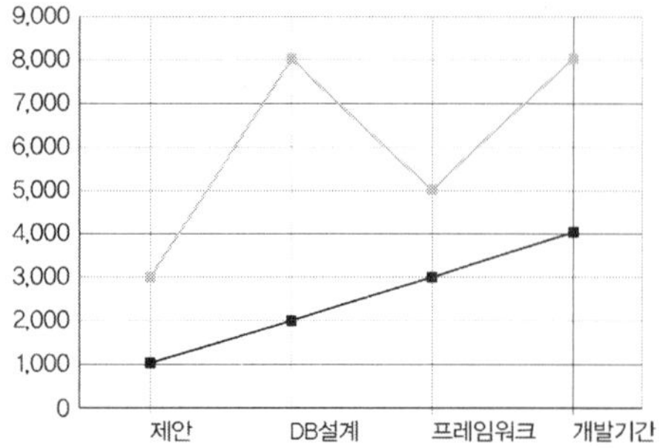

- 주로 시간의 경과에 따라 수량에 의한 변화 상황(시계열 변화)을 절선의 기울기로 나타내는 그래프이다.
- 경과, 비교, 분포를 비롯하여 상관관계 등을 나타낼 때 쓰인다.

㉡ 막대 그래프

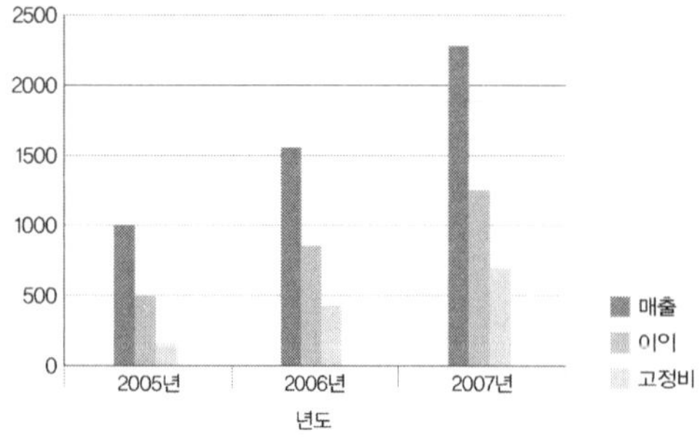

- 비교하고자 하는 수량을 막대 길이로 표시하고 그 길이를 통해 수량 간의 대소관계를 나타내는 그래프이다.
- 내역, 비교, 경과, 도수 등을 표시하는 용도로 쓰인다.

㉢ 원 그래프

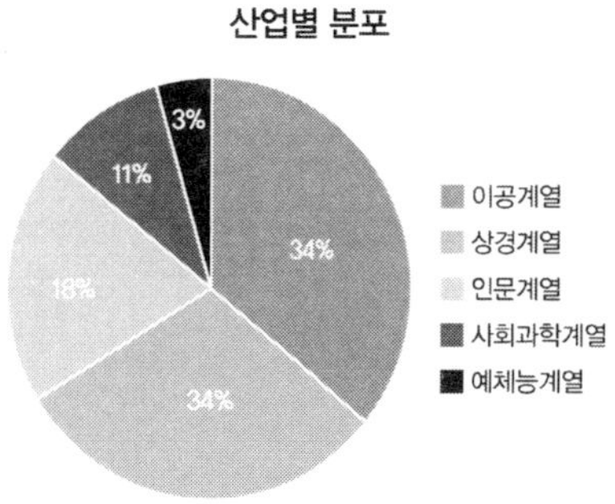

- 내역이나 내용의 구성비를 원을 분할하여 나타낸 그래프이다.
- 전체에 대해 부분이 차지하는 비율을 표시하는 용도로 쓰인다.

㉣ 점 그래프

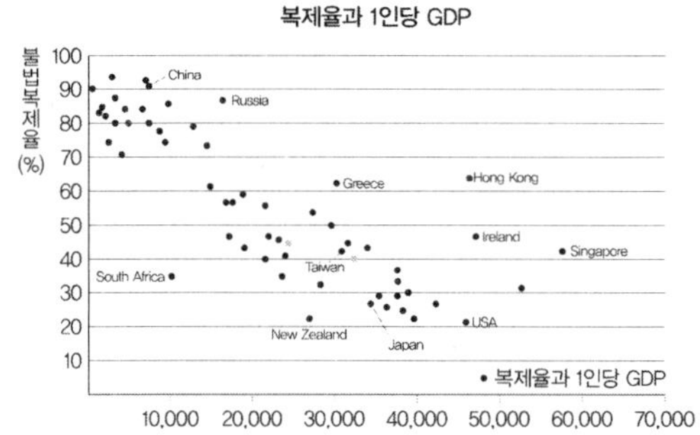

- 종축과 횡축에 2요소를 두고 보고자 하는 것이 어떤 위치에 있는가를 나타내는 그래프이다.
- 지역분포를 비롯하여 도시, 기방, 기업, 상품 등의 평가나 위치 · 성격을 표시하는데 쓰인다.

㉤ 층별 그래프

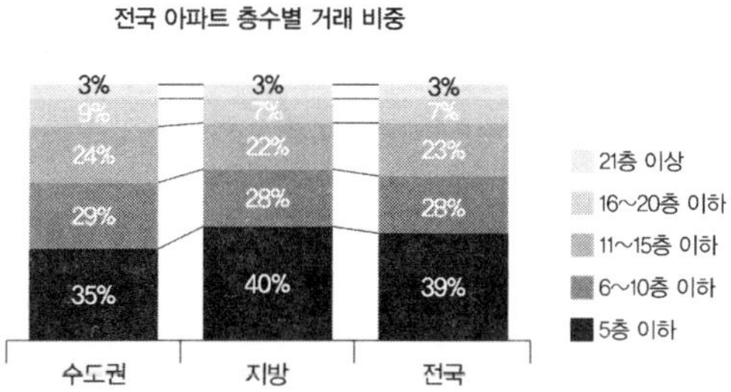

- 선 그래프의 변형으로 연속내역 봉 그래프라고 할 수 있다. 선과 선 사이의 크기로 데이터 변화를 나타낸다.
- 합계와 부분의 크기를 백분율로 나타내고 시간적 변화를 보고자 할 때나 합계와 각 부분의 크기를 실수로 나타내고 시간적 변화를 보고자 할 때 쓰인다.

㉥ 레이더 차트(거미줄 그래프)

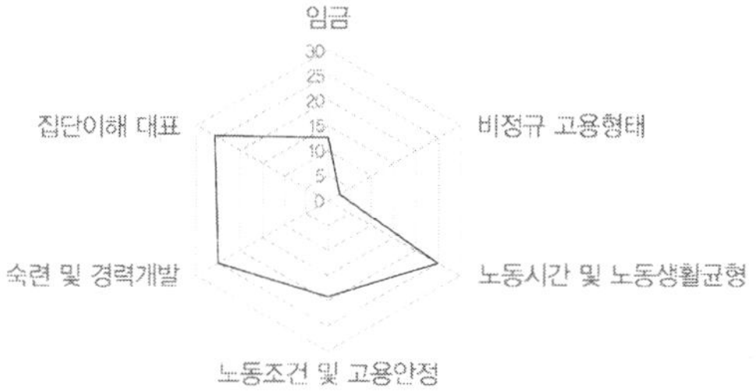

- 원 그래프의 일종으로 비교하는 수량을 직경, 또는 반경으로 나누어 원의 중심에서의 거리에 따라 각 수량의 관계를 나타내는 그래프이다.
- 비교하거나 경과를 나타내는 용도로 쓰인다.

③ 도표 해석상의 유의사항

㉠ 요구되는 지식의 수준을 넓힌다.

㉡ 도표에 제시된 자료의 의미를 정확히 숙지한다.

㉢ 도표로부터 알 수 있는 것과 없는 것을 구별한다.

㉣ 총량의 증가와 비율의 증가를 구분한다.

㉤ 백분위수와 사분위수를 정확히 이해하고 있어야 한다.

예제 5

다음 표는 2009～2010년 지역별 직장인들의 자기개발에 관해 조사한 내용을 정리한 것이다. 이에 대한 분석으로 옳은 것은?

(단위 : %)

연도 / 구분 / 지역	2009				2010			
	자기개발 하고 있음	자기개발 비용 부담 주체			자기개발 하고 있음	자기개발 비용 부담 주체		
		직장 100%	본인 100%	직장50% + 본인50%		직장 100%	본인 100%	직장50% + 본인50%
충청도	36.8	8.5	88.5	3.1	45.9	9.0	65.5	24.5
제주도	57.4	8.3	89.1	2.9	68.5	7.9	68.3	23.8
경기도	58.2	12	86.3	2.6	71.0	7.5	74.0	18.5
서울시	60.6	13.4	84.2	2.4	72.7	11.0	73.7	15.3
경상도	40.5	10.7	86.1	3.2	51.0	13.6	74.9	11.6

① 2009년과 2010년 모두 자기개발 비용을 본인이 100% 부담하는 사람의 수는 응답자의 절반 이상이다.

② 자기개발을 하고 있다고 응답한 사람의 수는 2009년과 2010년 모두 서울시가 가장 많다.

③ 자기개발 비용을 직장과 본인이 각각 절반씩 부담하는 사람의 비율은 2009년과 2010년 모두 서울시가 가장 높다.

④ 2009년과 2010년 모두 자기개발을 하고 있다고 응답한 비율이 가장 높은 지역에서 자기개발비용을 직장이 100% 부담한다고 응답한 사람의 비율이 가장 높다.

출제의도

그래프, 그림, 도표 등 주어진 자료를 이해하고 의미를 파악하여 필요한 정보를 해석하는 능력을 평가하는 문제이다.

해 설

② 지역별 인원수가 제시되어 있지 않으므로, 각 지역별 응답자 수는 알 수 없다.

③ 2009년에는 경상도에서, 2010년에는 충청도에서 가장 높은 비율을 보인다.

④ 2009년과 2010년 모두 '자기 개발을 하고 있다'고 응답한 비율이 가장 높은 지역은 서울시이며, 2010년의 경우 자기개발 비용을 직장이 100% 부담한다고 응답한 사람의 비율이 가장 높은 지역은 경상도이다.

답 ①

(4) 도표작성능력

① 도표작성 절차

㉠ 어떠한 도표로 작성할 것인지를 결정

㉡ 가로축과 세로축에 나타낼 것을 결정

㉢ 한 눈금의 크기를 결정

㉣ 자료의 내용을 가로축과 세로축이 만나는 곳에 표현

㉤ 표현한 점들을 선분으로 연결

㉥ 도표의 제목을 표기

② 도표작성 시 유의사항

㉠ 선 그래프 작성 시 유의점

- 세로축에 수량, 가로축에 명칭구분을 제시한다.
- 선의 높이에 따라 수치를 파악하는 경우가 많으므로 세로축의 눈금을 가로축보다 크게 하는 것이 효과적이다.
- 선이 두 종류 이상일 경우 반드시 그 명칭을 기입한다.

㉡ 막대 그래프 작성 시 유의점

- 막대 수가 많을 경우에는 눈금선을 기입하는 것이 알아보기 쉽다.
- 막대의 폭은 모두 같게 하여야 한다.

㉢ 원 그래프 작성 시 유의점

- 정각 12시의 선을 기점으로 오른쪽으로 그리는 것이 보통이다.
- 분할선은 구성비율이 큰 순서로 그린다.

㉣ 층별 그래프 작성 시 유의점

- 눈금은 선 그래프나 막대 그래프보다 적게 하고 눈금선은 넣지 않는다.
- 층별로 색이나 모양이 완전히 다른 것이어야 한다.
- 같은 항목은 옆에 있는 층과 선으로 연결하여 보기 쉽도록 한다.

01 문제와 문제해결

(1) 문제의 정의와 분류

① 정의 : 업무를 수행함에 있어서 답을 요구하는 질문이나 의논하여 해결해야 되는 사항이다.

② 문제의 분류

구분	창의적 문제	분석적 문제
문제제시 방법	현재 문제가 없더라도 보다 나은 방법을 찾기 위한 문제 탐구 → 문제 자체가 명확하지 않음	현재의 문제점이나 미래의 문제로 예견될 것에 대한 문제 탐구 → 문제 자체가 명확함
해결방법	창의력에 의한 많은 아이디어의 작성을 통해 해결	분석, 논리, 귀납과 같은 논리적 방법을 통해 해결
해답 수	해답의 수가 많으며, 많은 답 가운데 보다 나은 것을 선택	답의 수가 적으며 한정되어 있음
주요특징	주관적, 직관적, 감각적, 정성적, 개별적, 특수성	객관적, 논리적, 정량적, 이성적, 일반적, 공통성

(2) 업무수행과정에서 발생하는 문제 유형

① 발생형 문제(보이는 문제) : 현재 직면하여 해결하기 위해 고민하는 문제이다. 원인이 내재되어 있기 때문에 원인지향적인 문제라고도 한다.

㉠ 일탈문제 : 어떤 기준을 일탈함으로써 생기는 문제

㉡ 미달문제 : 어떤 기준에 미달하여 생기는 문제

② 탐색형 문제(찾는 문제) : 현재의 상황을 개선하거나 효율을 높이기 위한 문제이다. 방치할 경우 큰 손실이 따르거나 해결할 수 없는 문제로 나타나게 된다.

㉠ 잠재문제 : 문제가 잠재되어 있어 인식하지 못하다가 확대되어 해결이 어려운 문제

㉡ 예측문제 : 현재로는 문제가 없으나 현 상태의 진행 상황을 예측하여 찾아야 앞으로 일어날 수 있는 문제가 보이는 문제

㉢ 발견문제 : 현재로서는 담당 업무에 문제가 없으나 선진기업의 업무 방법 등 보다 좋은 제도나 기법을 발견하여 개선시킬 수 있는 문제

③ 설정형 문제(미래 문제) : 장래의 경영전략을 생각하는 것으로 앞으로 어떻게 할 것인가 하는 문제이다. 문제해결에 창조적인 노력이 요구되어 창조적 문제라고도 한다.

예제 1

D회사 신입사원으로 입사한 귀하는 신입사원 교육에서 업무수행과정에서 발생하는 문제 유형 중 설정형 문제를 하나씩 찾아오라는 지시를 받았다. 이에 대해 귀하는 교육받은 내용을 다시 복습하려고 한다. 설정형 문제에 해당하는 것은?

① 현재 직면하여 해결하기 위해 고민하는 문제
② 현재의 상황을 개선하거나 효율을 높이기 위한 문제
③ 앞으로 어떻게 할 것인가 하는 문제
④ 원인이 내재되어 있는 원인지향적인 문제

출제의도

업무수행 중 문제가 발생하였을 때 문제 유형을 구분하는 능력을 측정하는 문항이다.

해 설

업무수행과정에서 발생하는 문제 유형으로는 발생형 문제, 탐색형 문제, 설정형 문제가 있으며 ①④는 발생형 문제이며 ②는 탐색형 문제, ③이 설정형 문제이다.

답 ③

(3) 문제해결

① 정의 : 목표와 현상을 분석하고 이 결과를 토대로 과제를 도출하여 최적의 해결책을 찾아 실행 · 평가해 가는 활동이다.

② 문제해결에 필요한 기본적 사고

㉠ 전략적 사고 : 문제와 해결방안이 상위 시스템과 어떻게 연결되어 있는지를 생각한다.

㉡ 분석적 사고 : 전체를 각각의 요소로 나누어 그 의미를 도출하고 우선순위를 부여하여 구체적인 문제 해결방법을 실행한다.

㉢ 발상의 전환 : 인식의 틀을 전환하여 새로운 관점으로 바라보는 사고를 지향한다.

㉣ 내 · 외부자원의 활용 : 기술, 재료, 사람 등 필요한 자원을 효과적으로 활용한다.

③ 문제해결의 장애요소

㉠ 문제를 철저하게 분석하지 않는 경우

㉡ 고정관념에 얽매이는 경우

㉢ 쉽게 떠오르는 단순한 정보에 의지하는 경우

㉣ 너무 많은 자료를 수집하려고 노력하는 경우

④ 문제해결방법

㉠ 소프트 어프로치 : 문제해결을 위해서 직접적인 표현보다는 무언가를 시사하거나 암시를 통하여 의사를 전달하여 문제해결을 도모하고자 한다.

㉡ 하드 어프로치 : 상이한 문화적 토양을 가지고 있는 구성원을 가정하고, 서로의 생각을 직설적으로 주장하고 논쟁이나 협상을 통해 서로의 의견을 조정해 가는 방법이다.

㉢ 퍼실리테이션(facilitation) : 촉진을 의미하며 어떤 그룹이나 집단이 의사결정을 잘 하도록 도와주는 일을 의미한다.

02 문제해결능력을 구성하는 하위능력

(1) 사고력

① 창의적 사고 : 개인이 가지고 있는 경험과 지식을 통해 새로운 가치 있는 아이디어를 산출하는 사고능력이다.

㉠ 창의적 사고의 특징
- 정보와 정보의 조합
- 사회나 개인에게 새로운 가치 창출
- 창조적인 가능성

예제 2

M사 홍보팀에서 근무하고 있는 귀하는 입사 5년차로 창의적인 기획안을 제출하기로 유명하다. S부장은 이번 신입사원 교육 때 귀하에게 창의적인 사고란 무엇인지 교육을 맡아달라고 부탁하였다. 창의적인 사고에 대한 귀하의 설명으로 옳지 않은 것은?

① 창의적인 사고는 새롭고 유용한 아이디어를 생산해 내는 정신적인 과정이다.
② 창의적인 사고는 특별한 사람들만이 할 수 있는 대단한 능력이다.
③ 창의적인 사고는 기존의 정보들을 특정한 요구조건에 맞거나 유용하도록 새롭게 조합시킨 것이다.
④ 창의적인 사고는 통상적인 것이 아니라 기발하거나, 신기하며 독창적인 것이다.

출제의도

창의적 사고에 대한 개념을 정확히 파악하고 있는지를 묻는 문항이다.

해 설

흔히 사람들은 창의적인 사고에 대해 특별한 사람들만이 할 수 있는 대단한 능력이라고 생각하지만 그리 대단한 능력이 아니며 이미 알고 있는 경험과 지식을 해체하여 다시 새로운 정보로 결합하여 가치 있는 아이디어를 산출하는 사고라고 할 수 있다.

답 ②

㉡ 발산적 사고 : 창의적 사고를 위해 필요한 것으로 자유연상법, 강제연상법, 비교발상법 등을 통해 개발할 수 있다.

구분	내용
자유연상법	생각나는 대로 자유롭게 발상 ex) 브레인스토밍
강제연상법	각종 힌트에 강제적으로 연결 지어 발상 ex) 체크리스트
비교발상법	주제의 본질과 닮은 것을 힌트로 발상 ex) NM법, Synectics

POINT 브레인스토밍

㉠ 진행방법
- 주제를 구체적이고 명확하게 정한다.
- 구성원의 얼굴을 볼 수 있는 좌석 배치와 큰 용지를 준비한다.
- 구성원들의 다양한 의견을 도출할 수 있는 사람을 리더로 선출한다.
- 구성원은 다양한 분야의 사람들로 5~8명 정도로 구성한다.
- 발언은 누구나 자유롭게 할 수 있도록 하며, 모든 발언 내용을 기록한다.
- 아이디어에 대한 평가는 비판해서는 안 된다.

㉡ 4대 원칙
- 비판엄금(Support) : 평가 단계 이전에 결코 비판이나 판단을 해서는 안 되며 평가는 나중까지 유보한다.
- 자유분방(Silly) : 무엇이든 자유롭게 말하고 이런 바보 같은 소리를 해서는 안 된다는 등의 생각은 하지 않아야 한다.
- 질보다 양(Speed) : 질에는 관계없이 가능한 많은 아이디어들을 생성해내도록 격려한다.
- 결합과 개선(Synergy) : 다른 사람의 아이디어에 자극되어 보다 좋은 생각이 떠오르고, 서로 조합하면 재미있는 아이디어가 될 것 같은 생각이 들면 즉시 조합시킨다.

② 논리적 사고 : 사고의 전개에 있어 전후의 관계가 일치하고 있는가를 살피고 아이디어를 평가하는 사고능력이다.

㉠ 논리적 사고를 위한 5가지 요소 : 생각하는 습관, 상대 논리의 구조화, 구체적인 생각, 타인에 대한 이해, 설득

㉡ 논리적 사고 개발 방법
- 피라미드 구조 : 하위의 사실이나 현상부터 사고하여 상위의 주장을 만들어가는 방법
- so what기법 : '그래서 무엇이지?'하고 자문자답하여 주어진 정보로부터 가치 있는 정보를 이끌어 내는 사고 기법

③ 비판적 사고 : 어떤 주제나 주장에 대해서 적극적으로 분석하고 종합하며 평가하는 능동적인 사고이다.

㉠ 비판적 사고 개발 태도 : 비판적 사고를 개발하기 위해서는 지적 호기심, 객관성, 개방성, 융통성, 지적 회의성, 지적 정직성, 체계성, 지속성, 결단성, 다른 관점에 대한 존중과 같은 태도가 요구된다.

㉡ 비판적 사고를 위한 태도
- 문제의식 : 비판적인 사고를 위해서 가장 먼저 필요한 것은 바로 문제의식이다. 자신이 지니고 있는 문제와 목적을 확실하고 정확하게 파악하는 것이 비판적인 사고의 시작이다.
- 고정관념 타파 : 지각의 폭을 넓히는 일은 정보에 대한 개방성을 가지고 편견을 갖지 않는 것으로 고정관념을 타파하는 일이 중요하다.

(2) 문제처리능력과 문제해결절차

① 문제처리능력 : 목표와 현상을 분석하고 이를 토대로 문제를 도출하여 최적의 해결책을 찾아 실행 · 평가하는 능력이다.

② 문제해결절차 : 문제 인식 → 문제 도출 → 원인 분석 → 해결안 개발 → 실행 및 평가

㉠ 문제 인식 : 문제해결과정 중 'waht'을 결정하는 단계로 환경 분석 → 주요 과제 도출 → 과제 선정의 절차를 통해 수행된다.

• 3C 분석 : 환경 분석 방법의 하나로 사업환경을 구성하고 있는 요소인 자사(Company), 경쟁사(Competitor), 고객(Customer)을 분석하는 것이다.

예제 3

L사에서 주력 상품으로 밀고 있는 TV의 판매 이익이 감소하고 있는 상황에서 귀하는 B부장으로부터 3C분석을 통해 해결방안을 강구해 오라는 지시를 받았다. 다음 중 3C에 해당하지 않는 것은?

① Customer ② Company
③ Competitor ④ Content

출제의도

3C의 개념과 구성요소를 정확히 숙지하고 있는지를 측정하는 문항이다.

해 설

3C 분석에서 사업 환경을 구성하고 있는 요소인 자사(Company), 경쟁사(Competitor), 고객을 3C(Customer)라고 한다. 3C 분석에서 고객 분석에서는 '고객은 자사의 상품·서비스에 만족하고 있는지'를, 자사 분석에서는 '자사가 세운 달성목표와 현상 간에 차이가 없는지'를 경쟁사 분석에서는 '경쟁기업의 우수한 점과 자사의 현상과 차이가 없는지'에 대한 질문을 통해서 환경을 분석하게 된다.

답 ④

• SWOT 분석 : 기업내부의 강점과 약점, 외부환경의 기회와 위협요인을 분석·평가하여 문제해결 방안을 개발하는 방법이다.

		내부환경요인	
		강점(Strengths)	약점(Weaknesses)
외부환경요인	기회(Opportunities)	SO 내부강점과 외부기회 요인을 극대화	WO 외부기회를 이용하여 내부약점을 강점으로 전환
	위협(Threat)	ST 외부위협을 최소화하기 위해 내부강점을 극대화	WT 내부약점과 외부위협을 최소화

㉡ 문제 도출 : 선정된 문제를 분석하여 해결해야 할 것이 무엇인지를 명확히 하는 단계로, 문제 구조 파악→핵심 문제 선정 단계를 거쳐 수행된다.

- Logic Tree : 문제의 원인을 파고들거나 해결책을 구체화할 때 제한된 시간 안에서 넓이와 깊이를 추구하는데 도움이 되는 기술로 주요 과제를 나무모양으로 분해 · 정리하는 기술이다.

㉢ 원인 분석 : 문제 도출 후 파악된 핵심 문제에 대한 분석을 통해 근본 원인을 찾는 단계로 Issue 분석→Data 분석→원인 파악의 절차로 진행된다.

㉣ 해결안 개발 : 원인이 밝혀지면 이를 효과적으로 해결할 수 있는 다양한 해결안을 개발하고 최선의 해결안을 선택하는 것이 필요하다.

㉤ 실행 및 평가 : 해결안 개발을 통해 만들어진 실행계획을 실제 상황에 적용하는 활동으로 실행계획 수립→실행→Follow-up의 절차로 진행된다.

예제 4

C사는 최근 국내 매출이 지속적으로 하락하고 있어 사내 분위기가 심상치 않다. 이에 대해 Y부장은 이 문제를 극복하고자 문제처리 팀을 구성하여 해결방안을 모색하도록 지시하였다. 문제처리 팀의 문제해결 절차를 올바른 순서로 나열한 것은?

① 문제 인식→원인 분석→해결안 개발→문제 도출→실행 및 평가
② 문제 도출→문제 인식→해결안 개발→원인 분석→실행 및 평가
③ 문제 인식→원인 분석→문제 도출→해결안 개발→실행 및 평가
④ 문제 인식→문제 도출→원인 분석→해결안 개발 →실행 및 평가

출제의도

실제 업무 상황에서 문제가 일어났을 때 해결 절차를 알고 있는지를 측정하는 문항이다.

해 설

일반적인 문제해결절차는 '문제 인식→문제 도출→원인 분석→해결안 개발 →실행 및 평가'로 이루어진다.

답 ④

01 직장생활에서의 대인관계

(1) 대인관계능력

① 의미 직장생활에서 협조적인 관계를 유지하고, 조직구성원들에게 도움을 줄 수 있으며, 조직내부 및 외부의 갈등을 원만히 해결하고 고객의 요구를 충족시켜줄 수 있는 능력이다.

② 인간관계를 형성할 때 가장 중요한 것은 자신의 내면이다.

예제 1

인간관계를 형성하는데 있어 가장 중요한 것은?

① 외적 성격 위주의 사고
② 이해득실 위주의 만남
③ 자신의 내면
④ 피상적인 인간관계 기법

출제의도

인간관계형성에 있어서 가장 중요한 요소가 무엇인지 묻는 문제다.

해 설

③ 인간관계를 형성하는데 있어서 가장 중요한 것은 자신의 내면이고 이때 필요한 기술이나 기법 등은 자신의 내면에서 자연스럽게 우러나와야 한다.

답 ③

(2) 대인관계 향상 방법

① 감정은행계좌 : 인간관계에서 구축하는 신뢰의 정도

② 감정은행계좌를 적립하기 위한 6가지 주요 예입 수단

㉠ 상대방에 대한 이해심
㉡ 사소한 일에 대한 관심
㉢ 약속의 이행
㉣ 기대의 명확화
㉤ 언행일치
㉥ 진지한 사과

02 대인관계능력을 구성하는 하위능력

(1) 팀워크능력

① 팀워크의 의미

㉠ 팀워크와 응집력

- 팀워크 : 팀 구성원이 공동의 목적을 달성하기 위해 상호 관계성을 가지고 협력하여 일을 해 나가는 것
- 응집력 : 사람들로 하여금 집단에 머물도록 만들고 그 집단의 멤버로서 계속 남아있기를 원하게 만드는 힘

예제 2

A회사에서는 격주로 사원 소식지 '우리가족'을 발행하고 있다. 이번 호의 특집 테마는 팀워크에 대한 것으로, 좋은 사례를 모으고 있다. 다음 중 팀워크의 사례로 가장 적절하지 않은 것은 무엇인가?

① 팀원들의 개성과 장점을 살려 사내 직원 연극대회에서 대상을 받을 수 있었던 사례
② 팀장의 갑작스러운 부재 상황에서 팀원들이 서로 역할을 분담하고 소통을 긴밀하게 하면서 팀의 당초 목표를 원만하게 달성할 수 있었던 사례
③ 자재 조달의 차질로 인해 납기 준수가 어려웠던 상황을 팀원들이 똘똘 뭉쳐 헌신적으로 일한 결과 주문 받은 물품을 성공적으로 납품할 수 있었던 사례
④ 팀의 분위기가 편안하고 인간적이어서 주기적인 직무순환 시기가 도래해도 다른 부서로 가고 싶어 하지 않는 사례

출제의도

팀워크와 응집력에 대한 문제로 각 용어에 대한 정의를 알고 이를 실제 사례를 통해 구분할 수 있어야 한다.

해 설

④ 응집력에 대한 사례에 해당한다.

답 ④

㉡ 팀워크의 유형

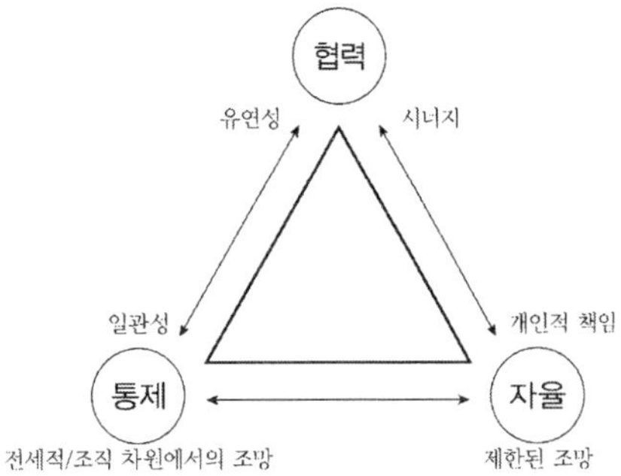

② 효과적인 팀의 특성

㉠ 팀의 사명과 목표를 명확하게 기술한다.

㉡ 창조적으로 운영된다.

㉢ 결과에 초점을 맞춘다.

㉣ 역할과 책임을 명료화시킨다.

㉤ 조직화가 잘 되어 있다.

㉥ 개인의 강점을 활용한다.

㉦ 리더십 역량을 공유하며 구성원 상호간에 지원을 아끼지 않는다.

㉧ 팀 풍토를 발전시킨다.

㉨ 의견의 불일치를 건설적으로 해결한다.

㉩ 개방적으로 의사소통한다.

㉪ 객관적인 결정을 내린다.

㉫ 팀 자체의 효과성을 평가한다.

③ 멤버십의 의미

㉠ 멤버십은 조직의 구성원으로서의 자격과 지위를 갖는 것으로 훌륭한 멤버십은 팔로워십(followership)의 역할을 충실하게 수행하는 것이다.

㉡ 멤버십 유형 : 독립적 사고와 적극적 실천에 따른 구분

구분	소외형	순응형	실무형	수동형	주도형
자아상	• 자립적인 사람 • 일부러 반대의견 제시 • 조직의 양심	• 기쁜 마음으로 과업 수행 • 팀플레이를 함 • 리더나 조직을 믿고 헌신함	• 조직의 운영방침에 민감 • 사건을 균형 잡힌 시각으로 봄 • 규정과 규칙에 따라 행동함	• 판단, 사고를 리더에 의존 • 지시가 있어야 행동	• 스스로 생각하고 건설적 비판을 하며 자기 나름의 개성이 있고 혁신적·창조적 • 솔선수범하고 주인의식을 가지며 적극적으로 참여하고 자발적, 기대 이상의 성과를 내려고 노력
동료/리더의 시각	• 냉소적 • 부정적 • 고집이 셈	• 아이디어가 없음 • 인기 없는 일은 하지 않음 • 조직을 위해 자신과 가족의 요구를 양보함	• 개인의 이익을 극대화하기 위한 흥정에 능함 • 적당한 열의와 평범한 수완으로 업무 수행	• 하는 일이 없음 • 제 몫을 하지 못 함 • 업무 수행에는 감독이 반드시 필요	
조직에 대한 자신의 느낌	• 자신을 인정 안 해줌 • 적절한 보상이 없음 • 불공정하고 문제가 있음	• 기존 질서를 따르는 것이 중요 • 리더의 의견을 거스르는 것은 어려운 일임 • 획일적인 태도 행동에 익숙함	• 규정준수를 강조 • 명령과 계획의 빈번한 변경 • 리더와 부하 간의 비인간적 풍토	• 조직이 나의 아이디어를 원치 않음 • 노력과 공헌을 해도 아무 소용이 없음 • 리더는 항상 자기 마음대로 함	

④ 팀워크 촉진 방법
㉠ 동료 피드백 장려하기
㉡ 갈등 해결하기
㉢ 창의력 조성을 위해 협력하기
㉣ 참여적으로 의사결정하기

(2) 리더십능력

① 리더십의 의미 : 리더십이란 조직의 공통된 목적을 달성하기 위하여 개인이 조직원들에게 영향을 미치는 과정이다.

㉠ 리더십 발휘 구도 : 산업 사회에서는 상사가 하급자에게 리더십을 발휘하는 수직적 구조였다면 정보 사회로 오면서 하급자뿐만 아니라 동료나 상사에게까지도 발휘하는 전방위적 구조로 바뀌었다.

㉡ 리더와 관리자

리더	관리자
• 새로운 상황 창조자	• 상황에 수동적
• 혁신지향적	• 유지지향적 둠.
• 내일에 초점을 둠.	• 오늘에 초점을 둠.
• 사람의 마음에 불을 지핀다.	• 사람을 관리한다.
• 사람을 중시	• 체제나 기구를 중시
• 정신적	• 기계적
• 계산된 리스크를 취한다.	• 리스크를 회피한다.
• '무엇을 할까'를 생각한다.	• '어떻게 할까'를 생각한다.

예제 3

리더에 대한 설명으로 옳지 않은 것은?

① 사람을 중시한다.
② 오늘에 초점을 둔다.
③ 혁신지향적이다.
④ 새로운 상황 창조자이다.

출제의도

리더와 관리자에 대한 문제로 각각에 대해 완벽하게 구분할 수 있어야 한다.

해 설

② 리더는 내일에 초점을 둔다.

답 ②

② 리더십 유형

㉠ 독재자 유형 : 정책의사결정과 대부분의 핵심정보를 그들 스스로에게만 국한하여 소유하고 고수하려는 경향이 있다. 통제 없이 방만한 상태, 가시적인 성과물이 안 보일 때 효과적이다.

㉡ 민주주의에 근접한 유형 : 그룹에 정보를 잘 전달하려고 노력하고 전체 그룹의 구성원 모두를 목표방향으로 설정에 참여하게 함으로써 구성원들에게 확신을 심어주려고 노력한다. 혁신적이고 탁월한 부하직원들을 거느리고 있을 때 효과적이다.

㉢ 파트너십 유형 : 리더와 집단 구성원 사이의 구분이 희미하고 리더가 조직에서 한 구성원이 되기도 한다. 소규모 조직에서 경험, 재능을 소유한 조직원이 있을 때 효과적으로 활용할 수 있다.

㉣ 변혁적 리더십 유형 : 개개인과 팀이 유지해 온 업무수행 상태를 뛰어넘어 전체 조직이나 팀원들에게 변화를 가져오는 원동력이 된다. 조직에 있어 획기적인 변화가 요구될 때 활용할 수 있다.

③ 동기부여 방법

㉠ 긍정적 강화법을 활용한다.

㉡ 새로운 도전의 기회를 부여한다.

㉢ 창의적인 문제해결법을 찾는다.

㉣ 책임감으로 철저히 무장한다.

㉤ 몇 가지 코칭을 한다.

㉥ 변화를 두려워하지 않는다.

㉦ 지속적으로 교육한다.

④ 코칭

㉠ 코칭은 조직의 지속적인 성장과 성공을 만들어내는 리더의 능력으로 직원들의 능력을 신뢰하며 확신하고 있다는 사실에 기초한다.

㉡ 코칭의 기본 원칙

- 관리는 만병통치약이 아니다.
- 권한을 위임한다.
- 훌륭한 코치는 뛰어난 경청자이다.
- 목표를 정하는 것이 가장 중요하다.

⑤ 임파워먼트 : 조직성원들을 신뢰하고 그들의 잠재력을 믿으며 그 잠재력의 개발을 통해 High Performance 조직이 되도록 하는 일련의 행위이다.

㉠ 임파워먼트의 이점(High Performance 조직의 이점)

- 나는 매우 중요한 일을 하고 있으며, 이 일은 다른 사람이 하는 일보다 훨씬 중요한 일이다.
- 일의 과정과 결과에 나의 영향력이 크게 작용했다.

• 나는 정말로 도전하고 있고 나는 계속해서 성장하고 있다.
• 우리 조직에서는 아이디어가 존중되고 있다.
• 내가 하는 일은 항상 재미가 있다.
• 우리 조직의 구성원들은 모두 대단한 사람들이며, 다 같이 협력해서 승리하고 있다.

㉡ 임파워먼트의 충족 기준
• 여건의 조건 : 사람들이 자유롭게 참여하고 기여할 수 있는 여건 조성
• 재능과 에너지의 극대화
• 명확하고 의미 있는 목적에 초점

㉢ 높은 성과를 내는 임파워먼트 환경의 특징
• 도전적이고 흥미 있는 일
• 학습과 성장의 기회
• 높은 성과와 지속적인 개선을 가져오는 요인들에 대한 통제
• 성과에 대한 지식
• 긍정적인 인간관계
• 개인들이 공헌하며 만족한다는 느낌
• 상부로부터의 지원

㉣ 임파워먼트의 장애요인
• 개인 차원 : 주어진 일을 해내는 역량의 결여, 동기의 결여, 결의의 부족, 책임감 부족, 의존성
• 대인 차원 : 다른 사람과의 성실성 결여, 약속 불이행, 성과를 제한하는 조직의 규범, 갈등처리 능력 부족, 승패의 태도
• 관리 차원 : 통제적 리더십 스타일, 효과적 리더십 발휘 능력 결여, 경험 부족, 정책 및 기획의 실행 능력 결여, 비전의 효과적 전달능력 결여
• 조직 차원 : 공감대 형성이 없는 구조와 시스템, 제한된 정책과 절차

⑥ 변화관리의 3단계 : 변화 이해 → 변화 인식 → 변화 수용

(3) 갈등관리능력

① 갈등의 의미 및 원인

㉠ 갈등이란 상호 간의 의견차이 때문에 생기는 것으로 당사가 간에 가치, 규범, 이해, 아이디어, 목표 등이 서로 불일치하여 충돌하는 상태를 의미한다.

㉡ 갈등을 확인할 수 있는 단서
• 지나치게 감정적으로 논평과 제안을 하는 것
• 타인의 의견발표가 끝나기도 전에 타인의 의견에 대해 공격하는 것
• 핵심을 이해하지 못한데 대해 서로 비난하는 것

- 편을 가르고 타협하기를 거부하는 것
- 개인적인 수준에서 미묘한 방식으로 서로를 공격하는 것

ⓒ 갈등을 증폭시키는 원인 : 적대적 행동, 입장 고수, 감정적 관여 등

② 실제로 존재하는 갈등 파악

㉠ 갈등의 두 가지 쟁점

핵심 문제	감정적 문제
• 역할 모호성 • 방법에 대한 불일치 • 목표에 대한 불일치 • 절차에 대한 불일치 • 책임에 대한 불일치 • 가치에 대한 불일치 • 사실에 대한 불일치	• 공존할 수 없는 개인적 스타일 • 통제나 권력 확보를 위한 싸움 • 자존심에 대한 위협 • 질투 • 분노

예제 4

갈등의 두 가지 쟁점 중 감정적 문제에 대한 설명으로 적절하지 않은 것은?

① 공존할 수 없는 개인적 스타일
② 역할 모호성
③ 통제나 권력 확보를 위한 싸움
④ 자존심에 대한 위협

출제의도

갈등의 두 가지 쟁점인 핵심문제와 감정적 문세에 대해 붇는 문제로 이 두 가지 쟁점을 구분할 수 있는 능력이 필요하다.

해 설

② 갈등의 두 가지 쟁점 중 핵심 문제에 대한 설명이다.

답 ②

㉡ 갈등의 두 가지 유형

- 불필요한 갈등 : 개개인이 저마다 문제를 다르게 인식하거나 정보가 부족한 경우, 편견 때문에 발생한 의견 불일치로 적대적 감정이 생길 때 불필요한 갈등이 일어난다.
- 해결할 수 있는 갈등 : 목표와 욕망, 가치, 문제를 바라보는 시각과 이해하는 시각이 다를 경우에 일어날 수 있는 갈등이다.

③ 갈등해결 방법

㉠ 다른 사람들의 입장을 이해한다.

㉡ 사람들이 당황하는 모습을 자세하게 살핀다.

㉢ 어려운 문제는 피하지 말고 맞선다.

㉣ 자신의 의견을 명확하게 밝히고 지속적으로 강화한다.

㉤ 사람들과 눈을 자주 마주친다.

㉥ 마음을 열어놓고 적극적으로 경청한다.

㉦ 타협하려 애쓴다.

㉧ 어느 한쪽으로 치우치지 않는다.

㉨ 논쟁하고 싶은 유혹을 떨쳐낸다.

㉩ 존중하는 자세로 사람들을 대한다.

④ 윈-윈(Win-Win) 갈등 관리법 : 갈등과 관련된 모든 사람으로부터 의견을 받아서 문제의 본질적인 해결책을 얻고자 하는 방법이다.

⑤ 갈등을 최소화하기 위한 기본원칙

㉠ 먼저 다른 팀원의 말을 경청하고 나서 어떻게 반응할 것인가를 결정한다.

㉡ 모든 사람이 기의 대부분의 문제에 대해 나름의 의견을 가지고 있다는 점을 인식한다.

㉢ 의견의 차이를 인정한다.

㉣ 팀 갈등해결 모델을 사용한다.

㉤ 자신이 받기를 원하지 않는 형태로 남에게 작업을 넘겨주지 않는다.

㉥ 다른 사람으로부터 그러한 작업을 넘겨받지 않는다.

㉦ 조금이라도 의심이 날 때에는 분명하게 말해 줄 것을 요구한다.

㉧ 가정하는 것은 위험하다.

㉨ 자신의 책임이 어디서부터 어디까지인지를 명확히 하고 다른 팀원의 책임과 어떻게 조화되는지를 명확히 한다.

㉩ 자신이 알고 있는 바를 알 필요가 있는 사람들을 새롭게 파악한다.

㉪ 다른 팀원과 불일치하는 쟁점이나 사항이 있다면 다른 사람이 아닌 당사자에게 직접 말한다.

(4) 협상능력

① 협상의 의미

㉠ 의사소통 차원 : 이해당사자들이 자신들의 욕구를 충족시키기 위해 상대방으로부터 최선의 것을 얻어내려 설득하는 커뮤니케이션 과정

㉡ 갈등해결 차원 : 갈등관계에 있는 이해당사자들이 대화를 통해서 갈등을 해결하고자 하는 상호작용과정

㉢ 지식과 노력 차원 : 우리가 얻고자 하는 것을 가진 사람의 호의를 쟁취하기 위한 것에 관한 지식이며 노력의 분야

㉣ 의사결정 차원 : 선호가 서로 다른 협상 당사자들이 합의에 도달하기 위해 공동으로 의사결정 하는 과정

㉤ 교섭 차원 : 둘 이상의 이해당사자들이 여러 대안들 가운데서 이해당사자들 모두가 수용 가능한 대안을 찾기 위한 의사결정과정

② 협상 과정

단계	내용
협상 시작	• 협상 당사자들 사이에 상호 친근감을 쌓음 • 간접적인 방법으로 협상의사를 전달함 • 상대방의 협상의지를 확인함 • 협상진행을 위한 체제를 짬
상호 이해	• 갈등문제의 진행상황과 현재의 상황을 점검함 • 적극적으로 경청하고 자기주장을 제시함 • 협상을 위한 협상대상 안건을 결정함
실질 이해	• 겉으로 주장하는 것과 실제로 원하는 것을 구분하여 실제로 원하는 것을 찾아 냄 • 분할과 통합 기법을 활용하여 이해관계를 분석함
해결 대안	• 협상 안건마다 대안들을 평가함 • 개발한 대안들을 평가함 • 최선의 대안에 대해서 합의하고 선택함 • 대안 이행을 위한 실행계획을 수립함
합의 문서	• 합의문을 작성함 • 합의문상의 합의내용, 용어 등을 재점검함 • 합의문에 서명함

③ 협상전략

㉠ 협력전략 : 협상 참여자들이 협동과 통합으로 문제를 해결하고자 하는 협력적 문제해결전략

㉡ 유화전략 : 양보전략으로 상대방이 제시하는 것을 일방적으로 수용하여 협상의 가능성을 높이려는 전략이다. 순응전략, 화해전략, 수용전략이라고도 한다.

㉢ 회피전략 : 무행동전략으로 협상으로부터 철수하는 철수전략이다. 협상을 피하거나 잠정적으로 중단한다.

㉣ 강압전략 : 경쟁전략으로 자신이 상대방보다 힘에 있어서 우위를 점유하고 있을 때 자신의 이익을 극대화하기 위한 공격적 전략이다.

④ 상대방 설득 방법의 종류

㉠ See-Feel-Change 전략 : 시각화를 통해 직접 보고 스스로가 느끼게 하여 변화시켜 설득에 성공하는 전략

㉡ 상대방 이해 전략 : 상대방에 대한 이해를 바탕으로 갈등해결을 용이하게 하는 전략

㉢ 호혜관계 형성 전략 : 혜택들을 주고받은 호혜관계 형성을 통해 협상을 용이하게 하는 전략

㉣ 헌신과 일관성 전략 : 협상 당사자간에 기대하는 바에 일관성 있게 헌신적으로 부응하여 행동함으로서 협상을 용이하게 하는 전략

㉤ 사회적 입증 전략 : 과학적인 논리보다 동료나 사람들의 행동에 의해서 상대방을 설득하는 전략

㉥ 연결전략 : 갈등 문제와 갈등관리자를 연결시키는 것이 아니라 갈등을 야기한 사람과 관리자를 연결시킴으로서 협상을 용이하게 하는 전략

㉦ 권위전략 : 직위나 전문성, 외모 등을 활용하여 협상을 용이하게 하는 전략

㉧ 희소성 해결 전략 : 인적, 물적 자원 등의 희소성을 해결함으로서 협상과정상의 갈등해결을 용이하게 하는 전략

㉨ 반항심 극복 전략 : 억압하면 할수록 더욱 반항하게 될 가능성이 높아지므로 이를 피함으로서 협상을 용이하게 하는 전략

(5) 고객서비스능력

① 고객서비스의 의미 : 고객서비스란 다양한 고객의 요구를 파악하고 대응법을 마련하여 고객에게 양질의 서비스를 제공하는 것을 말한다.

② 고객의 불만표현 유형 및 대응방안

불만표현 유형	대응방안
거만형	• 정중하게 대하는 것이 좋다. • 자신의 과시욕이 채워지도록 뽐내게 내버려 둔다. • 의외로 단순한 면이 있으므로 일단 호감을 얻게 되면 득이 될 경우도 있다.
의심형	• 분명한 증거나 근거를 제시하여 스스로 확신을 갖도록 유도한다. • 때로는 책임자로 하여금 응대하는 것도 좋다.
트집형	• 이야기를 경청하고 맞장구를 치며 추켜세우고 설득해 가는 방법이 효과적이다. • '손님의 말씀이 맞습니다.' 하고 고객의 지적이 옳음을 표시한 후 '저도 그렇게 생각하고 있습니다만……' 하고 설득한다. • 잠자코 고객의 의견을 경청하고 사과를 하는 응대가 바람직하다.
빨리빨리형	• '글쎄요.', '아마' 하는 식으로 애매한 화법을 사용하지 않는다. • 만사를 시원스럽게 처리하는 모습을 보이면 응대하기 쉽다.

③ 고객 불만처리 프로세스

단계	내용
경청	• 고객의 항의를 경청하고 끝까지 듣는다. • 선입관을 버리고 문제를 파악한다.
감사와 공감표시	• 일부러 시간을 내서 해결의 기회를 준 것에 감사를 표시한다. • 고객의 항의에 공감을 표시한다.
사과	• 고객의 이야기를 듣고 문제점에 대해 인정하고, 잘못된 부분에 대해 사과한다.
해결약속	• 고객이 불만을 느낀 상황에 대해 관심과 공감을 보이며, 문제의 빠른 해결을 약속한다.
정보파악	• 문제해결을 위해 꼭 필요한 질문만 하여 정보를 얻는다. • 최선의 해결방법을 찾기 어려우면 고객에게 어떻게 해주면 만족스러운지를 묻는다.
신속처리	• 잘못된 부분을 신속하게 시정한다.
처리확인과 사과	• 불만처리 후 고객에게 처리 결과에 만족하는지를 물어본다.
피드백	• 고객 불만 사례를 회사 및 전 직원에게 알려 다시는 동일한 문제가 발생하지 않도록 한다.

④ 고객만족 조사

㉠ 목적 : 고객의 주요 요구를 파악하여 가장 중요한 고객요구를 도출하고 자사가 가지고 있는 자원을 토대로 경영 프로세스의 개선에 활용함으로써 경쟁력을 증대시키는 것이다.

㉡ 고객만족 조사계획에서 수행되어야 할 것

- 조사 분야 및 대상 결정
- 조사목적 설정 : 전체적 경향의 파악, 고객에 대한 개별대응 및 고객과의 관계유지 파악, 평가목적, 개선목적
- 조사방법 및 횟수
- 조사결과 활용 계획

예제 5

고객중심 기업의 특징으로 옳지 않은 것은?

① 고객이 정보, 제품, 서비스 등에 쉽게 접근할 수 있도록 한다.
② 보다 나은 서비스를 제공할 수 있도록 기업정책을 수립한다.
③ 고객 만족에 중점을 둔다.
④ 기업이 행한 서비스에 대한 평가는 한번으로 끝낸다.

출제의도

고객서비스능력에 대한 포괄적인 문제로 실제 고객중심 기업의 입장에서 생각해 보면 쉽게 풀 수 있는 문제다.

해 설

④ 기업이 행한 서비스에 대한 평가는 수시로 이루어져야 한다.

답 ④

01 기술과 기술능력

(1) 기술과 과학

① 노하우(know-how)와 노와이(know-why)

㉠ 노하우 : 특허권을 수반하지 않는 과학자, 엔지니어 등이 가지고 있는 체화된 기술로 경험적이고 반복적인 행위에 의해 얻어진다.

㉡ 노와이 : 기술이 성립하고 작용하는가에 관한 원리적 측면에 중심을 둔 개념으로 이론적인 지식으로서 과학적인 탐구에 의해 얻어진다.

② 기술의 특징

㉠ 하드웨어나 인간에 의해 만들어진 비자연적인 대상, 혹은 그 이상을 의미한다.

㉡ 기술은 노하우(know-how)를 포함한다.

㉢ 기술은 하드웨어를 생산하는 과정이다.

㉣ 기술은 인간의 능력을 확장시키기 위한 하드웨어와 그것의 활용을 뜻한다.

㉤ 기술은 정의 가능한 문제를 해결하기 위해 순서화되고 이해 가능한 노력이다.

③ 기술과 과학 : 기술은 과학과 같이 추상적 이론보다는 실용성, 효용, 디자인을 강조하고 과학은 그 반대로 추상적 이론, 지식을 위한 지식, 본질에 대한 이해를 강조한다.

(2) 기술능력

① 기술능력과 기술교양 : 기술능력은 기술교양의 개념을 보다 구체화시킨 개념으로, 기술교양은 모든 사람들이 광범위한 관점에서 기술의 특성, 기술적 행동, 기술의 힘, 기술의 결과에 대해 어느 정도의 지식을 가지는 것을 의미한다.

② 기술능력이 뛰어난 사람의 특징

㉠ 실질적 해결을 필요로 하는 문제를 인식한다.

㉡ 인식된 문제를 위한 다양한 해결책을 개발하고 평가한다.

㉢ 실제적 문제를 해결하기 위해 지식이나 기타 자원을 선택 · 최적화시키며 적용한다.

㉣ 주어진 한계 속에서 제한된 자원을 가지고 일한다.

㉤ 기술적 해결에 대한 효용성을 평가한다.

㉥ 여러 상황 속에서 기술의 체계와 도구를 사용하고 배울 수 있다.

예제 1

Y그룹 기술연구소에 근무하는 정호는 연구 역량 강화를 위한 업계 워크숍에 참석해 기술 능력이 뛰어난 사람의 특징에 대해 기조 발표를 하려고 한다. 다음 중 정호가 발표에 포함시킬 내용으로 옳지 않은 것은?

① 기술의 체계와 같은 무형의 기술에 대한 능력과는 무관하다.
② 주어진 한계 속에서 제한된 자원을 가지고 일한다.
③ 기술적 해결에 대한 효용성을 평가한다.
④ 실질적 해결을 필요로 하는 문제를 인식한다.

출제의도

기술능력이 뛰어난 사람의 특징에 대해 묻는 문제로 문제의 길이가 길 경우 그 속에 포함된 핵심 어구를 찾는다면 쉽게 풀 수 있는 문제다.

해 설

① 여러 상황 속에서 기술의 체계와 도구를 사용하고 배울 수 있다.

답 ①

③ 새로운 기술능력 습득방법
㉠ 전문 연수원을 통한 기술과정 연수
㉡ E-learning을 활용한 기술교육
㉢ 상급학교 진학을 통한 기술교육
㉣ OJT를 활용한 기술교육

(3) 분야별 유망 기술 전망

① 전기전자정보공학분야 : 지능형 로봇 분야

② 기계공학분야 : 하이브리드 자동차 기술

③ 건설환경공학분야 : 지속가능한 건축 시스템 기술

④ 화학생명공학분야 : 재생에너지 기술

(4) 지속가능한 기술

① 지속가능한 발전 : 지금 우리의 현재 욕구를 충족시키면서 동시에 후속 세대의 욕구 충족을 침해하지 않는 발전

② 지속가능한 기술
㉠ 이용 가능한 자원과 에너지를 고려하는 기술
㉡ 자원이 사용되고 그것이 재생산되는 비율의 조화를 추구하는 기술
㉢ 자원의 질을 생각하는 기술
㉣ 자원이 생산적인 방식으로 사용되는가에 주의를 기울이는 기술

(5) 산업재해

① 산업재해란 산업 활동 중의 사고로 인해 사망하거나 부상을 당하고, 또는 유해 물질에 의한 중독 등으로 직업성 질환에 걸리거나 신체적 장애를 가져오는 것을 말한다.

② 산업 재해의 기본적 원인

㉠ 교육적 원인 : 안전 지식의 불충분, 안전 수칙의 오해, 경험이나 훈련의 불충분과 작업관리자의 작업방법의 교육 불충분, 유해 위험 작업 교육 불충분 등

㉡ 기술적 원인 : 건물 · 기계 장치의 설계 불량, 구조물의 불안정, 재료의 부적합, 생산 공정의 부적당, 점검 · 정비 · 보존의 불량 등

㉢ 작업 관리상 원인 : 안전 관리 조직의 결함, 안전 수칙 미제정, 작업 준비 불충분, 인원 배치 및 작업 지시 부적당 등

예제 2

다음은 철재가 알아낸 산업재해 원인과 관련된 자료이다. 다음 자료에 해당하는 산업재해의 기본적인 원인은 무엇인가?

〈2015년 산업재해 현황분석 자료에 따른 사망자의 수〉

(단위 : 명)

사망원인	사망자 수
안전 지식의 불충분	120
안전 수칙의 오해	56
경험이나 훈련의 불충분	73
작업관리자의 작업방법 교육 불충분	28
유해 위험 작업 교육 불충분	91
기타	4

출처 : 고용노동부 2015 산업재해 현황분석

① 정책적 원인　② 작업 관리상 원인
③ 기술적 원인　④ 교육적 원인

출제의도

산업재해의 원인은 크게 기본적 원인과 직접적 원인으로 나눌 수 있고 이들 원인은 다시 여러 개의 세부 원인들로 나뉜다. 표에 나와 있는 각각의 원인들이 어디에 속하는지 잘 구분할 수 있어야 한다.

해 설

④ 안전 지식의 불충분, 안전 수칙의 오해, 경험이나 훈련의 불충분, 작업관리자의 작업방법 교육 불충분, 유해 위험 작업 교육 불충분 등은 산업재해의 기본적 원인 중 교육적 원인에 해당한다.

답 ④

③ 산업 재해의 직접적 원인

㉠ 불안전한 행동 : 위험 장소 접근, 안전장치 기능 제거, 보호 장비의 미착용 및 잘못 사용, 운전 중인 기계의 속도 조작, 기계 · 기구의 잘못된 사용, 위험물 취급 부주의, 불안전한 상태 방치, 불안전한 자세와 동장, 감독 및 연락 잘못 등

㉡ 불안전한 상태 : 시설물 자체 결함, 전기 기설물의 누전, 구조물의 불안정, 소방기구의 미확보, 안전 보호 장치 결함, 복장 · 보호구의 결함, 시설물의 배치 및 장소 불량, 작업 환경 결함, 생산 공정의 결함, 경계 표시 설비의 결함 등

④ 산업 재해의 예방 대책

㉠ 안전 관리 조직 : 경영자는 사업장의 안전 목표를 설정하고, 안전 관리 책임자를 선정해야 하며, 안전 관리 책임자는 안전 계획을 수립하고, 이를 시행 · 후원 · 감독해야 한다.

㉡ 사실의 발견 : 사고 조사, 안전 점검, 현장 분석, 작업자의 제안 및 여론 조사, 관찰 및 보고서 연구, 면담 등을 통하여 사실을 발견한다.

㉢ 원인 분석 : 재해의 발생 장소, 재해 형태, 재해 정도, 관련 인원, 직원 감독의 적절성, 공구 및 장비의 상태 등을 정확히 분석한다.

㉣ 시정책의 선정 : 원인 분석을 토대로 적절한 시정책, 즉 기술적 개선, 인사 조정 및 교체, 교육, 설득, 호소, 공학적 조치 등을 선정한다.

㉤ 시정책 적용 및 뒤처리 : 안전에 대한 교육 및 훈련 실시, 안전시설과 장비의 결함 개선, 안전 감독 실시 등의 선정된 시정책을 적용한다.

02 기술능력을 구성하는 하위능력

(1) 기술이해능력

① 기술시스템

㉠ 개념 : 기술시스템은 인공물의 집합체만이 아니라 회사, 투자회사, 법적 제도, 정치, 과학, 자연자원을 모두 포함하는 것이기 때문에, 기술적인 것(the technical)과 사회적인 것(the social)이 결합해서 공존한다.

㉡ 기술시스템의 발전 단계 : 발명 · 개발 · 혁신의 단계 → 기술 이전의 단계 → 기술 경쟁의 단계 → 기술 공고화 단계

② 기술혁신

㉠ 기술혁신의 특성

- 기술혁신은 그 과정 자체가 매우 불확실하고 장기간의 시간을 필요로 한다.
- 기술혁신은 지식 집약적인 활동이다.
- 혁신 과정의 불확실성과 모호함은 기업 내에서 많은 논쟁과 갈등을 유발할 수 있다.
- 기술혁신은 조직의 경계를 넘나드는 특성을 갖고 있다.

㉡ 기술혁신의 과정과 역할

기술혁신 과정	혁신 활동	필요한 자질과 능력
아이디어 창안	• 아이디어를 창출하고 가능성을 검증 • 일을 수행하는 새로운 방법 고안 • 혁신적인 진보를 위한 탐색	• 각 분야의 전문지식 • 추상화와 개념화 능력 • 새로운 분야의 일을 즐김
챔피언	• 아이디어의 전파 • 혁신을 위한 자원 확보 • 아이디어 실현을 위한 헌신	• 정력적이고 위험을 감수함 • 아이디어의 응용에 관심
프로젝트 관리	• 리더십 발휘 • 프로젝트의 기획 및 조직 • 프로젝트의 효과적인 진행 감독	• 의사결정 능력 • 업무 수행 방법에 대한 지식
정보 수문장	• 조직외부의 정보를 내부 구성원들에게 전달 • 조직 내 정보원 기능	• 높은 수준의 기술적 역량 • 원만한 대인 관계 능력
후원	• 혁신에 대한 격려와 안내 • 불필요한 제약에서 프로젝트 보호 • 혁신에 대한 자원 획득을 지원	• 조직의 주요 의사결정에 대한 영향력

(2) 기술선택능력

① 기술선택 : 기업이 어떤 기술을 외부로부터 도입하거나 자체 개발하여 활용할 것인가를 결정하는 것이다.

㉠ 기술선택을 위한 의사결정

- 상향식 기술선택 : 기업 전체 차원에서 필요한 기술에 대한 체계적인 분석이나 검토 없이 연구자나 엔지니어들이 자율적으로 기술을 선택하는 것
- 하향식 기술선택 : 기술경영진과 기술기획담당자들에 의한 체계적인 분석을 통해 기업이 획득해야 하는 대상기술과 목표기술수준을 결정하는 것

㉡ 기술선택을 위한 절차

외부환경분석
↓
중장기 사업목표 설정 → 사업 전략 수립 → 요구기술 분석 → 기술전략 수립 → 핵심기술 선택
↑
내부 역량 분석

- 외부환경분석 : 수요변화 및 경쟁자 변화, 기술 변화 등 분석
- 중장기 사업목표 설정 : 기업의 장기비전, 중장기 매출목표 및 이익목표 설정
- 내부 역량 분석 : 기술능력, 생산능력, 마케팅/영업능력, 재무능력 등 분석
- 사업 전략 수립 : 사업 영역결정, 경쟁 우위 확보 방안 수립
- 요구기술 분석 : 제품 설계/디자인 기술, 제품 생산공정, 원재료/부품 제조기술 분석
- 기술전략 수립 : 기술획득 방법 결정

㉢ 기술선택을 위한 우선순위 결정
- 제품의 성능이나 원가에 미치는 영향력이 큰 기술
- 기술을 활용한 제품의 매출과 이익 창출 잠재력이 큰 기술
- 쉽게 구할 수 없는 기술
- 기업 간에 모방이 어려운 기술
- 기업이 생산하는 제품 및 서비스에 보다 광범위하게 활용할 수 있는 기술
- 최신 기술로 진부화될 가능성이 적은 기술

예제 3

주현은 건설회사에 근무하면서 프로젝트 관리를 한다. 얼마 전 대규모 프로젝트에 참가한 한 하청업체가 중간 보고회를 열고 다음과 같이 자신들이 이번 프로젝트의 성공적 마무리를 위해 노력하고 있음을 설명하고 있다. 다음 중 총괄 책임자로서 주현이 하청업체의 올바른 추진 방향으로 인정해줘야 하는 부분으로 바르게 묶인 것은?

㉠ 정부 및 환경단체가 요구하는 성과평가의 실천 방안을 연구하여 반영하고 있습니다.
㉡ 이번 프로젝트 성공을 위해 기술적 효용과 함께 환경적 효용도 추구하고 있습니다.
㉢ 오염 예방을 위한 청정 생산기술을 진단하고 컨설팅하면서 협력회사와 연대하고 있습니다.
㉣ 환경영향평가에 대해서는 철저한 사후평가 방식으로 진행하고 있습니다.

① ㉠㉡㉢ ② ㉠㉡㉣
③ ㉠㉢㉣ ④ ㉡㉢㉣

출제의도

실제 현장에서 사용하는 기술들에 대해 바람직한 평가요소는 무엇인지 묻는 문제다.

해 설

㉣ 환경영향평가에 대해서는 철저한 사전평가 방식으로 진행해야 한다.

답 ①

② 벤치마킹

㉠ 벤치마킹의 종류

기준	종류
비교대상에 따른 분류	• 내부 벤치마킹 : 같은 기업 내의 다른 지역, 타 부서, 국가 간의 유사한 활동을 비교대상으로 함 • 경쟁적 벤치마킹 : 동일 업종에서 고객을 직접적으로 공유하는 경쟁기업을 대상으로 함 • 비경쟁적 벤치마킹 : 제품, 서비스 및 프로세스의 단위 분야에 있어 가장 우수한 실무를 보이는 비경쟁적 기업 내의 유사 분야를 대상으로 함 • 글로벌 벤치마킹 : 프로세스에 있어 최고로 우수한 성과를 보유한 동일업종의 비경쟁적 기업을 대상으로 함
수행방식에 따른 분류	• 직접적 벤치마킹 : 벤치마킹 대상을 직접 방문하여 수행하는 방법 • 간접적 벤치마킹 : 인터넷 및 문서형태의 자료를 통해서 수행하는 방법

㉡ 벤치마킹의 주요 단계

- 범위결정 : 벤치마킹이 필요한 상세 분야를 정의하고 목표와 범위를 결정하며 벤치마킹을 수행할 인력들을 결정
- 측정범위 결정 : 상세분야에 대한 측정항목을 결정하고, 측정항목이 벤치마킹의 목표를 달성하는 데 적정한가를 검토
- 대상 결정 : 비교분석의 대상이 되는 기업/기관들을 결정하고, 대상 후보별 벤치마킹 수행의 타당성을 검토하여 최종적인 대상 및 대상별 수행방식을 결정
- 벤치마킹 : 직접 또는 간접적인 벤치마킹을 진행
- 성과차이 분석 : 벤치마킹 결과를 바탕으로 성과차이를 측정항목별로 분석
- 개선계획 수립 : 성과차이에 대한 원인 분석을 진행하고 개선을 위한 성과목표를 결정하며, 성과목표를 달성하기 위한 개선계획을 수립
- 변화 관리 : 개선목표 달성을 위한 변화사항을 지속적으로 관리하고, 개선 후 변화사항과 예상했던 변화 사항을 비교

③ 매뉴얼 : 매뉴얼의 사전적 의미는 어떤 기계의 조작 방법을 설명해 놓은 사용 지침서이다.

㉠ 매뉴얼의 종류

- 제품 매뉴얼 : 사용자를 위해 제품의 특징이나 기능 설명, 사용방법과 고장 조치방법, 유지 보수 및 A/S, 폐기까지 제품에 관련된 모든 서비스에 대해 소비자가 알아야 할 모든 정보를 제공하는 것
- 업무 매뉴얼 : 어떤 일의 진행 방식, 지켜야할 규칙, 관리상의 절차 등을 일관성 있게 여러 사람이 보고 따라할 수 있도록 표준화하여 설명하는 지침서

㉡ 매뉴얼 작성을 위한 Tip

- 내용이 정확해야 한다.
- 사용자가 알기 쉽게 쉬운 문장으로 쓰여야 한다.
- 사용자의 심리적 배려가 있어야 한다.
- 사용자가 찾고자 하는 정보를 쉽게 찾을 수 있어야 한다.
- 사용하기 쉬어야 한다.

(3) 기술적용능력

① 기술적용

㉠ 기술적용 형태

- 선택한 기술을 그대로 적용한다.
- 선택한 기술을 그대로 적용하되, 불필요한 기술은 과감히 버리고 적용한다.
- 선택한 기술을 분석하고 가공하여 활용한다.

㉡ 기술적용 시 고려 사항

- 기술적용에 따른 비용이 많이 드는가?
- 기술의 수명 주기는 어떻게 되는가?
- 기술의 전략적 중요도는 어떻게 되는가?
- 잠재적으로 응용 가능성이 있는가?

② 기술경영자와 기술관리자

㉠ 기술경영자에게 필요한 능력

- 기술을 기업의 전반적인 전략 목표에 통합시키는 능력
- 빠르고 효과적으로 새로운 기술을 습득하고 기존의 기술에서 탈피하는 능력
- 기술을 효과적으로 평가할 수 있는 능력
- 기술 이전을 효과적으로 할 수 있는 능력
- 새로운 제품개발 시간을 단축할 수 있는 능력
- 크고 복잡하고 서로 다른 분야에 걸쳐 있는 프로젝트를 수행할 수 있는 능력
- 조직 내의 기술 이용을 수행할 수 있는 능력
- 기술 전문 인력을 운용할 수 있는 능력

예제 4

다음은 기술경영자의 어떤 부분을 이야기하고 있는가?

> 어떤 일을 마무리하는 데 있어서 6개월의 시간이 걸린다면 그는 그 일을 한 달 안으로 끝낼 것을 원한다. 그에게 강한 밀어붙임을 경험한 사람들은 그에 대해 비판적인 입장을 취하기도 한다. 그의 직원 중 일부는 그 무게를 이겨내지 못하고, 다른 일부의 직원들은 그것을 스스로 더욱 열심히 할 수 있는 자극제로 사용한다고 말한다.

① 빠르고 효과적으로 새로운 기술을 습득하는 능력
② 기술 이전을 효과적으로 할 수 있는 능력
③ 기술 전문 인력을 운용할 수 있는 능력
④ 조직 내의 기술 이용을 수행할 수 있는 능력

출제의도

해당 사례가 기술경영자에게 필요한 능력 중 무엇에 해당하는 내용인지 묻는 문제로 각 능력에 대해 확실하게 이해하고 있어야 한다.

해 설

③ 기술경영자는 기술 전문 인력을 운용함에 있어 강한 리더십을 발휘하고 직원 스스로 움직일 수 있게 이끌 수 있어야 한다.

답 ③

㉡ 기술관리자에게 필요한 능력
- 기술을 운용하거나 문제 해결을 할 수 있는 능력
- 기술직과 의사소통을 할 수 있는 능력
- 혁신적인 환경을 조성할 수 있는 능력
- 기술적, 사업적, 인간적인 능력을 통합할 수 있는 능력
- 시스템적인 관점
- 공학적 도구나 지원방식에 대한 이해 능력
- 기술이나 추세에 대한 이해 능력
- 기술팀을 통합할 수 있는 능력

③ 네트워크 혁명

㉠ 네트워크 혁명의 3가지 법칙
- 무어의 법칙 : 컴퓨터의 파워가 18개월마다 2배씩 증가한다는 법칙
- 메트칼피의 법칙 : 네트워크의 가치는 사용자 수의 제곱에 비례한다는 법칙
- 카오의 법칙 : 창조성은 네트워크에 접속되어 있는 다양한 지수함수로 비례한다는 법칙

㉡ 네트워크 혁명의 역기능 : 디지털 격차(digital divide), 정보화에 따른 실업의 문제, 인터넷 게임과 채팅 중독, 범죄 및 반사회적인 사이트의 활성화, 정보기술을 이용한 감시 등

예제 5

직표는 J그룹의 기술연구팀에서 근무하고 있는데 하루는 공정 개선 워크숍이 열려 최근 사내에서 이슈로 떠오른 신 제조공법의 도입과 관련해 토론을 벌이고 있다. 신 제조공법 도입으로 인한 이해득실에 대해 의견이 분분한 가운데 직표가 할 수 있는 발언으로 옳지 않은 것은?

① "기술의 수명 주기뿐만 아니라 기술의 전략적 중요성과 잠재적 응용 가능성 등도 따져봐야 합니다."
② "다른 것은 그냥 넘어가도 되지만 기계 교체로 인한 막대한 비용만큼은 철저히 고려해야 합니다."
③ "신 제조공법 도입이 우리 회사의 어떤 시장 전략과 연관되어 있는지 궁금합니다."
④ "신 제조공법의 수명을 어떻게 예상하고 있는지 알고 싶군요."

출제의도

기술적용능력에 대해 포괄적으로 묻는 문제로 신기술 적용 시 중요하게 생각해야 할 요소로는 무엇이 있는지 파악하고 있어야 한다.

해 설

② 기계 교체로 인한 막대한 비용뿐만 아니라 신 기술도입과 관련된 모든 사항에 대해 사전에 철저히 고려해야 한다.

답 ②

01 윤리와 직업

(1) 윤리의 의미

① 윤리적 인간 : 공동의 이익을 추구하고 도덕적 가치 신념을 기반으로 형성된다.

② 윤리규범의 형성 : 공동생활과 협력을 필요로 하는 인간생활에서 형성되는 공동행동의 룰을 기반으로 형성된다.

③ 윤리의 의미 : 인간과 인간 사이에서 지켜야 할 도리를 바르게 하는 것으로 인간 사회에 필요한 올바른 질서라고 할 수 있다.

예제 5

윤리에 대한 설명으로 옳지 않은 것은?

① 윤리는 인간과 인간 사이에서 지켜져야 할 도리를 바르게 하는 것으로 볼 수 있다.
② 동양적 사고에서 윤리는 인륜과 동일한 의미이며, 엄격한 규율이나 규범의 의미가 배어 있다.
③ 인간은 윤리를 존중하며 살아야 사회가 질서와 평화를 얻게 되고, 모든 사람이 안심하고 개인적 행복을 얻게 된다.
④ 윤리는 세상에 두 사람 이상이 있으면 존재하며, 반대로 혼자 있을 때도 지켜져야 한다.

출제의도

윤리의 의미와 윤리적 인간, 윤리규범의 형성 등에 대한 기본적인 이해를 평가는 문제이다.

해 설

윤리는 인간과 인간 사이에서 지켜져야 할 도리를 바르게 하는 것으로서 이 세상에 두 사람 이상이 있으면 존재하고 반대로 혼자 있을 때에는 의미가 없는 말이 되기도 한다.

답 ④

(2) 직업의 의미

① 본인의 자발적 의사에 의한 장기적으로 지속하는 일로, 경제적 보상이 따라야 한다.

② 입신출세론 : 입신양명(立身揚名)이 입신출세(立身出世)로 바뀌면서 현대에 와서는 직업 활동의 결과를 출세에 비중을 두는 경향이 짙어졌다.

③ 3D 기피현상 : 힘들고(Difficult), 더럽고(Dirty), 위험한(Dangerous) 일은 하지 않으려고 하는 현상

(3) 직업윤리

① 직업인이라면 반드시 지켜야 할 공통적인 윤리규범으로 어느 직장에 다니느냐를 구분하지 않는다.

② 직업윤리와 개인윤리의 조화

㉠ 업무상 행해지는 개인의 판단과 행동이 사회적 파급력이 큰 기업시스템을 통하여 다수의 이해관계자와 관련된다.

㉡ 많은 사람의 고도화 된 협력을 요구하므로 맡은 역할에 대한 책임완수와 투명한 일 처리가 필요하다.

㉢ 규모가 큰 공동 재산 · 정보 등을 개인이 관리하므로 높은 윤리의식이 요구된다.

㉣ 직장이라는 특수 상황에서 갖는 집단적 인간관계는 가족관계, 친분관계와는 다른 배려가 요구된다.

㉤ 기업은 경쟁을 통하여 사회적 책임을 다하고, 보다 강한 경쟁력을 키우기 위하여 조직원인의 역할과 능력을 꾸준히 향상시켜야 한다.

㉥ 직무에 따른 특수한 상황에서는 개인 차원의 일반 상식과 기준으로는 규제할 수 없는 경우가 많다.

예제 2

직업윤리에 대한 설명으로 옳지 않은 것은?

① 개인윤리를 바탕으로 각자가 직업에 종사하는 과정에서 요구되는 특수한 윤리규범이다.
② 직업에 종사하는 현대인으로서 누구나 공통적으로 지켜야 할 윤리기준을 직업윤리라 한다.
③ 개인윤리의 기본 덕목인 사랑, 자비 등과 공동발전의 추구, 장기적 상호이익 등의 기본은 직업윤리도 동일하다.
④ 직업을 가진 사람이라면 반드시 지켜야 할 윤리규범이며, 중소기업 이상의 직장에 다니느냐에 따라 구분된다.

출제의도

직업윤리의 정의와 내용에 대한 올바른 이해를 요구하는 문제이다.

해 설

직업윤리란 직업을 가진 사람이라면 반드시 지켜야 할 공통적인 윤리규범을 말하는 것으로 어느 직장에 다니느냐를 구분하지 않는다.

답 ④

02 직업윤리를 구성하는 하위능력

(1) 근로윤리

① 근면한 태도

㉠ 근면이란 게으르지 않고 부지런한 것으로 근면하기 위해서는 일에 임할 때 적극적이고 능동적인 자세가 필요하다.

㉡ 근면의 종류

- 외부로부터 강요당한 근면
- 스스로 자진해서 하는 근면

② 정직한 행동

㉠ 정직은 신뢰를 형성하고 유지하는 데 기본적이고 필수적인 규범이다.

㉡ 정직과 신용을 구축하기 위한 지침

- 정직과 신뢰의 자산을 매일 조금씩 쌓아가자
- 잘못된 것도 정직하게 밝히자
- 타협하거나 부정직을 눈감아 주지 말자
- 부정직한 관행은 인정하지 말자

③ 성실한 자세 : 성실은 일관하는 마음과 정성의 덕으로 자신의 일에 최선을 다하고자 하는 마음자세를 가지고 업무에 임하는 것이다.

예제 3

우리 사회에서 정직과 신용을 구축하기 위한 지침으로 볼 수 없는 것은?

① 정직과 신뢰의 자산을 매일 조금씩 쌓아가도록 한다.
② 잘못된 것도 정직하게 밝혀야 한다.
③ 작은 실수는 눈감아 주고 때론 타협을 하여야 한다.
④ 부정직한 관행은 인정하지 말아야 한다.

출제의도

근로윤리 중에서도 정직한 행동과 성실한 자세에 대해 올바르게 이해하고 있는지 평가하는 문제이다.

해 설

타협하거나 부정직한 일에 대해서는 눈감아주지 말아야 한다.

답 ③

(2) 공동체윤리

① 봉사(서비스)의 의미

㉠ 직업인에게 봉사란 자신보다 고객의 가치를 최우선으로 하는 서비스 개념이다.

㉡ SERVICE의 7가지 의미

- S(Smile & Speed) : 서비스는 미소와 함께 신속하게 하는 것
- E(Emotion) : 서비스는 감동을 주는 것
- R(Respect) : 서비스는 고객을 존중하는 것
- V(Value) : 서비스는 고객에게 가치를 제공하는 것
- I(Image) : 서비스는 고객에게 좋은 이미지를 심어 주는 것
- C(Courtesy) : 서비스는 예의를 갖추고 정중하게 하는 것
- E(Excellence) : 서비스는 고객에게 탁월하게 제공되어져야 하는 것

㉢ 고객접점서비스 : 고객과 서비스 요원 사이에서 15초 동안의 짧은 순간에 이루어지는 서비스로, 이 순간을 진실의 순간(MOT ; Moment of Truth) 또는 결정적 순간이라고 한다.

② 책임의 의미 : 책임은 모든 결과는 나의 선택으로 인한 결과임을 인식하는 태도로, 상황을 회피하지 않고 맞닥뜨려 해결하는 자세가 필요하다.

③ 준법의 의미 : 민주 시민으로서 기본적으로 지켜야 하는 의무이며 생활 자세이다.

④ 예절의 의미 : 일정한 생활문화권에서 오랜 생활습관을 통해 히나의 공통된 생활방법으로 정립되어 관습적으로 행해지는 사회계약적 생활규범으로, 언어문화권에 따라 다르고 같은 언어문화권이라도 지방에 따라 다를 수 있다.

⑤ 직장에서의 예절

㉠ 직장에서의 인사예절

- 악수

–악수를 하는 동안에는 상대에게 집중하는 의미로 반드시 눈을 맞추고 미소를 짓는다.
–악수를 할 때는 오른손을 사용하고, 너무 강하게 쥐어짜듯이 잡지 않는다.
–악수는 힘 있게 해야 하지만 상대의 뼈를 부수듯이 손을 잡지 말아야 한다.
–악수는 서로의 이름을 말하고 간단한 인사 몇 마디를 주고받는 정도의 시간 안에 끝내야 한다.

- 소개

–나이 어린 사람을 연장자에게 소개한다.
–내가 속해 있는 회사의 관계자를 타 회사의 관계자에게 소개한다.
–신참자를 고참자에게 소개한다.
–동료임원을 고객, 손님에게 소개한다.
–비임원을 임원에게 소개한다.
–소개받는 사람의 별칭은 그 이름이 비즈니스에서 사용되는 것이 아니라면 사용하지 않는다.

–반드시 성과 이름을 함께 말한다.
–상대방이 항상 사용하는 경우라면, Dr. 또는 Ph.D. 등의 칭호를 함께 언급한다.
–정부 고관의 직급명은 퇴직한 경우라도 항상 사용한다.
–천천히 그리고 명확하게 말한다.
–각각의 관심사와 최근의 성과에 대하여 간단한 언급을 한다.

• 명함 교환

–명함은 반드시 명함 지갑에서 꺼내고 상대방에게 받은 명함도 명함 지갑에 넣는다.
–상대방에게서 명함을 받으면 받은 즉시 호주머니에 넣지 않는다.
–명함은 하위에 있는 사람이 먼저 꺼내는데 상위자에 대해서는 왼손으로 가볍게 받쳐 내는 것이 예의이며, 동위자, 하위자에게는 오른손으로만 쥐고 건넨다.
–명함을 받으면 그대로 집어넣지 말고 명함에 관해서 한두 마디 대화를 건네 본다.
–쌍방이 동시에 명함을 꺼낼 때는 왼손으로 서로 교환하고 오른손으로 옮겨진다.

ⓛ 직장에서의 전화예절

• 전화걸기

–전화를 걸기 전에 먼저 준비를 한다. 정보를 얻기 위해 전화를 하는 경우라면 얻고자 하는 내용을 미리 메모하도록 한다.
–전화를 건 이유를 숙지하고 이와 관련하여 대화를 나눌 수 있도록 준비한다.
–전화는 정상적인 업무가 이루어지고 있는 근무 시간에 걸도록 한다.
–당신이 통화를 원하는 상대와 통화할 수 없을 경우에 대비하여 비서나 다른 사람에게 메시지를 남길 수 있도록 준비한다.
–전화는 직접 걸도록 한다.
–전화를 해달라는 메시지를 받았다면 가능한 한 48시간 안에 답해주도록 한다.

• 전화받기

–전화벨이 3~4번 울리기 전에 받는다.
–당신이 누구인지를 즉시 말한다.
–천천히, 명확하게 예의를 갖추고 말한다.
–밝은 목소리로 말한다.
–말을 할 때 상대방의 이름을 함께 사용한다.
–메시지를 받아 적을 수 있도록 펜과 메모지를 곁에 둔다.
–주위의 소음을 최소화한다.
–긍정적인 말로서 전화 통화를 마치고 전화를 건 상대방에게 감사를 표시한다.

• 휴대전화

–당신이 어디에서 휴대전화로 전화를 하든지 간에 상대방에게 통화를 강요하지 않는다.
–상대방이 장거리 요금을 지불하게 되는 휴대전화의 사용은 피한다.

–운전하면서 휴대전화를 하지 않는다.
–친구의 휴대전화를 빌려 달라고 부탁하지 않는다.
–비상시에만 휴대전화를 사용하는 친구에게는 휴대전화로 전화하지 않는다.

㉢ 직장에서의 E–mail 예절

• E–mail 보내기
–상단에 보내는 사람의 이름을 적는다.
–메시지에는 언제나 제목을 넣도록 한다.
–메시지는 간략하게 만든다.
–요점을 빗나가지 않는 제목을 잡도록 한다.
–올바른 철자와 문법을 사용한다.

• E–mail 답하기
–원래 이–메일의 내용과 관련된 일관성 있는 답을 하도록 한다.
–다른 비즈니스 서신에서와 마찬가지로 화가 난 감정의 표현을 보내는 것은 피한다.
–답장이 어디로, 누구에게로 보내는지 주의한다.

⑥ 성예절을 지키기 위한 자세 : 직장에서 여성의 특징을 살린 한정된 업무를 담당하던 과거와는 달리 여성과 남성이 대등한 동반자 관계로 동등한 역할과 능력발휘를 한다는 인식을 가질 필요가 있다.

㉠ 직장 내에서 여성이 남성과 동등한 지위를 보장 받기 위해서 그만한 책임과 역할을 다해야 하며, 조직은 그에 상응하는 여건을 조성해야 한다.

㉡ 성희롱 문제를 사전에 예방하고 효과적으로 처리하는 방안이 필요한 것이다.

㉢ 남성 위주의 가부장적 문화와 성 역할에 대한 과거의 잘못된 인식을 타파하고 남녀공존의 직장문화를 정착하는 노력이 필요하다.

예제 4

예절에 대한 설명으로 옳지 않은 것은?

① 예절은 일정한 생활문화권에서 오랜 생활습관을 통해 하나의 공통된 생활방식으로 정립되어 관습적으로 행해지는 사회계약적인 생활규범이라 할 수 있다.
② 예절은 언어문화권에 따라 다르나 동일한 언어문화권일 경우에는 모두 동일하다.
③ 무리를 지어 하나의 문화를 형성하여 사는 일정한 지역을 생활문화권이라 하며, 이 문화권에 사는 사람들이 가장 편리하고 바람직한 방법이라고 여겨 그렇게 행하는 생활방법이 예절이다.
④ 예절은 한 나라에서 통일되어야 국민들이 생활하기가 수월하며, 올바른 예절을 지키는 것이 바른 삶을 사는 것이라 할 수 있다.

출제의도
공동체윤리에 속하는 여러 항목 중 예절의 의미와 특성에 대한 이해능력을 평가하는 문제이다.

해 설
예절은 언어문화권에 따라 다르고, 동일한 언어문화권이라도 지방에 따라 다를 수 있다. 예를 들면 우리나라의 경우 서울과 지방에 따라 예절이 조금씩 다르다.

답 ②

CHAPTER

02 NCS 대표유형

PART ❶ 의사소통능력

정답 및 해설 P.260

의사소통능력 대표유형

의사소통은 직장생활에서 조직과 팀의 효율성과 효과성을 성취할 목적으로 이루어지는 구성원 간의 정보와 지식 전달 과정으로, 의사소통능력은 업무능력의 기본이 된다. 크게 어휘, 어법, 독해 유형으로 구분되며 공문, 보도자료, 상품설명서, 약관 등의 실용문과 함께 정치 · 경제 · 사회 · 과학 · 문화 · 예술 등 다양한 분야의 지문이 출제된다.

1

다음의 밑줄 친 단어의 의미와 동일하게 쓰인 것은?

기획재정부는 26일 OO센터에서 '2017년 지방재정협의회'를 열고 내년도 예산안 편성 방향과 지역 현안 사업을 논의했다. 이 자리에는 17개 광역자치단체 부단체장과 기재부 예산실장 등 500여 명이 참석해 2018년 예산안 편성 방향과 약 530건의 지역 현안 사업에 대한 협의를 진행했다.

기재부 예산실장은 "내년에 정부는 일자리 창출, 4차 산업 혁명 대응, 저출산 극복, 양극화 완화 등 4대 핵심 분야에 예산을 집중적으로 투자할 계획이라며 이를 위해 신규 사업 관리 강화 등 10대 재정 운용 전략을 활용, 재정 투자의 효율성을 높여갈 것"이라고 밝혔다. 이어 각 지방자치단체에서도 정부의 예산 편성 방향에 부합하도록 사업을 신청해 달라고 요청했다.

기재부는 이날 논의한 지역 현안 사업이 각 부처의 검토를 <u>거쳐</u> 다음달 26일까지 기재부에 신청되면, 관계 기관의 협의를 거쳐 내년도 예산안에 반영한다.

① 학생들은 초등학교부터 중학교, 고등학교를 <u>거쳐</u> 대학에 입학하게 된다.

② 가장 어려운 문제를 해결했으니 이제 특별히 <u>거칠</u> 문제는 없다.

③ 이번 출장 때는 독일 베를린을 <u>거쳐</u> 오스트리아 빈을 다녀올 예정이다.

④ 오랜만에 뒷산에 올라 보니, 무성하게 자란 칡덩굴이 발에 <u>거친다</u>.

2

다음 단락을 논리적 흐름에 맞게 바르게 배열한 것은?

(가) 자본주의 사회에서 상대적으로 부유한 집단, 지역, 국가는 환경적 피해를 약자에게 전가하거나 기술적으로 회피할 수 있는 가능성을 가진다. (나) 오늘날 환경문제는 특정한 개별 지역이나 국가의 문제에서 나아가 전 지구적 문제로 확대되었지만, 이로 인한 피해는 사회 · 공간적으로 취약한 특정 계층이나 지역에 집중적으로 나타나는 환경적 불평등을 야기하고 있다. (다) 인간사회와 자연환경 간의 긴장관계 속에서 발생하고 있는 오늘날 환경위기의 해결 가능성은 논리적으로 뿐만 아니라 역사적으로 과학기술과 생산조직의 발전을 규정하는 사회적 생산관계의 전환을 통해서만 실현될 수 있다. (라) 부유한 국가나 지역은 마치 환경문제를 스스로 해결한 것처럼 보이기도 하며, 나아가 자본주의 경제체제 자체가 환경문제를 해결(또는 최소한 지연)할 수 있는 능력을 갖춘 것처럼 홍보되기도 한다.

① (가) – (나) – (라) – (다)

② (나) – (가) – (다) – (라)

③ (나) – (가) – (라) – (다)

④ (나) – (라) – (가) – (다)

3

다음 글에서 언급한 스마트 팩토리의 특징으로 옳지 않은 것은?

> 최근 스포츠 브랜드인 아디다스에서 소비자가 원하는 디자인, 깔창, 굽 모양 등의 옵션을 적용하여 다품종 소량생산 할 수 있는 스피드 팩토리를 선보였고, 그밖에도 제조업을 비롯해 다양한 산업에서 스마트 팩토리를 도입하면서 미래형 제조 시스템인 스마트 팩토리에 대한 관심이 커지고 있다. 과연 스마트 팩토리 무엇이며 어떤 기술로 구현되고 이점은 무엇일까?
>
> 스마트 팩토리란 ICT기술을 기반으로 제품의 기획, 설계, 생산, 유통, 판매의 전 과정을 자동화, 지능화하여 최소 비용과 최소 시간으로 다품종 대량생산이 가능한 미래형 공장을 의미한다. 스마트 팩토리가 구현되기 위해서는 다양한 기술이 적용되는데, 먼저 클라우드 기술은 인터넷에 연결되어 축적된 데이터를 저장하고 IoT 기술은 각종 사물에 컴퓨터 칩과 통신 기능을 내장해 인터넷에 연결한다. 또한 데이터를 분석하는 빅데이터 기술, AI를 기반으로 스스로 학습하고 의사결정을 할 수 있는 차세대 로봇기술과 기계가 자가 학습하는 인공지능 기술을 비롯해 수많은 첨단 기술을 필요로 한다.
>
> 스마트 팩토리의 핵심 구현 요소는 디지털화, 연결화, 스마트화이다. 디지털화는 공장 내 사물들 간에 소통이 가능하도록 물리적 아날로그 신호를 디지털 신호로 변환하는 것으로 디지털화를 하면 무한대로 데이터를 복사할 수 있어 데이터 편집이 쉬워지고 데이터 통신이 자유롭게 이루어진다. 연결화는 사람을 포함한 모든 사물, 즉 공장 안에 존재하는 부품, 완제품, 설비, 공장, 건물, 기기를 연결하는 것으로, 이더넷이나 유무선 통신으로 설비를 연결해 생산 현황과 이상 유무를 관리한다. 작업자가 제조 라인에 서면 공정은 작업자의 역량, 경험 같은 것을 참고하여 합당한 공정을 수행하도록 지도해 주는 것이 연결화의 예라고 할 수 있다. 스마트화는 사물이 사람과 같이 스스로 판단하고 행동하는 것을 말하는 것으로 지능화, 자율화와 같은 의미이다. 수집된 데이터를 분석하여 스스로 판단하는 스마트화는 스마트 팩토리의 필수 전제조건이다.
>
> 스마트 팩토리의 이점은 제조 단계별로 구분해 볼 수 있다. 먼저 기획 · 설계 단계에서는 제품 성능 시뮬레이션을 통해 제작기간을 단축시키고, 맞춤형 제품을 개발할 수 있다는 이점이 있다. 다음으로 생산 단계에서는 설비 – 자재 – 시스템 간 통신으로 다품종 대량생산, 에너지와 설비 효율 제고의 효과가 있다. 그리고 유통 · 판매 단계에서는 모기업과 협력사 간 실시간 연동을 통해 재고 비용을 감소시키고 품질, 물류 등 많은 분야를 협력할 수 있다.

① 스마트 팩토리는 최소 비용과 최소 시간으로 다품종 대량생산을 추구한다.

② 스마트 팩토리가 구현되기 위해서는 클라우드 기술, IoT기술, 인공지능 기술 등이 요구된다.

③ 디지털화는 공장 내 사물들 간에 소통이 가능하도록 디지털 신호를 물리적 아날로그 신호로 변환하는 것이다.

④ 스마트화는 사물이 사람과 같이 스스로 판단하고 행동하는 것으로 스마트 팩토리의 필수 전제조건이다.

4

다음은 N사의 단독주택용지 수의계약 공고문 중 일부이다. 공고문의 내용을 바르게 이해한 것은?

[○○ 블록형 단독주택용지(1필지) 수의계약 공고]

1. 공급대상토지

면적 (㎡)	세대수 (호)	평균규모 (㎡)	용적률 (%)	공급가격 (천원)	계약보증금 (원)	사용가능 시기
25,479	63	400	100% 이하	36,944,550	3,694,455,000	즉시

2. 공급일정 및 장소

일정	2019년 1월 11일 오전 10시부터 선착순 수의계약 (토 · 일요일 및 공휴일, 업무시간 외는 제외)
장소	N사 ○○지역본부 1층

3. 신청자격

아래 두 조건을 모두 충족한 자

- 실수요자 : 공고일 현재 주택법에 의한 주택건설사업자로 등록한 자
- 3년 분할납부(무이자) 조건의 토지매입 신청자

※ 납부 조건 : 계약체결 시 계약금 10%, 중도금 및 잔금 90%(6개월 단위 6회 납부)

4. 계약체결 시 구비서류

- 법인등기부등본 및 사업자등록증 사본 각 1부
- 법인인감증명서 1부 및 법인인감도장(사용인감계 및 사용인감)
- 대표자 신분증 사본 1부(위임 시 위임장 1부 및 대리인 신분증 제출)
- 주택건설사업자등록증 1부
- 계약금 납입영수증

① 계약이 체결되면 즉시 해당 토지에 단독주택을 건설할 수 있다.

② 계약체결 후 첫 번째 내야 할 중도금은 5,250,095,000원이다.

③ 규모 400㎡의 단독주택용지를 일반 수요자에게 분양하는 공고이다.

④ 계약에 대한 보증금이 공급가격보다 더 높아 실수요자에게 부담을 줄 우려가 있다.

5

다음 회의록의 내용을 보고 올바른 판단을 내리지 못한 것을 고르면?

<table>
<tr><th colspan="4">인사팀 4월 회의록</th></tr>
<tr><td>회의일시</td><td>2019년 4월 30일 14:00~15:30</td><td>회의장소</td><td>대회의실(예약)</td></tr>
<tr><td>참석자</td><td colspan="3">팀장, 남 과장, 허 대리, 김 대리, 이 사원, 명 사원</td></tr>
<tr><td>회의안건</td><td colspan="3">• 직원 교육훈련 시스템 점검 및 성과 평가
• 차기 교육 프로그램 운영 방향 논의</td></tr>
<tr><td>진행결과 및 협조 요청</td><td colspan="3">〈총평〉
• 1사분기에는 지난해보다 학습목표시간을 상향조정(직급별 10~20시간)하였음에도 평균 학습시간을 초과하여 달성하는 등 상시학습문화가 정착됨
– 1인당 평균 학습시간: 지난해 4사분기 22시간 → 올해 1사분기 35시간
• 다만, 고직급자와 계약직은 학습 실적이 목표에 미달하였는바, 앞으로 학습 진도에 대하여 사전 통보하는 등 학습목표 달성을 적극 지원할 필요가 있음
– 고직급자 : 목표 30시간, 실적 25시간, 계약직 : 목표 40시간, 실적 34시간
〈운영방향〉
• 전 직원 일체감 형성을 위한 비전공유와 '매출 증대, 비용 절감' 구현을 위한 핵심과제 등 주요사업 시책교육 추진
• 직원이 가치창출의 원천이라는 인식하에 생애주기에 맞는 직급별 직무역량교육 의무화를 통해 인적자본 육성 강화
• 자기주도적 상시학습문화 정착에 기여한 학습관리시스템을 현실에 맞게 개선하고, 조직 간 인사교류를 확대</td></tr>
</table>

① 올 1사분기에는 지난해보다 1인당 평균 학습시간이 50% 이상 증가하였다.

② 전체적으로 1사분기의 교육시간 이수 등의 성과는 우수하였다.

③ 2사분기에는 일부 직원들에 대한 교육시간이 1사분기보다 더 증가할 전망이다.

④ 2사분기에는 각 직급에 보다 적합한 교육이 시행될 것이다.

정답 및 해설 P.261

수리능력 대표유형

수리능력은 직장생활에서 요구되는 기본적인 사칙연산과 기초적인 통계를 이해하고 도표의 의미를 파악하거나 도표를 이용해서 결과를 효과적으로 제시하는 능력을 말한다. 따라서 기본적인 계산능력을 파악하는 유형과 함께 자료해석, 도표분석 능력 등을 요구하는 유형의 문제가 주로 출제된다.

1

A와 B가 다음과 같은 규칙으로 게임을 하였다. 규칙을 참고할 때, 두 사람 중 점수가 낮은 사람은 몇 점인가?

- 이긴 사람은 4점, 진 사람은 2점의 점수를 얻는다.
- 두 사람의 게임은 모두 20회 진행되었다.
- 20회의 게임 후 두 사람의 점수 차이는 12점이었다.

① 50점 ② 52점

③ 54점 ④ 56점

2

다음은 국민연금 보험료를 산정하기 위한 소득월액 산정 방법에 대한 설명이다. 다음 설명을 참고할 때, 김갑동 씨의 신고 소득월액은 얼마인가?

소득월액은 입사(복직) 시점에 따른 근로자간 신고 소득월액 차등이 발생하지 않도록 입사(복직) 당시 약정되어 있는 급여 항목에 대한 1년치 소득총액에 대하여 30일로 환산하여 결정하며, 다음과 같은 계산 방식을 적용한다.

소득월액 = 입사(복직) 당시 지급이 약정된 각 급여 항목에 대한 1년간 소득총액 ÷ 365 × 30

〈김갑동 씨의 급여 내역〉

- 기본급 : 1,000,000원
- 교통비 : 월 100,000원
- 고정 시간외 수당 : 월 200,000원
- 분기별 상여금(1, 4, 7, 10월 지급) : 기본급의 100%
- 하계휴가비(매년 7월 지급) : 500,000원

① 1,645,660원
② 1,652,055원
③ 1,668,900원
④ 1,727,050원

3

다음은 2018년 한국인 사망 원인 '5대 암'과 관련된 자료이다. 2018년 총 인구를 5,100만 명이라고 할 때, 치명률을 구하는 공식으로 옳은 것을 고르면?

종류	환자수	완치자수	후유장애자수	사망자수	치명률
폐암	101,600명	3,270명	4,408명	2,190명	2.16%
간암	120,860명	1,196명	3,802명	1,845명	1.53%
대장암	157,200명	3,180명	2,417명	1,624명	1.03%
위암	184,520명	2,492명	3,557명	1,950명	1.06%
췌장암	162,050명	3,178명	2,549명	2,765명	1.71%

※ 환자수란 현재 해당 암을 앓고 있는 사람 수를 말한다.

※ 완치자수란 과거에 해당 암을 앓았던 사람으로 일상생활에 문제가 되는 장애가 남지 않고 5년 이내 재발이 없는 경우를 말한다.

※ 후유장애자수란 과거에 해당 암을 앓았던 사람으로 암으로 인하여 일상생활에 문제가 되는 영구적인 장애가 남은 경우를 말한다.

※ 사망자수란 해당 암으로 사망한 사람 수를 말한다.

① $치명률 = \frac{완치자수}{환자수} \times 100$

② $치명률 = \frac{후유장애자수}{환자수} \times 100$

③ $치명률 = \frac{사망자수}{환자수} \times 100$

④ $치명률 = \frac{사망자수 + 후유장애자수}{인구수} \times 100$

4

제시된 자료를 참조하여, 2013년부터 2015년의 건강수명 비교에 대한 설명으로 옳은 것은?

〈자료 1〉 평균수명 및 건강수명 추이

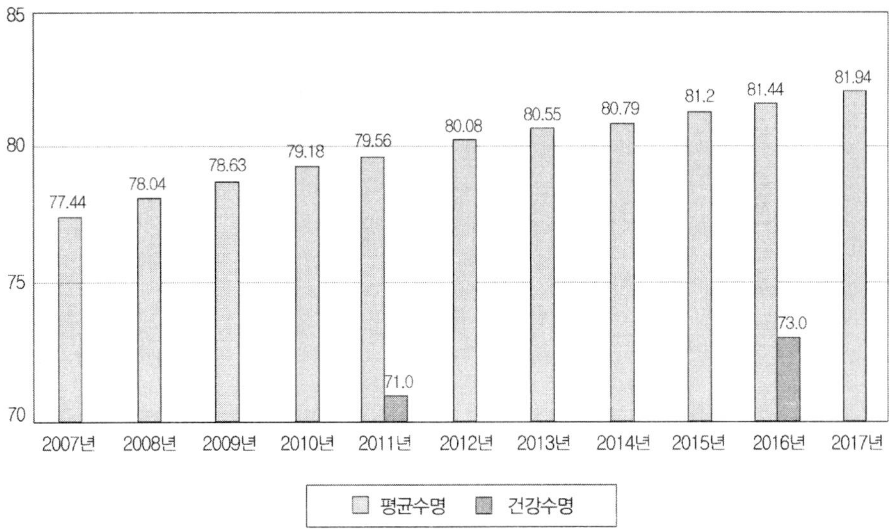

※ 평균수명 : 0세의 출생자가 향후 생존할 것으로 기대되는 평균생존연수 '0세의 기대여명' 을 나타냄

※ 건강수명 : 평균수명에서 질병이나 부상으로 인하여 활동하지 못한 기간을 뺀 기간을 나타냄

※ 2017년은 예상 수치임

〈자료 2〉 건강수명 예상치 추정 정보

- 건강수명 예상치의 범위는 평균수명의 90%에서 ±1% 수준이다.
- 건강수명 예상치는 환경 개선 정도에 영향을 받는다고 가정한다.

연도	2012년	2013년	2014년	2015년
환경 개선	보통	양호	불량	불량

- 해당 연도 환경 개선 정도가 '양호'이면 최대치(+1%)로 계산된다.
- 해당 연도 환경 개선 정도가 '보통'이면 중간치(±0%)로 계산된다.
- 해당 연도 환경 개선 정도가 '불량'이면 최소치(−1%)로 계산된다.

① 2013년 건강수명이 2014년 건강수명보다 짧다.

② 2014년 건강수명이 2015년 건강수명보다 짧다.

③ 2013년 건강수명이 2015년 건강수명 보다 짧다.

④ 2014년 환경 개선 정도가 보통일 경우 2013년 건강수명이 2014년 건강수명보다 짧다.

5

다음은 건설업과 관련된 주요 지표이다. 이에 대한 설명으로 옳은 것은?

〈건설업 주요 지표〉

(단위 : 개, 천 명, 조 원, %)

구분	2016년	2017년	전년대비	
			증감	증감률
기업체수	69,508	72,376	2,868	4.1
종사자수	1,573	1,670	97	6.1
건설공사 매출액	356.6	392.0	35.4	9.9
국내 매출액	313.1	354.0	40.9	13.1
해외 매출액	43.5	38.0	−5.5	−12.6
건설비용	343.2	374.3	31.1	9.1
건설 부가가치	13.4	17.7	4.3	32.1

〈연도별 건설업체수 및 매출 증감률〉

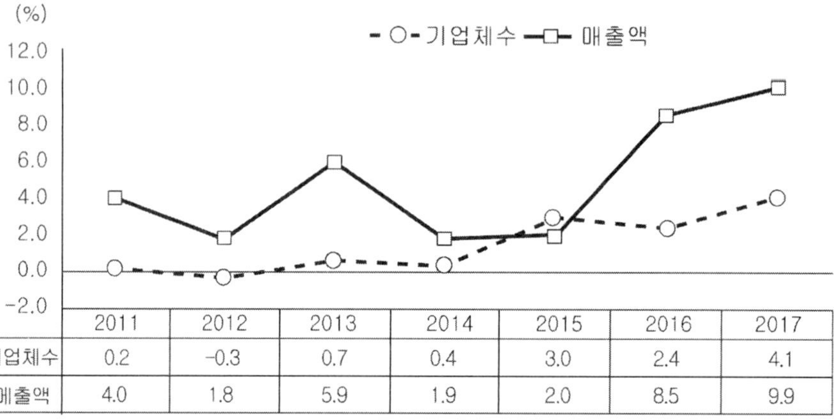

	2011	2012	2013	2014	2015	2016	2017
기업체수	0.2	-0.3	0.7	0.4	3.0	2.4	4.1
매출액	4.0	1.8	5.9	1.9	2.0	8.5	9.9

① 2012년의 기업체 수는 65,000개 이하이다.

② 건설공사 매출액 중 국내 매출액의 비중은 2017년보다 2016년이 더 크다.

③ 해외 매출액의 증감은 건설 부가가치의 증감에 영향을 미친다.

④ 건설업 주요 지표별 증감 추이는 모든 항목이 동일하다.

문제해결능력 대표유형

문제란 업무를 수행함에 있어 답을 요구하는 질문이나 의논하여 해결해야 하는 사항으로, 문제해결을 위해서는 전략적이고 분석적인 사고는 물론 발상의 전환과 효율적인 자원활용 등 다양한 능력이 요구된다. 따라서 명제나 추론 같은 일반적인 논리추론 유형과 함께 수리, 자원관리 등이 융합된 문제해결 유형이나 실무이해를 바탕으로 하는 유형의 문제도 다수 출제된다.

1

다음 조건을 바탕으로 할 때 정 대리가 이번 달 중국 출장 출발일로 정하기에 가장 적절한 날은 언제인가? (전체 일정은 모두 이번 달 안에 속해 있다.)

- 이번 달은 1일이 월요일인 달이다.
- 3박 4일 일정이며 출발일과 도착일이 모두 휴일이 아니어야 한다.
- 현지에서 복귀하는 비행편은 매주 화, 목요일에만 있다.
- 이번 달 셋째 주 화요일에 있을 부서의 중요한 회의에 반드시 참석해야 하며, 회의 후에 출장을 가려 한다.

① 12일 ② 15일
③ 17일 ④ 22일

2

다음은 유진이가 학교에 가는 요일에 대한 설명이다. 이들 명제가 모두 참이라고 가정할 때, 유진이가 학교에 가는 요일은?

㉠ 목요일에 학교에 가지 않으면 월요일에 학교에 간다.
㉡ 금요일에 학교에 가지 않으면 수요일에 학교에 가지 않는다.
㉢ 수요일에 학교에 가지 않으면 화요일에 학교에 간다.
㉣ 월요일에 학교에 가면 금요일에 학교에 가지 않는다.
㉤ 유진이는 화요일에 학교에 가지 않는다.

① 월, 수 ② 월, 수, 금
③ 수, 목, 금 ④ 수, 금

3

다음은 ○○항공사의 항공이용에 관한 조사 설계의 일부분이다. 본 설문조사의 목적으로 가장 적합하지 않은 것은?

1. 조사 목적

2. 과업 범위

• 조사 대상 : 서울과 수도권에 거주하고 있으며 최근 3년 이내 여행 및 출장 목적의 해외방문 경험이 있고 향후 1년 이내 해외로 여행 및 출장 의향이 있는 만 20~60세 이상의 성인 남녀

• 조사 방법 : 구조화된 질문지를 이용한 온라인 설문조사

• 표본 규모 : 총 1,000명

3. 조사 내용

• 시장 환경 파악 : 여행 출장 시장 동향 (출국 목적, 체류기간 등)

• 과거 해외 근거리 당일 왕복항공 이용 실적 파악 : 이용 빈도, 출국 목적, 목적지 등

• 향후 해외 근거리 당일 왕복항공 잠재 수요 파악 : 이용의향 빈도, 출국 목적 등

• 해외 근거리 당일 왕복항공 이용을 위한 개선 사항 파악 : 해외 근거리 당일 왕복항공을 위한 개선사항 적용 시 해외 당일 여행 계획 또는 의향

• 배경정보 파악 : 인구사회학적 특성 (성별, 연령, 거주 지역 등)

4. 결론 및 기대효과

① 단기 해외 여행의 수요 증가 현황과 관련 항공 시장 파악

② 해외 당일치기 여객의 수요에 부응할 수 있는 노선 구축 근거 마련

③ 해외 근거리 당일 왕복항공을 이용한 실적 및 행태 파악

④ 근거리 국가로 여행 또는 출장을 위해 당일 왕복항공을 이용할 의향과 수용도 파악

4

다음은 L공사의 국민임대주택 예비입주자 통합 정례모집 관련 신청자격에 대한 사전 안내이다. 甲~戊 중 국민임대주택 예비입주자로 신청할 수 있는 사람은? (단, 함께 살고 있는 사람은 모두 세대별 주민등록표상에 함께 등재되어 있고, 제시되지 않은 사항은 모두 조건을 충족한다고 가정한다)

□ 2019년 5월 정례모집 개요

구분	모집공고일	대상지역
2019년 5월	2019. 5. 7(화)	수도권
	2019. 5. 15(수)	수도권 제외한 나머지 지역

□ 신청자격

입주자모집공고일 현재 무주택세대구성원으로서 아래의 소득 및 자산보유 기준을 충족하는 자

※ 무주택세대구성원이란?

다음의 세대구성원에 해당하는 사람 전원이 주택(분양권 등 포함)을 소유하고 있지 않은 세대의 구성원을 말합니다.

세대구성원(자격검증대상)	비고
• 신청자	
• 신청자의 배우자	신청자와 세대 분리되어 있는 배우자도 세대구성원에 포함
• 신청자의 직계존속 • 신청자의 배우자의 직계존속	신청자 또는 신청자의 배우자와 세대별 주민등록표상에 함께 등재되어 있는 사람에 한함
• 신청자의 직계비속 • 신청자의 직계비속의 배우자	
• 신청자의 배우자의 직계비속	신청자와 세대별 주민등록표상에 함께 등재되어 있는 사람에 한함

※ 소득 및 자산보유 기준

구분	소득 및 자산보유 기준		
	가구원수	월평균소득기준	참고사항
소득	3인 이하 가구	3,781,270원 이하	• 가구원수는 세대구성원 전원을 말함(외국인 배우자와 임신 중인 경우 태아 포함) • 월평균소득액은 세전금액으로서 세대구성원 전원의 월평균소득액을 모두 합산한 금액임
	4인 가구	4,315,641원 이하	
	5인 가구	4,689,906원 이하	
	6인 가구	5,144,224원 이하	
	7인 가구	5,598,542원 이하	
	8인 가구	6,052,860원 이하	
자산	• 총자산가액 : 세대구성원 전원이 보유하고 있는 총자산가액 합산기준 28,000만 원 이하		
	• 자동차 : 세대구성원 전원이 보유하고 있는 전체 자동차가액 2,499만 원 이하		

① 甲의 아내는 주택을 소유하고 있지만, 甲과 세대 분리가 되어 있다.

② 아내의 부모님을 모시고 살고 있는 乙 가족의 월평균소득은 500만 원이 넘는다.

③ 丙은 재혼으로 만난 아내의 아들과 함께 살고 있는데, 아들은 전 남편으로부터 물려받은 아파트 분양권을 소유하고 있다.

④ 어머니를 모시고 사는 丁은 아내가 셋째 아이를 출산하면서 丁 가족의 월평균소득으로는 1인당 80만 원도 돌아가지 않게 되었다.

5

서원 그룹의 K부서에서는 자기 부서의 정책을 홍보하기 위해 책자를 제작해 배포하는 프로젝트를 진행하였다. 프로젝트 진행 과정이 다음과 같을 때, 프로젝트 결과에 대한 평가로 항상 옳은 것을 모두 고르면?

> 이번에 K부서에서는 자기 부서의 정책을 홍보하기 위해 책자를 제작해 배포하였다. 이 홍보 사업에 참여한 K부서의 팀은 A와 B 두 팀이다. 두 팀은 각각 500권의 정책홍보 책자를 제작하였다. 그러나 책자를 어떤 방식으로 배포할 것인지에 대해 두 팀 간에 차이가 있었다. A팀은 자신들이 제작한 K부서의 모든 정책홍보책자를 서울이나 부산에 배포한다는 지침에 따라 배포하였다. 한편, B팀은 자신들이 제작한 K부서 정책홍보책자를 서울에 모두 배포하거나 부산에 모두 배포한다는 지침에 따라 배포하였다. 사업이 진행된 이후 배포된 결과를 살펴보기 위해서 서울과 부산을 조사하였다. 조사를 담당한 한 직원은 A팀이 제작·배포한 K부서 정책홍보책자 중 일부를 서울에서 발견하였다.
>
> 한편, 또 다른 직원은 B팀이 제작·배포한 K부서 정책홍보책자 중 일부를 부산에서 발견하였다. 그리고 배포 과정을 검토해 본 결과, 이번에 A팀과 B팀이 제작한 K부서 정책 홍보책자는 모두 배포되었다는 것과, 책자가 배포된 곳과 발견된 곳이 일치한다는 것이 확인되었다.

> ㉠ 부산에는 500권이 넘는 K부서 정책홍보책자가 배포되었다.
> ㉡ 서울에 배포된 K부서 정책홍보책자의 수는 부산에 배포된 K부서 정책홍보책자의 수보다 적다.
> ㉢ A팀이 제작한 K부서 정책홍보책자가 부산에서 발견되었다면, 부산에 배포된 K부서 정책홍보책자의 수가 서울에 배포된 수보다 많다.

① ㉠ ② ㉢

③ ㉠, ㉡ ④ ㉡, ㉢

대인관계능력 대표유형

대인관계란 집단생활 속 구성원 상호 간의 관계로, 직장생활에서 대인관계는 조직구성원 간의 관계뿐만 아니라 조직 외부의 관계자, 고객 등과의 관계를 전제로 한다. 리더십능력, 갈등관리능력, 협상능력, 고객서비스능력 등이 대인관계능력을 측정하기 위한 문제로 출제된다.

1

다음 사례에서 나오는 마부장의 리더십은 어떤 유형인가?

ㅇㅇ그룹의 마부장은 이번에 새로 보직 이동을 하면서 판매부서로 자리를 옮겼다. 그런데 판매부서는 ㅇㅇ그룹에서도 알아주는 문제가 많은 부서 중에 한 곳으로 모두들 이곳으로 옮기기를 꺼려한다. 그런데 막상 이곳으로 온 마부장은 이곳 판매부서가 비록 직원이 3명밖에 없는 소규모의 부서이지만 세 명 모두가 각자 나름대로의 재능과 경험을 가지고 있고 단지 서로 화합과 협력이 부족하여 성과가 저조하게 나타났음을 깨달았다. 또한 이전 판매부장은 이를 간과한 채 오직 성과내기에 급급하여 직원들을 다그치기만 하자 팀 내 사기마저 떨어지게 된 것이다. 이에 마부장은 부원들의 단합을 위해 매주 등산모임을 만들고 수시로 함께 식사를 하면서 많은 대화를 나눴다. 또한 각자의 능력을 살릴 수 있도록 업무를 분담해 주고 작은 성과라도 그에 맞는 보상을 해 주었다. 이렇게 한 달, 두 달이 지나자 판매부서의 성과는 눈에 띄게 높아졌으며 직원들의 사기 역시 높게 나타났다.

① 카리스마 리더십
② 독재자형 리더십
③ 변혁적 리더십
④ 거래적 리더십

2

다음 사례에서 민수의 행동 중 잘못된 행동은 무엇인가?

> 민수는 Y기업 판매부서의 부장이다. 그의 부서는 크게 3개의 팀으로 구성되어 있는데 이번에 그의 부서에서 본사의 중요한 프로젝트를 맡게 되었고 그는 세 팀의 팀장들에게 이번 프로젝트를 성공시키면 전원 진급을 시켜주겠다고 약속하였다. 각 팀의 팀장들은 민수의 말을 듣고 한 달 동안 야근을 하면서 마침내 거액의 계약을 따내게 되었다. 이로 인해 각 팀의 팀장들은 회사로부터 약간의 성과급을 받게 되었지만 정작 진급은 애초에 세 팀 중에 한 팀만 가능하다는 사실을 뒤늦게 통보받았다. 각 팀장들은 민수에게 불만을 표시했고 민수는 미안하게 됐다며 성과급 받은 것으로 만족하라는 말만 되풀이하였다.

① 상대방에 대한 이해
② 기대의 명확화
③ 사소한 일에 대한 관심
④ 약속의 불이행

3

다음 사례에서 이 고객의 불만유형으로 적절한 것은?

> 훈재가 근무하고 있는 △△핸드폰 대리점에 한 고객이 방문하여 깨진 핸드폰 케이스를 보여주며 무상으로 바꿔달라고 요구하고 있다. 이 핸드폰 케이스는 이번에 새로 출시된 핸드폰에 맞춰서 이벤트 차원에서 한 달간 무상으로 지급한 것이며 현재는 이벤트 기간이 끝나 돈을 주고 구입을 해야 한다. 훈재는 깨진 핸드폰 케이스는 고객의 실수에 의한 것으로 무상으로 바꿔줄 수 없으며 새로 다시 구입을 해야 한다고 설명하였다. 하지만 이 고객은 본인은 핸드폰을 구입할 때 이미 따로 보험에 가입을 했으며 핸드폰 케이스는 핸드폰의 부속품이므로 마땅히 무상 교체를 해줘야 한다고 트집을 잡고 있다.

① 의심형
② 빨리빨리형
③ 거만형
④ 트집형

4

다음 사례에서 박부장이 취할 수 있는 행동으로 적절하지 않은 것은?

◈◈기업에 다니는 박부장은 최근 경기침체에 따른 회사의 매출부진과 관련하여 근무환경을 크게 변화시키기로 결정하였다. 하지만 그의 부하들은 물론 상사와 동료들조차도 박부장의 결정에 회의적이었고 부정적인 시각을 내보였다. 그들은 변화에 소극적이었으며 갑작스런 변화는 오히려 회사의 존립자체를 무너뜨릴 수 있다고 판단하였다. 하지만 박부장은 갑작스런 변화가 처음에는 회사를 좀 더 어렵게 할 수는 있으나 장기적으로 본다면 틀림없이 회사에 큰 장점으로 작용할 것이라고 확신하고 있었고 여기에는 전 직원의 협력과 노력이 필요하였다.

① 직원들의 감정을 세심하게 살핀다.
② 변화의 긍정적인 면을 강조한다.
③ 주관적인 자세를 유지한다.
④ 변화에 적응할 시간을 준다.

5

다음 사례에서 유팀장이 부하직원들의 동기부여를 위해 행한 방법으로 옳지 않은 것은?

전자제품을 생산하고 있는 △△기업은 매년 신제품을 출시하는 것으로 유명하다. 그것도 시리즈 별로 하나씩 출시하기 때문에 실제로 출시되는 신제품은 1년에 2~3개가 된다. 이렇다 보니 자연히 직원들은 새로운 제품을 출시하고도 곧바로 또 다른 제품에 대한 아이디어를 내야하고 결국 이것이 스트레스로 이어져 업무에 대한 효율성이 떨어지게 되었다. 유팀장의 부하직원들 또한 이러한 이유로 고민을 하고 있다. 따라서 유팀장은 자신의 팀원들에게 아이디어를 하나씩 낼 때마다 게시판에 적힌 팀원들 이름 아래 스티커를 하나씩 붙이고 스티커가 다 차게 되면 휴가를 보내주기로 하였다. 또한 최근 들어 출시되는 제품들이 모두 비슷하기만 할 뿐 새로운 면을 찾아볼 수 없어 뭔가 혁신적인 기술을 제품에 넣기로 하였다. 특히 △△기업은 전자제품을 주로 취급하다 보니 자연히 보안에 신경을 쓸 수 밖에 없었고 유팀장은 이 기회에 새로운 보안시스템을 선보이기로 하였다. 그리하여 부하직원들에게 지금까지 아무도 시도하지 못한 새로운 보안시스템을 개발해 보자고 제안하였고 팀원들도 그 의견에 찬성하였다. 나아가 유팀장은 직원들의 스트레스를 좀 더 줄이고 업무효율성을 극대화시키기 위해 기존에 유지되고 있던 딱딱한 업무환경을 개선할 필요가 있음을 깨닫고 직원들에게 자율적으로 출퇴근을 할 수 있도록 하는 한편 사내에 휴식공간을 만들어 수시로 직원들이 이용할 수 있도록 변화를 주었다. 그 결과 이번에 새로 출시된 제품은 △△기업 사상 최고의 매출을 올리며 큰 성과를 거두었고 팀원들의 사기 또한 하늘을 찌르게 되었다.

① 긍정적 강화법을 활용한다.
② 새로운 도전의 기회를 부여한다.
③ 지속적으로 교육한다.
④ 변화를 두려워하지 않는다.

기술능력 대표유형

기술은 과학과 같이 추상적인 이론보다는 실용성, 효용, 디자인을 강조한다. 기술능력은 기술시스템 및 기술혁신 등에 대해 이해하고 업무에 적절한 기술을 선택·적용하는 능력을 말한다. 따라서 기술이해와 관련된 모듈형 문제와 더불어 매뉴얼 이해, 기술적용의 실제 등 다양한 유형의 문제가 출제된다.

| 1~2 | 다음 표를 참고하여 물음에 답하시오.

스위치	기능
☆	1번과 3번 기계를 180° 회전
★	1번과 4번 기계를 180° 회전
○	2번과 3번 기계를 180° 회전
●	2번과 4번 기계를 180° 회전
◇	1번과 4번 기계를 시계방향으로 90° 회전
◆	2번과 3번 기계를 시계방향으로 90° 회전
□	1번과 4번 기계를 반시계방향으로 90° 회전
■	2번과 3번 기계를 반시계방향으로 90° 회전

1

왼쪽의 상태에서 스위치를 두 번 눌렀더니 오른쪽과 같은 상태로 바뀌었다. 어떤 스위치를 눌렀는가?

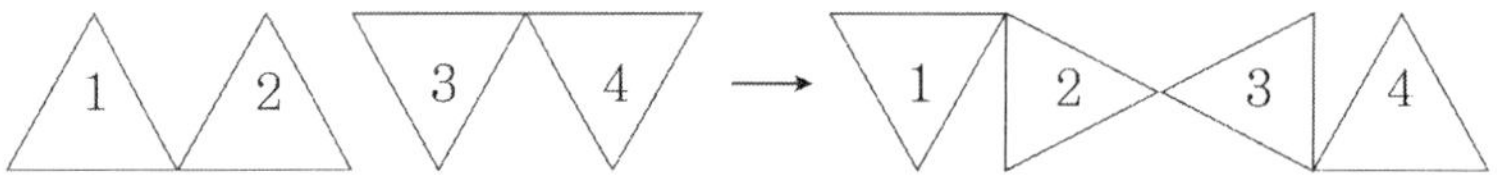

① ◆, ★

② ◇, ★

③ ★, □

④ ◆, ○

2

왼쪽의 상태에서 스위치를 세 번 눌렀더니 오른쪽과 같은 상태로 바뀌었다. 어떤 스위치를 눌렀는가?

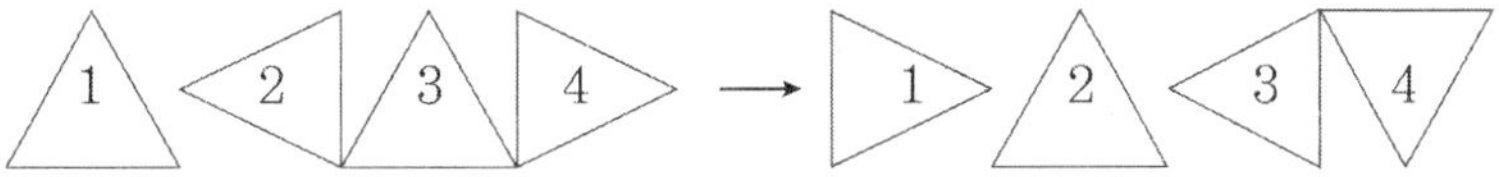

① ☆, ◇, ●　　② ★, ○, ●

③ ◇, □, ■　　④ ☆, ◆, ◇

3

다음 중 인쇄 기본 설정 창을 여는 순서로 적절한 것은?

1. 제품의 특장점

(1) 친환경적인 제품

① 토너 소모량과 용지 사용량을 줄여 인쇄하는 에코 기능

② 한 장의 용지에 여러 페이지를 인쇄하여 용지를 절약

③ 용지 양면에 인쇄하여 (수동 양면 인쇄) 용지를 절약

④ 일정 시간 제품을 사용하지 않으면 자동으로 절전 모드로 들어가 전력 소모를 절약

(2) 뛰어난 인쇄 품질 및 속도

① 청록색, 심홍색, 노란색, 검은색의 모든 계열의 색상을 사용해 인쇄

② 최대 2,400×600dpi 고화질의 선명한 해상도로 인쇄

③ 빠르고 신속한 인쇄

(3) 편리성

① 프린터의 NFC 태그에 휴대폰을 갖다 대면 인쇄 작업을 수행

② 애플리케이션을 사용하면 이동 시에도 스마트폰이나 컴퓨터에서 인쇄

③ Easy Capture Manager를 이용하여 캡처한 화면을 쉽게 편집

④ 스마트 업데이트를 사용하여 최신 프린터 드라이버 설치

(4) 다양한 기능과 인쇄환경 지원

① 다양한 용지 사이즈 지원

② 워터마크 지원

③ 포스터 인쇄 지원

④ 다양한 운영체제에서 인쇄 가능

⑤ USB 인터페이스 또는 네트워크 인터페이스

(5) 다양한 무선 설정 방법 지원

① WPS 버튼 이용하기

② USB 케이블 또는 네트워크 케이블 이용하기

③ Wi-Fi Direct 이용하기

2. 기본 사용법

(1) 인쇄하기

① 인쇄하려는 문서를 여세요.
② 파일 메뉴에서 인쇄를 선택하세요.
③ 프린터 선택 목록에서 사용 중인 제품을 선택하세요.
④ 인쇄 매수 및 인쇄 범위 등 기본 인쇄 설정은 인쇄 창에서 선택할 수 있습니다.
⑤ 인쇄를 시작하려면 인쇄 창에서 확인 또는 인쇄를 클릭하세요.

(2) 인쇄 작업 취소

① Windows 작업줄에 표시된 제품 아이콘을 더블클릭하여 인쇄 대기열을 열 수도 있습니다.
② 조작부의 취소버튼을 눌러서 인쇄를 취소할 수 있습니다.

(3) 인쇄 기본 설정 창 열기

① 인쇄하려는 문서를 여세요.
② 파일 메뉴에서 인쇄를 선택하세요.
③ 프린터 선택에서 사용 중인 제품을 선택하세요.
④ 프린터 속성 또는 기본 설정을 클릭하세요.

㉠ 파일 메뉴에서 인쇄를 선택한다.
㉡ 인쇄하려는 문서를 연다.
㉢ 프린터 선택에서 사용 중인 제품을 선택한다.
㉣ 프린터 속성 또는 기본 설정을 클릭한다.

① ㉠㉣㉢㉡
② ㉡㉠㉢㉣
③ ㉢㉠㉣㉡
④ ㉣㉢㉠㉡

Ⅰ4~5Ⅰ 아래 〈보기〉는 그래프 구성 명령어 실행 예시이다. 〈보기〉를 참고하여 다음 물음에 답하시오.

〈보기〉

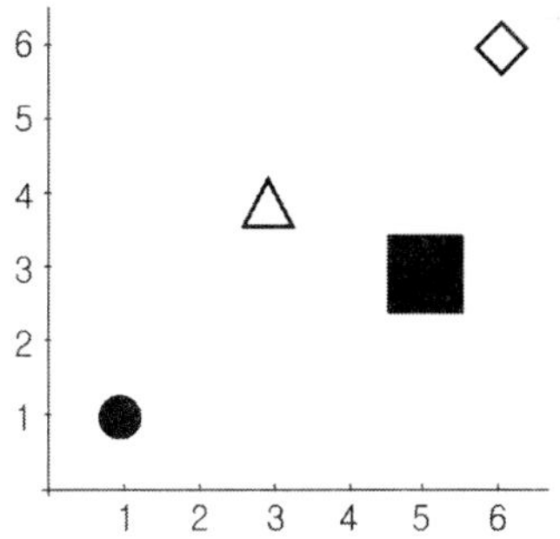

C6 / H6

W(1,1) : A1 / S(3,4) : A2 / N(5,3) : B1 / D(6,6) : A2

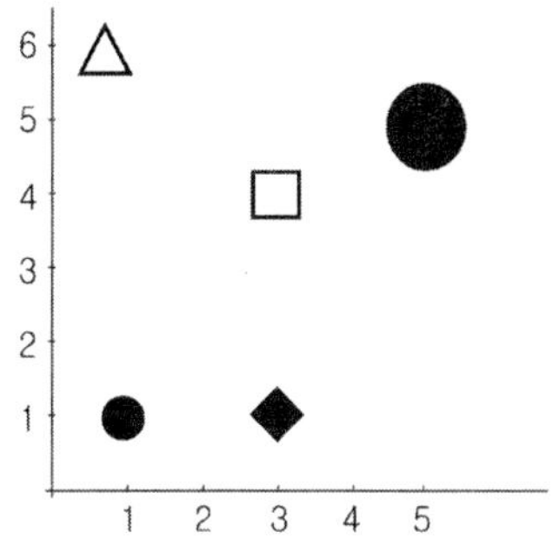

C5 / H6

W(1,1) : A1 / S(1,6) : A2 / D(3,1) : A1 / N(3,4) : A2 / W(5,5) : B1

4

다음 그래프에 알맞은 명령어는 무엇인가?

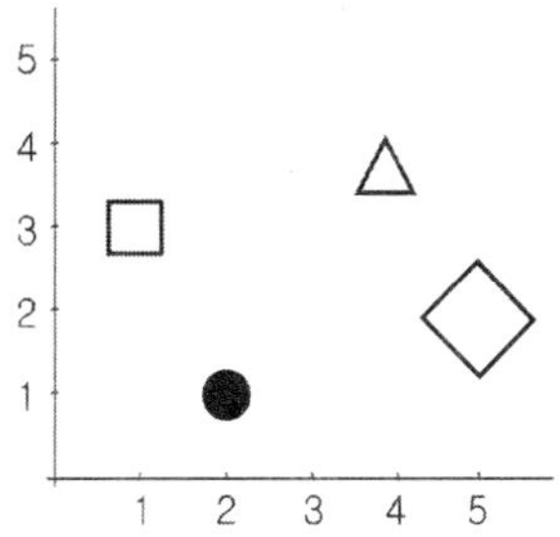

① C4 / H5 N(1,2) : A2 / W(2,1) : A1 / S(4,4) : A2 / D(5,2) : B1

② C5 / H4 N(1,3) : A2 / W(2,2) : A1 / S(4,4) : A2 / D(5,2) : B2

③ C5 / H5 N(1,2) : A2 / W(2,1) : A1 / S(4,4) : A1 / D(5,2) : B2

④ C5 / H5 N(1,3) : A2 / W(2,1) : A1 / S(4,4) : A2 / D(5,2) : B2

5

다음 명령어에 알맞은 그래프는 무엇인가?

C6 / H5 D(1,5) : B1 / S(2,4) : A2 / N(3,1) : A1

①
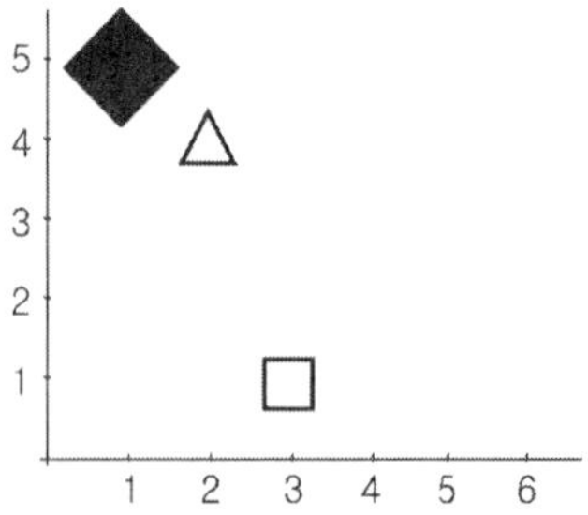

②
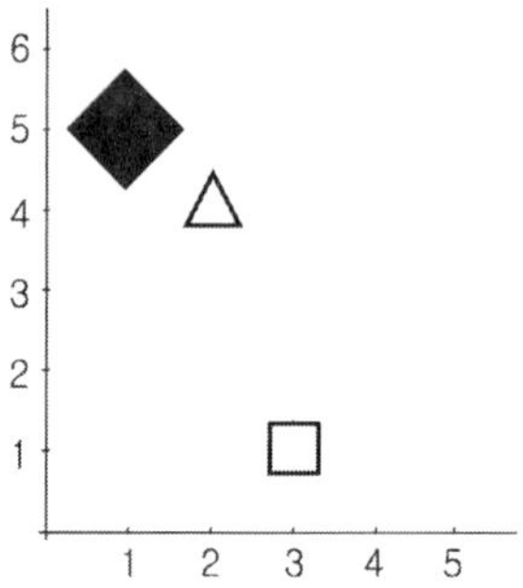

③
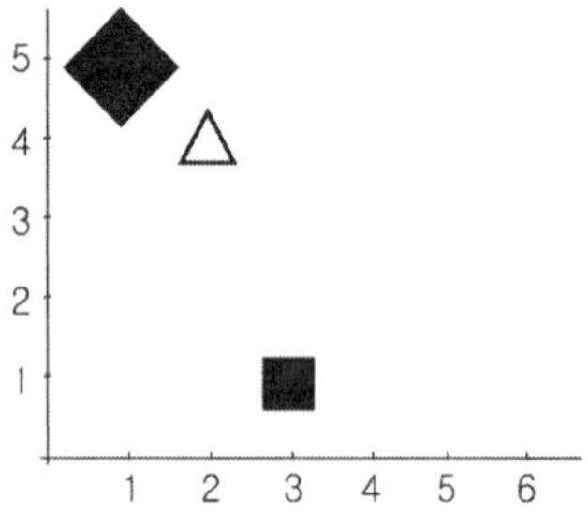

④
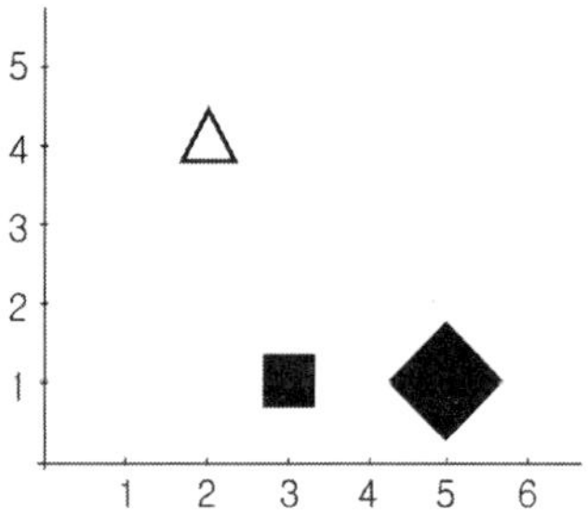

직업윤리 대표유형

직업윤리란 직업인이라면 반드시 지켜야 할 공통적인 윤리규범이다. 업무상 행해지는 개인의 판단과 행동은 사회적 파급력이 큰 기업시스템을 통하여 다수의 이해관계자와 관련되다. 따라서 기업에서는 직업윤리 의식이 투철한 지원자를 뽑고자 한다. 직업윤리는 모듈형 문제 외에 인성검사와 유사한 유형의 문제들이 출제되고 있다.

1

개인윤리와 직업윤리의 조화에 대한 설명으로 옳지 않은 것은?

① 업무상 개인의 판단과 행동이 사회적 영향력이 큰 기업시스템을 통하여 다수의 이해관계자와 관련된다.
② 수많은 사람이 관련되어 고도화된 공동의 협력을 요구하므로 맡은 역할에 대한 책임완수가 필요하다.
③ 직장이라는 집단적 인간관계에서도 가족관계, 개인적 선호에 의한 친분 관계와 유사한 측면의 배려가 필요하다.
④ 각각의 직무에서 오는 특수한 상황에서는 개인적 덕목 차원의 일반적인 상식과 기준으로 규제할 수 없는 경우가 많다.

2

정직과 신용을 구축하기 위한 지침으로 옳지 않은 것은?

① 정직과 신뢰는 한 번에 높게 쌓아야 한다.
② 잘못된 것도 정직하게 밝혀야 한다.
③ 정직하지 못한 것을 눈감아 주지 않아야 한다.
④ 자신의 일에 최선을 다한다.

3

다음 제시된 직장 내 예절교육의 항목 중 적절한 내용으로 보기 어려운 설명을 모두 고른 것은?

> 가. 악수를 하는 동안에는 상대의 눈을 맞추기보다는 맞잡은 손에 집중한다.
> 나. 내가 속해 있는 회사의 관계자를 타 회사의 관계자에게 소개한다.
> 다. 처음 만나는 사람과 악수할 경우에는 가볍게 손끝만 잡는다.
> 라. 상대방에게서 명함을 받으면 받은 즉시 명함지갑에 넣지 않는다.
> 마. e-mail 메시지는 길고 자세한 것보다 명료하고 간략하게 만든다.
> 바. 정부 고관의 직급명은 퇴직한 사람을 소개할 경우엔 사용을 금지한다.
> 사. 명함에 부가 정보는 상대방과의 만남이 끝난 후에 적는다.

① 나, 라, 마, 사
② 가, 다, 라
③ 나, 마, 바, 사
④ 가, 다, 바

4

영업팀에서 근무하는 조 대리는 아래와 같은 상황을 갑작스레 맞게 되었다. 다음 중 조 대리가 취해야 할 행동으로 가장 적절한 것은?

> 조 대리는 오늘 휴일을 맞아 평소 자주 방문하던 근처 고아원을 찾아가기로 하였다. 매번 자신의 아들인 것처럼 자상하게 대해주던 영수에게 줄 선물도 준비하였고 선물을 받고 즐거워할 영수의 모습에 설레는 마음을 감출 수 없었다.
> 그러던 중 갑자기 일본 지사로부터, 내일 방문하기로 예정되어 있던 바이어 일행 중 한 명이 현지 사정으로 인해 오늘 입국하게 되었다는 소식을 전해 들었다. 바이어의 한국 체류 시 모든 일정을 동행하며 계약 체결에 차질이 없도록 접대해야 하는 조 대리는 갑자기 공항으로 서둘러 출발해야 하는 상황에 놓이게 되었다.

① 업무상 긴급한 상황이지만, 휴일인 만큼 계획대로 영수와의 시간을 갖는다.
② 지사에 전화하여 오늘 입국은 불가하며 내일 비행기 편을 다시 알아봐 줄 것을 요청한다.
③ 영수에게 아쉬움을 전하며 다음 기회를 약속하고 손님을 맞기 위해 공항으로 나간다.
④ 지난 번 도움을 주었던 차 대리에게 연락하여 대신 공항픽업부터 호텔 투숙, 저녁 식사까지만 대신 안내를 부탁한다.

5

다음 상황에서 당신이 가장 하지 않을 것 같은 행동을 고르면?

> 당신은 100억대 규모 프로젝트의 팀원으로 업무를 수행하고 있던 중 우연한 기회에 본 프로젝트의 책임자인 상사가 하청업체로부터 억대의 뇌물을 받는 등 회사 윤리규정에 반하는 일을 하고 있다는 정보를 입수하게 되었다. 상사는 평소 직원들로부터 신뢰와 존경을 받아왔으며 당신은 그 상사와 입사 때부터 각별한 친분을 쌓아왔고 멘토로 생각해왔던 터라 도저히 믿어지지 않았고 충격도 크다.

① 인간은 누구나 실수를 할 수 있고 또 처음 있는 일이니 그 동안 쌓인 정을 봐서 이번 한 번은 모른 체 넘어간다.

② 상사가 잘못을 인정하면서 한 번만 봐 달라고 사정하면, '다시는 그러지 말라'고 하고 덮어둔다.

③ 상사에게 당신이 상사의 부정 사실을 알고 있다고 말하고 돈을 하청업체에 돌려주라고 말한다.

④ 회사에 알린다.

PART II

NCS 예상문제

의사소통능력

정답 및 해설 p.268

1 다음에 밑줄 친 단어와 같은 의미로 사용된 것을 고르면?

> 힘센 장정이 여럿 붙었는데도 트럭은 꿈쩍하지를 않았다.

① 모든 공산품에는 상표가 붙어 있다.
② 그 법률에는 유보 조건이 붙어 있었다.
③ 대형 화재로 옆 아파트에까지 불이 붙었다.
④ 보고 있지만 말고 너도 그 일에 붙어서 일 좀 해라.
⑤ 고객센터의 담당 직원이 도대체 제자리에 붙어 있지 않는다.

2 다음 빈칸에 들어갈 단어로 가장 적절한 것은?

> 트럼프 대통령이 코로나19 백신에 정치적 사활을 걸었다. 영국 아스트라제네카의 백신 3억 회분을 선점하더니 미국, 독일, 프랑스 회사 가릴 것 없이 손을 뻗어 7억 회분의 백신을 미리 (　　)했다. 미국 국민이 3억 3천여만 명이니 전 국민이 2번 이상 맞을 수 있는 분량이다. 미국이 공격적인 사재기에 나서자 코로나19 의약품은 공공재가 돼야 한다고 했던 유럽 국가들까지 선구매로 돌아섰다.

① 개발
② 확인
③ 차치
④ 매각
⑤ 확보

3 다음은 신입사원 A가 사보에 싣기 위해 기획한 기사의 의도와 초고 내용이다. 당신이 A의 상사라고 할 때, 지적할 수 있는 수정사항으로 적절한 것은?

> [기획 의도]
>
> 최근 많이 사용되고 있는 시사용어인 워라밸의 의미와 워라밸이 추구하는 삶의 양식에 대해 설명하고, 사원들이 워라밸을 이해할 수 있도록 하는 데에 있다.
>
> [초고]
>
> 제목 : ㉠ 워라밸
>
> 부제 : 일과 삶의 성과를 지향하는 인생을 추구하며
>
> 우리나라는 ㉡ 세계적으로 1인당 연평균 노동 시간이 긴 편에 속한다. ㉢'주 52시간 근로법'이 만들어질 정도로 장시간 일하는 것에 대해 사회적으로 고민하면서 최근 워라밸이란 용어가 자주 등장하고 있다. 이 말은 워크 앤 라이프 밸런스(Work and Life Balance)를 줄인 것으로, 일과 삶의 균형을 뜻한다. ㉣ 워라밸은 주로 젊은층에서 여가와 개인적인 생활을 중시하는 것을 의미한다. 직장과 조직을 우선시하던 기존 세대와 달리 청년 세대에서 많은 돈을 버는 것에 집착하지 않고 넉넉하지 않은 여건에서도 자신이 지향하는 삶을 추구하는 경향을 말한다. ㉤ 워라밸은 과도하게 일에 몰두하는 대신 휴식과 여행, 자기계발을 통해 삶의 만족도를 높이는 것을 중시한다.

① ㉠ : 사보라는 매체의 특성을 고려하여 제목과 부제의 순서를 바꾸어 제시하는 것이 좋겠어.

② ㉡ : 정보의 신뢰성을 높이기 위해 국가별 노동 시간 순위가 나타나는 자료를 인용하는 것이 좋겠어.

③ ㉢ : 기획 의도가 잘 드러나도록 법 제정 절차에 대한 내용을 추가하는 것이 좋겠어.

④ ㉣ : 글의 주제와 관련성이 부족한 내용이므로 삭제하는 것이 좋겠어.

⑤ ㉤ : 독자들의 이해를 돕기 위해 문장의 첫머리에 '그러나'라는 접속어를 넣는 게 좋겠어.

4 다음 글의 주제로 가장 적절한 것은?

> 뉴스는 언론이 현실을 '틀짓기[framing]' 하여 전달한 것이다. 여기서 틀 짓기란 일정한 선택과 배제의 원리에 따라 현실을 구성하는 것을 말한다. 그런데 수용자는 이러한 뉴스를 그대로 받아들이지는 않는다. 수용자는 수동적인 존재가 아닌 능동적인 행위자가 되어 언론이 전하는 뉴스의 의미를 재구성한다. 이렇게 재구성된 의미들을 바탕으로 여론이 만들어지고, 이것은 다시 뉴스 구성의 '틀[frame]'에 영향을 준다. 이를 뉴스 틀 짓기에 대한 수용자의 '다시 틀 짓기[reframing]'라고 한다. '다시 틀 짓기'가 가능한 이유는 수용자가 주체적인 의미 해석자로, 사회 속에서 사회와 상호 작용하는 존재이기 때문이다.
>
> 그렇다면 수용자의 주체적인 의미 해석은 어떻게 가능할까? 그것은 수용자가 외부 정보를 해석하는 인지 구조를 갖고 있기 때문이다. 인지 구조는 경험과 지식, 편향성 등으로 구성
>
> 되는데, 뉴스 틀과 수용자의 인지 구조는 일치하기도 하고 갈등하기도 한다. 이 과정에서 수용자는 자신의 경험, 지식, 편향성 등에 따라 뉴스가 전달하는 의미를 재구성하게 된다. 수용자의 이러한 재구성, 즉 해석은 특정 화제에 대해 어떤 태도를 취할 것인가, 그 화제와 관련된 다른 화제나 행위자들을 어떻게 평가할 것인가 등을 결정하는 근거가 된다.
>
> 이렇게 특정 화제에 대한 수용자의 다양한 해석들은 수용자들이 사회 속에서 상호 작용하는 과정에서 여론의 형태로 나타난다. 여론은 사회적 차원에서 벌어지는 특정 화제에 대한 사회적 공방들과 개인적 차원에서의 대화, 논쟁들로 만들어지는 의견들을 모두 포괄한다. 이렇게 형성된 여론은 다시 뉴스 틀에 영향을 주며, 이에 따라 새로운 틀과 여론이 만들어진다. 새로운 틀이 만들어짐으로써 특정 화제에 대한 사회적 논의들은 후퇴하거나 발전할 수 있으며, 보다 다양해질 수 있다.
>
> 사회학자 갬슨은 뉴스와 뉴스 수용자의 관계를 주체와 객체의 고정된 관계가 아닌, 상호 작용을 바탕으로 하는 역동적인 관계로 보았다. 이러한 역동성은 수용자인 우리가 능동적인 행위자로 '다시 틀 짓기'를 할 때 가능하다. 그러므로 우리는 뉴스로 전해지는 내용들을 언제나 비판적으로 바라보고 능동적으로 해석해야 하며, 수용자의 해석에 따라 형성되는 여론에 대해서도 항상 관심을 가져야 한다.

① 언론의 '틀 짓기'는 현실을 왜곡하여 전달하기 때문에 비판받아야 한다.
② 뉴스 수용자는 여론을 형성하여 뉴스 구성의 '틀'에 영향을 주어야 한다.
③ 수용자들은 사회 속에서 상호 작용을 통해 자신의 인지 구조를 변화시켜야 한다.
④ 뉴스를 비판적으로 해석하고 여론에 관심을 갖는 수용자로서의 자세가 필요하다.
⑤ 사회적 차원에서 벌어지는 특정 화제에 대한 사회적 공방이 다양한 사회를 만드는 데 기여한다.

5 다음은 직장 상사와 직원 간의 대화이다. 대화를 바탕으로 丙 대리가 가장 먼저 처리해야 하는 일을 고르면?

甲 부장 : 다음 달 초에 있을 팀장 회의는 丙 대리가 참여하도록 합시다. 乙 과장이 갑자기 본사 출장이 잡혔으니, 乙 과장에게 바로 연락해서 회의 관련 자료를 받고, 회의에 다녀온 후 보고서 작성하도록 하세요. 난 외부에 미팅이 있어서 나가니까 업무 보고는 내일 하도록 합시다.

丙 대리 : 네, 부장님. 알겠습니다.

① 팀장 회의에 참여한다.
② 본사에 전화한다.
③ 乙 과장에게 연락한다.
④ 보고서를 작성한다.
⑤ 甲 부장에게 업무 보고를 한다.

【6~7】 다음은 승강기의 검사와 관련된 안내문이다. 이를 보고 물음에 답하시오.

❑ 근거법령

『승강기시설 안전관리법』 제13조 및 제13조의2에 따라 승강기 관리주체는 규정된 기간 내에 승강기의 검사 또는 정밀안전검사를 받아야 합니다.

❑ 검사의 종류

종류	처리기한	내용
완성검사	15일	승강기 설치를 끝낸 경우에 실시하는 검사
정기검사	20일	검사유효기간이 끝난 이후에 계속하여 사용하려는 경우에 추가적으로 실시하는 검사
수시검사	15일	승강기를 교체·변경한 경우나 승강기에 사고가 발생하여 수리한 경우 또는 승강기 관리 주체가 요청하는 경우에 실시하는 검사
정밀안전검사	20일	설치 후 15년이 도래하거나 결함 원인이 불명확한 경우, 중대한 사고가 발생하거나 또는 그 밖에 행정안전부장관이 정한 경우

❑ 검사의 주기

승강기 정기검사의 검사주기는 1년이며, 정밀안전검사는 완성검사를 받은 날부터 15년이 지난 경우 최초 실시하며, 그 이후에는 3년마다 정기적으로 실시합니다.

❑ 적용범위

"승강기"란 건축물이나 고정된 시설물에 설치되어 일정한 경로에 따라 사람이나 화물을 승강장으로 옮기는 데에 사용되는 시설로서 엘리베이터, 에스컬레이터, 휠체어리프트 등 행정안전부령으로 정하는 것을 말합니다.

• 엘리베이터

용도	종류	분류기준
승객용	승객용 엘리베이터	사람의 운송에 적합하게 제작된 엘리베이터
	침대용 엘리베이터	병원의 병상 운반에 적합하게 제작된 엘리베이터
	승객 · 화물용 엘리베이터	승객 · 화물겸용에 적합하게 제작된 엘리베이터
	비상용 엘리베이터	화재 시 소화 및 구조활동에 적합하게 제작된 엘리베이터
	피난용 엘리베이터	화재 등 재난 발생 시 피난활동에 적합하게 제작된 엘리베이터
	장애인용 엘리베이터	장애인이 이용하기에 적합하게 제작된 엘리베이터
	전망용 엘리베이터	엘리베이터 안에서 외부를 전망하기에 적합하게 제작된 엘리베이터
	소형 엘리베이터	단독주택의 거주자를 위한 승강행정이 12m 이하인 엘리베이터
화물용	화물용 엘리베이터	화물 운반 전용에 적합하게 제작된 엘리베이터
	덤웨이터	적재용량이 300kg 이하인 소형 화물 운반에 적합한 엘리베이터
	자동차용 엘리베이터	주차장의 자동차 운반에 적합하게 제작된 엘리베이터

• 에스컬레이터

용도	종류	분류기준
승객 및 화물용	에스컬레이터	계단형의디딤판을 동력으로 오르내리게 한 것
	무빙워크	평면의 디딤판을 동력으로 이동시키게 한 것

• 휠체어리프트

용도	종류	분류기준
승객용	장애인용 경사형 리프트	장애인이 이용하기에 적합하게 제작된 것으로서 경사진 승강로를 따라 동력으로 오르내리게 한 것
	장애인용 수직형 리프트	장애인이 이용하기에 적합하게 제작된 것으로서 수직인 승강로를 따라 동력으로 오르내리게 한 것

❑ 벌칙 및 과태료

• 벌칙 : 1년 이하의 징역 또는 1천만 원 이하의 벌금

• 과태료 : 500만 원 이하, 300만 원 이하

6 다음에 제시된 상황에서 받아야 하는 승강기 검사의 종류가 잘못 연결된 것은?

① 1년 전 정기검사를 받은 승객용 엘리베이터를 계속해서 사용하려는 경우 → 정기검사
② 2층 건물을 4층으로 증축하면서 처음 소형 엘리베이터 설치를 끝낸 경우 → 완성검사
③ 에스컬레이터에 쓰레기가 끼이는 단순한 사고가 발생하여 수리한 경우 → 정밀안전검사
④ 7년 전 설치한 장애인용 경사형 리프트를 신형으로 교체한 경우 → 수시검사
⑤ 비상용 엘리베이터를 설치하고 15년이 지난 경우 → 정밀안전검사

7 한국승강기안전공단 신입사원 甲는 승강기 검사와 관련하여 민원인의 질문을 받아 응대해 주는 과정에서 상사로부터 민원인에게 잘못된 정보를 제공하였다는 지적을 받았다. 甲이 응대한 내용 중 가장 옳지 않은 것은?

① 민원인 : 승강기 검사유효기간이 끝나가서 정기검사를 받으려고 합니다. 오늘 신청하면 언제쯤 검사를 받을 수 있나요?
甲 : 정기검사의 처리기한은 20일입니다. 오늘 신청하시면 20일 안에 검사를 받으실 수 있습니다.

② 민원인 : 비상용 엘리베이터와 피난용 엘리베이터의 차이는 뭔가요?
甲 : 비상용 엘리베이터는 화재 시 소화 및 구조활동에 적합하게 제작된 엘리베이터를 말합니다. 이에 비해 피난용 엘리베이터는 화재 등 재난 발생 시 피난활동에 적합하게 제작된 엘리베이터입니다.

③ 민원인 : 판매 전 자동차를 대놓는 주차장에 자동차 운반을 위한 엘리베이터를 설치하려고 합니다. 덤웨이터를 설치해도 괜찮을까요?
甲 : 덤웨이터는 적재용량이 300kg 이하인 소형 화물 운반에 적합한 엘리베이터입니다. 자동차 운반을 위해서는 자동차용 엘리베이터를 설치하시는 것이 좋습니다.

④ 민원인 : 지난 2016년 1월에 마지막 정밀안전검사를 받았습니다. 승강기에 별 문제가 없다면, 다음 정밀안전검사는 언제 받아야 하나요?
甲 : 정밀안전검사는 최초 실시 후 3년마다 정기적으로 실시합니다. 2016년 1월에 정밀안전검사를 받으셨다면, 2019년 1월에 다음 정밀안전검사를 받으셔야 합니다.

⑤ 민원인 : 고객들이 쇼핑카트나 유모차, 자전거 등을 가지고 층간 이동을 쉽게 할 수 있도록 에스컬레이터나 무빙워크를 설치하려고 합니다. 뭐가 더 괜찮을까요?
甲 : 말씀하신 상황에서는 무빙워크보다는 에스컬레이터 설치가 더 적합합니다.

8 〈보기〉를 참조할 때, ㉠과 유사한 예로 볼 수 없는 것은?

어머니가 세탁기 버튼을 눌러 놓고는 텔레비전 드라마를 보고 있다. 우리가 이러한 모습을 볼 수 있는 이유는 바로 전자동 세탁기의 등장 때문이다. 전자동 세탁기는 세탁조 안에 탈수조가 있으며 탈수조 바닥에는 물과 빨랫감을 회전시키는 세탁판이 있다. 그리고 세탁조 밑에 클러치가 있는데, 클러치는 모터와 연결되어 있어서 모터의 힘을 세탁판이나 탈수조에 전달한다. 마이크로 컴퓨터는 이 장치들을 제어하여 빨래를 하게 한다. 그렇다면 빨래로부터 주부들의 ㉠ 손을 놓게 한 전자동 세탁기는 어떻게 빨래를 하는가?

〈보기〉

㉠은 '손(을)'과 '놓다'가 결합하여, 각 단어가 지닌 원래 의미와는 다른 새로운 의미, 즉 '하던 일을 그만두거나 잠시 멈추다.'의 뜻을 나타낸다. 이렇게 두 개 이상의 단어가 만나 새로운 의미를 가지는 경우가 있다.

① 어제부터 모두들 그 식당에 발을 끊었다.
② 모든 학생들이 선생님 말씀에 귀를 기울였다.
③ 결국은 결승전에서 우리 편이 무릎을 꿇었다.
④ 조용히 눈을 감고 미래의 자신의 모습을 생각했다.
⑤ 장에 가신 아버지가 오시기를 목을 빼고 기다렸다.

9 다음의 업무제휴협약서를 보고 이해한 내용을 기술한 것 중 가장 적절하지 않은 것을 고르면?

〈업무제휴협약〉

㈜○○○과 ★★ CONSULTING(이하 ★★)는 상호 이익 증진을 목적으로 신의성실의 원칙에 따라 다음과 같이 업무협약을 체결합니다.

1. 목적

양사는 각자 고유의 업무영역에서 최선을 다하고 영업의 효율적 진행과 상호 관계의 증진을 통하여 상호 발전에 기여하고 편의를 적극 도모하고자 한다.

2. 업무내용

① ㈜○○○의 A제품 관련 홍보 및 판매

② ★★ 온라인 카페에서 A제품 안내 및 판매

③ A제품 관련 마케팅 제반 정보 상호 제공

④ A제품 판매에 대한 합의된 수수료 지급

⑤ A제품 관련 무료 A/S 제공

3. 업체상호사용

양사는 업무제휴의 목적에 부합하는 경우에 한하여 상대의 상호를 마케팅에 사용 가능하나 사전에 협의된 내용을 변경할 수 없다.

4. 공동마케팅

양사는 상호 이익 증진을 위하여 공동으로 마케팅을 할 수 있다. 공동마케팅을 필요로 할 경우 그 일정과 방법을 상호 협의하여 진행하여야 한다.

5. 협약기간

본 협약의 유효기간은 1년으로 하며, 양사는 매년 초 상호 합의에 의해 유효기간을 1년 단위로 연장할 수 있고 필요 시 업무제휴 내용의 변경이 가능하다.

6. 기타사항

① 양사는 본 협약의 권리의무를 타인에게 양도할 수 없다.

② 양사는 상대방의 상호, 지적재산권 및 특허권 등을 절대 보장하며 침해할 수 없다.

③ 양사는 업무제휴협약을 통해 알게 된 정보에 대해 정보보안을 요청할 경우, 대외적으로 비밀을 유지하여야 한다.

2018년 1월 1일

㈜○○○	★★ CONSULTING
대표이사 김XX	대표이사 이YY

① 해당 문서는 두 회사의 업무제휴에 대한 전반적인 사항을 명시하기 위해 작성되었다.
② ★★은 자사의 온라인 카페에서 ㈜○○○의 A제품을 판매하고 이에 대해 합의된 수수료를 지급 받는다.
③ ★★은 업무 제휴의 목적에 부합하는 경우에 ㈜○○○의 상호를 마케팅에 사용할 수 있으며 사전에 협의된 내용을 변경할 수 있다.
④ 협약기간에 대한 상호 합의가 없다면, 본 계약은 2018년 12월 31일부로 만료된다.
⑤ ★★은 ㈜○○○의 지적재산권 및 특허권을 절대 보장하며 침해할 수 없다.

10 다음은 항공보안 자율신고제도의 FAQ이다. 잘못 이해한 사람은?

Ⓠ 누가 신고하나요?

Ⓐ 누구든지 신고할 수 있습니다.

- 승객(공항이용자) : 여행 중에 항공보안에 관한 불편사항 및 제도개선에 필요한 내용 등을 신고해 주세요.
- 보안업무 종사자 : 업무 수행 중에 항공보안 위해요인 및 항공보안을 해칠 우려가 있는 사항 등을 신고해 주세요.
- 일반업무 종사자 : 공항 및 항공기 안팎에서 업무 수행 중에 항공보안 분야에 도움이 될 사항 등을 신고해 주세요.

Ⓠ 무엇을 신고하나요?

Ⓐ 항공보안 관련 내용은 무엇이든지 가능합니다.

- 항공기내 반입금지 물품이 보호구역(보안검색대 통과 이후 구역) 또는 항공기 안으로 반입된 경우
- 승객과 승객이 소지한 휴대물품 등에 대해 보안검색이 미흡하게 실시된 경우
- 상주직원과 그 직원이 소지한 휴대물품 등에 대해 보안검색이 미흡하게 실시된 경우
- 검색 받은 승객과 받지 않은 승객이 섞이는 경우
- X-ray 및 폭발물흔적탐지장비 등 보안장비가 정상적으로 작동이 되지 않은 상태로 검색이 된 경우
- 공항운영자의 허가를 받지 아니하고 보호구역에 진입한 경우
- 항공기 안에서의 소란 · 흡연 · 폭언 · 폭행 · 성희롱 등 불법행위가 발생된 경우
- 항공보안 기준 위반사항을 인지하거나 국민불편 해소 및 제도개선이 필요한 경우

Ⓠ 신고자의 비밀은 보장되나요?

Ⓐ 「항공보안법」 제33의2에 따라 다음과 같이 신고자와 신고내용이 철저히 보호됩니다.

- 누구든지 자율신고 내용 등을 이유로 신고자에게 불이익한 조치를 하는 경우 1천만 원 이하 과태료 부과
- 신고자의 의사에 반하여 개인정보를 공개할 수 없으며, 신고내용은 보안사고 예방 및 항공보안 확보 목적 이외의 용도로 사용금지

Ⓠ 신고한 내용은 어디에 활용되나요?

Ⓐ 신고내용은 위험분석 및 평가와 개선대책 마련을 통해 국가항공보안 수준을 향상시키는데 활용됩니다.

Ⓠ 마시던 음료수는 보안검색대를 통과할 수 있나요?

Ⓐ 국제선을 이용하실 때에는 100ml 이하 용기에 한해 투명지퍼백(1L)에 담아야 반입이 가능합니다.

① 甲 : 공항직원이 아니라도 공항이용자라면 누구든지 신고가 가능하군.

② 乙 : 기내에서 담배를 피우는 사람을 발견하면 신고해야겠네.

③ 丙 : 자율신고자에게 불이익한 조치를 하면 1천만 원 이하의 과태료에 처해질 수 있군.

④ 丁 : 500ml 물병에 물이 100ml 이하로 남았을 경우 1L 투명지퍼백에 담으면 국제선에 반입이 가능하네.

⑤ 戊 : 자율신고를 통해 국가항공보안 수준을 향상시키려는 좋은 제도구나.

11 다음은 '저출산 문제 해결 방안'에 대한 글을 쓰기 위한 개요이다. ㉠에 들어갈 내용으로 가장 적절한 것은?

> Ⅰ. 서론 : 저출산 문제의 심각성
> Ⅱ. 본론
>   1. 저출산 문제의 원인
>   ① 출산과 양육에 대한 부담 증가
>   ② 직장 일과 육아 병행의 어려움
>   2. 저출산 문제의 해결 방안
>   ① 출산과 양육에 대한 사회적 책임 강화
>   ② (㉠   )
> Ⅲ. 결론 : 해결 방안의 적극적 실천 당부

① 저출산 실태의 심각성

② 미혼율 증가와 1인가구 증가

③ 저출산으로 인한 각종 사회문제 발생

④ 출산율 감소 원인

⑤ 가정을 배려하는 직장 문화 조성

▌12~13▐ 다음은 어느 회사 약관의 일부이다. 약관을 읽고 물음에 답하시오.

제6조(보증사고)

① 보증사고라 함은 아래에 열거된 보증사고 사유 중 하나를 말합니다.

1. 보증채권자가 전세계약기간 종료 후 1월까지 정당한 사유 없이 전세보증금을 반환받지 못하였을 때
2. 전세계약 기간 중 전세목적물에 대하여 경매 또는 공매가 실시되어, 배당 후 보증채권자가 전세보증금을 반환받지 못하였을 때

② 제1항 제1호의 보증사고에 있어서는 전세계약기간이 갱신(묵시적 갱신을 포함합니다)되지 않은 경우에 한합니다.

제7조(보증이행 대상이 아닌 채무)

보증회사는 다음 각 호의 어느 하나에 해당하는 사유가 있는 경우에는 보증 채무를 이행하지 아니합니다.

1. 천재지변, 전쟁, 내란 기타 이와 비슷한 사정으로 주채무자가 전세계약을 이행하지 못함으로써 발생한 채무
2. 주채무자의 전세보증금 반환의무 지체에 따른 이자 및 지연손해금
3. 주채무자가 실제 거주하지 않는 명목상 임차인 등 정상계약자가 아닌 자에게 부담하는 채무
4. 보증채권자가 보증채무이행을 위한 청구서류를 제출하지 아니하거나 협력의무를 이행하지 않는 등 보증채권자의 책임 있는 사유로 발생하거나 증가된 채무 등

제9조(보증채무 이행청구시 제출서류)

① 보증채권자가 보증채무의 이행을 청구할 때에는 보증회사에 다음의 서류를 제출하여야 합니다.

1. 보증채무이행청구서
2. 신분증 사본
3. 보증서 또는 그 사본(보증회사가 확인 가능한 경우에는 생략할 수 있습니다)
4. 전세계약이 해지 또는 종료되었음을 증명하는 서류
5. 명도확인서 또는 퇴거예정확인서
6. 배당표 등 전세보증금 중 미수령액을 증명하는 서류(경 · 공매시)
7. 회사가 요구하는 그 밖의 서류

② 보증채권자는 보증회사로부터 전세계약과 관계있는 서류사본의 교부를 요청받은 때에는 이에 응하여야 합니다.

③ 보증채권자가 제1항 내지 제2항의 서류 중 일부를 누락하여 이행을 청구한 경우 보증회사는 서면으로 기한을 정하여 서류보완을 요청할 수 있습니다.

제18조(분실 · 도난 등)

보증채권자는 이 보증서를 분실 · 도난 또는 멸실한 경우에는 즉시 보증회사에 신고하여야 합니다. 만일 신고하지 아니함으로써 일어나는 제반 사고에 대하여 보증회사는 책임을 부담하지 아니합니다.

12 이 회사의 사원 L은 약관을 읽고 질의응답에 답변을 했다. 질문에 대한 답변으로 옳지 않은 것은?

① Q : 2년 전세 계약이 만료되고 묵시적으로 계약이 연장되었는데, 이 경우도 보증사고에 해당하는 건가요?
A : 묵시적으로 전세계약기간이 갱신된 경우에는 보증사고에 해당하지 않습니다.

② Q : 보증서를 분실하였는데 어떻게 해야 하나요?
A : 즉시 보증회사에 신고하여야 합니다. 그렇지 않다면 제반 사고에 대하여 보증회사는 책임지지 않습니다.

③ Q : 주채무자가 전세보증금 반환의무를 지체하는 바람에 생긴 지연손해금도 보증회사에서 이행하는 건가요?
A : 네. 주채무자의 전세보증금 반환의무 지체에 따른 이자 및 지연손해금도 보증 채무를 이행하고 있습니다.

④ Q : 보증회사에 제출해야 하는 서류는 어떤 것들이 있나요?
A : 보증채무이행청구서, 신분증 사본, 보증서 또는 그 사본, 전세계약이 해지 또는 종료되었음을 증명하는 서류, 명도확인서 또는 퇴거예정확인서, 배당표 등 전세보증금중 미수령액을 증명하는 서류(경 · 공매시) 등이 있습니다.

⑤ Q : 여름 홍수로 인해서 주채무자가 전세계약을 이행하지 못하고 있습니다. 이 경우에도 보증회사가 보증 채무를 이행하는 건가요?
A : 천재지변의 사유가 있는 경우에는 보증 채무를 이행하지 아니합니다.

13 다음과 같은 상황이 발생하여 적용되는 약관을 찾아보려고 한다. 적용되는 약관의 조항과 그에 대한 대응방안으로 옳은 것은?

> 보증채권자인 A는 보증채무 이행을 청구하기 위하여 보증채무이행청구서, 신분증 사본, 보증서 사본, 명도확인서를 제출하였다. 이를 검토해 보던 사원 L은 A가 전세계약이 해지 또는 종료되었음을 증명하는 서류를 제출하지 않은 것을 알게 되었다. 이 때, 사원 L은 어떻게 해야 하는가?

① 제9조 제2항, 청구가 없었던 것으로 본다.
② 제9조 제2항, 기간을 정해 서류보완을 요청한다.
③ 제9조 제3항, 청구가 없었던 것으로 본다.
④ 제9조 제3항, 기간을 정해 서류보완을 요청한다.
⑤ 제9조 제3항, 처음부터 청구를 다시 하도록 한다.

14 다음 자료는 H전자 50주년 기념 프로모션에 대한 안내문이다. 안내문을 보고 이해한 내용으로 틀린 사람을 모두 고른 것은?

H전자 50주년 기념행사 안내

50년이라는 시간동안 저희 H전자를 사랑해주신 고객여러분들께 감사의 마음을 전하고자 아래와 같이 행사를 진행합니다. 많은 이용 부탁드립니다.

– 아래 –

1. 기간 : 20××년 12월 1일~ 12월 15일
2. 대상 : 전 구매고객
3. 내용 : 구매 제품별 혜택 상이

제품명		혜택	비고
노트북	H-100	• 15% 할인 • 2년 무상 A/S • 사은품 : 노트북 파우치 or 5GB USB(택1)	현금결제 시 할인금액의 5% 추가 할인
	H-105		
세탁기	H 휘롬	• 20% 할인 • 사은품 : 세제 세트, 고급 세탁기커버	전시상품 구매 시 할인금액의 5% 추가 할인
TV	스마트 H TV	• 46in 구매시 LED TV 21.5in 부상 증성	
스마트폰	H-Tab20	• 10만 원 할인(H카드 사용 시) • 사은품 : 샤오밍 10000mAh 보조배터리	–
	H-V10	• 8만 원 할인(H카드 사용 시) • 사은품 : 샤오밍 5000mAh 보조배터리	–

4. 기타 : 기간 내에 H카드로 매장 방문 20만 원 이상 구매고객에게 1만 서비스 포인트를 더 드립니다.
5. 추첨행사 안내 : 매장 방문고객 모두에게 추첨권을 드립니다(1인 1매).

등수	상품
1등상(1명)	H캠-500D
2등상(10명)	샤오밍 10000mAh 보조배터리
3등상(500명)	스타베네 상품권(1만 원)

※ 추첨권 당첨자는 20××년 12월 25일 www.H-digital.co.kr에서 확인하실 수 있습니다.

㉠ 수미 : H-100 노트북을 현금으로 사면 20%나 할인 받을 수 있구나.
㉡ 병진 : 스마트폰 할인을 받으려면 H카드가 있어야 해.
㉢ 지수 : 46in 스마트 H TV를 사면 같은 기종의 작은 TV를 사은품으로 준대.
㉣ 효정 : H전자에서 할인 혜택을 받으려면 H카드나 현금만 사용해야 하나봐.

① 수미
② 병진, 지수
③ 수미, 효정
④ 수미, 병진, 효정
⑤ 수미, 지수, 효정

15 다음 글을 통해 답을 찾을 수 없는 질문은?

사진은 자신의 주관대로 끌고 가야 한다. 일정한 규칙이 없는 사진 문법으로 의사 소통을 하고자 할 때 필요한 것은 대상이 되는 사물의 객관적 배열이 아니라 주관적 조합이다. 어떤 사물을 어떻게 조합해서 어떤 생각이나 느낌을 나타내는가 하는 것은 작가의 주관적 판단에 의할 수밖에 없다. 다만 철저하게 주관적으로 엮어야 한다는 것만은 확실하다.

주관적으로 엮고, 사물을 조합한다고 해서 소위 '만드는 사진'처럼 합성을 하고 이중 촬영을 하라는 뜻은 아니다. 특히 요즈음 디지털 사진이 보편화되면서 포토샵을 이용한 합성이 많이 보이지만, 그런 것을 권하려는 것이 아니다. 사물을 있는 그대로 찍되, 주위 환경과 어떻게 어울리게 하여 어떤 의미로 살려 낼지를 살펴서 그들끼리 연관을 지을 줄 아는 능력을 키우라는 뜻이다.

사람들 중에는 아직도 사진이 객관적인 매체라고 오해하는 사람들이 퍽 많다. 그러나 사진의 형태만 보면 객관적일 수 있지만, 내용으로 들어가 보면 객관성은 한 올도 없다. 어떤 대상을 찍을 것인가 하는 것부터가 주관적인 선택 행위이다. 아름다움을 표현하기 위해서 꽃을 찍는 사람이 있는가 하면 꽃 위를 나는 나비를 찍는 사람도 있을 것이고 그 곁의 여인을 찍는 사람도 있을 것이다. 이처럼 어떤 대상을 택하는가 하는 것부터가 주관적인 작업이며, 이것이 사진이라는 것을 머리에 새겨 두고 사진에 임해야 한다. 특히 그 대상을 어떻게 찍을 것인가로 들어가면 이제부터는 전적으로 주관적인 행위일 수밖에 없다. 렌즈의 선택, 셔터 스피드나 조리개 값의 결정, 대상과의 거리 정하기 등 객관적으로는 전혀 찍을 수 없는 것이 사진이다. 그림이나 조각만이 주관적 예술은 아니다.

때로 객관적이고자 하는 마음으로 접근할 수도 있기는 하다. 특히 다큐멘터리 사진의 경우 상황을 객관적으로 파악, 전달하고자 하는 마음은 이해가 되지만, 어떤 사람도 완전히 객관적으로 접근할 수는 없다. 그 객관이라는 것도 그 사람 입장에서의 객관이지 절대적 객관이란 이 세상에 있을 수가 없는 것이다. 더구나 예술로서의 사진으로 접근함에 있어서야 말할 것도 없는 문제이다. 객관적이고자 하는 시도도 과거의 예술에서 있기는 했지만, 그 역시 객관적이고자 실험을 해 본 것일 뿐 객관적 예술을 이루었다는 것은 아니다.

예술이 아닌 단순 매체로서의 사진이라 해도 객관적일 수는 없다. 그 이유는 간단하다. 사진기가 저 혼자 찍으면 모를까, 찍는 사람이 있는 한 그 사람의 생각과 느낌은 어떻게든지 그 사진에 작용을 한다. 하다못해 무엇을 찍을 것인가 하는 선택부터가 주관적인 행위이다. 더구나 예술로서, 창작으로서의 사진은 주관을 배제하고는 존재조차 할 수 없다는 사실을 깊이 새겨서, 언제나 '나는 이렇게 보았다. 이렇게 생각한다. 이렇게 느꼈다.'라는 점에 충실하도록 노력해야 할 것이다.

① 사진의 주관성을 염두에 두어야 하는 까닭은 무엇인가?
② 사진으로 의사 소통을 하고자 할 때 필요한 것은 무엇인가?
③ 단순 매체로서의 사진도 객관적일 수 없는 까닭은 무엇인가?
④ 사진의 객관성을 살리기 위해서는 구체적으로 어떤 작업을 해야 하는가?
⑤ 사진을 찍을 때 사물을 주관적으로 엮고 조합하라는 것은 어떤 의미인가?

16 다음은 주문과 다른 물건을 배송 받은 Mr. Hopkins에게 보내는 사과문이다. 순서를 바르게 나열한 것은?

Dear Mr. Hopkins
a. We will send you the correct items free of delivery charge.
b. We are very sorry to hear that you received the wrong order.
c. Once again, please accept our apologies for the inconvenience, and we look forward to serving you again in the future.
d. Thank you for your letter dated October 23 concerning your recent order.
e. Apparently, this was caused by a processing error.

① c − e − a − d − b
② d − b − e − a − c
③ b − c − a − e − d
④ e − a − b − d − c
⑤ a − e − d − b − c

17 다음은 안전한 스마트뱅킹을 위한 스마트폰 정보보호 이용자 6대 안전수칙이다. 다음 안전수칙에 따르지 않은 행동은?

> 1. 의심스러운 애플리케이션 다운로드하지 않기
> 스마트폰용 악성코드는 위·변조된 애플리케이션에 의해 유포될 가능성이 있습니다. 따라서 의심스러운 애플리케이션의 다운로드를 자제하시기 바랍니다.
> 2. 신뢰할 수 없는 사이트 방문하지 않기
> 의심스럽거나 알려지지 않은 사이트를 방문할 경우 정상 프로그램으로 가장한 악성 프로그램이 사용자 몰래 설치될 수 있습니다. 인터넷을 통해 단말기가 악성코드에 감염되는 것을 예방하기 위해서 신뢰할 수 없는 사이트에는 방문 하지 않도록 합니다.
> 3. 발신인이 불명확하거나 의심스러운 메시지 및 메일 삭제하기
> 멀티미디어메세지(MMS)와 이메일은 첨부파일 기능을 제공하기 때문에 스마트폰 악성코드를 유포하기 위한 좋은 수단으로 사용되고 있습니다. 해커들은 게임이나 공짜 경품지급, 혹은 유명인의 사생활에 대한 이야기 등 자극적이거나 흥미로운 내용을 전달하여 사용자를 현혹하는 방법으로 악성코드를 유포하고 있습니다. 발신인이 불명확하거나 의심스러운 메시지 및 메일은 열어보지 마시고 즉시 삭제하시기 바랍니다.
> 4. 블루투스 등 무선인터페이스는 사용 시에만 켜놓기
> 지금까지 국외에서 발생한 스마트폰 악성코드의 상당수가 무선인터페이스의 일종인 블루투스(Bluetooth) 기능을 통해 유포된 것으로 조사되고 있습니다. 따라서 블루투스나 무선랜을 사용하지 않을 경우에는 해당 기능을 비활성화(꺼놓음) 하는 것이 필요합니다. 이로써 악성코드 감염 가능성을 줄일 뿐만 아니라 단말기의 불필요한 배터리 소모를 막을 수 있습니다.
> 5. 다운로드한 파일은 바이러스 유무를 검사한 후 사용하기
> 스마트폰용 악성프로그램은 인터넷을 통해 특정 프로그램이나 파일에 숨겨져 유포될 수 있으므로, 프로그램이나 파일을 다운로드하여 실행하고자 할 경우 가급적 스마트폰용 백신프로그램으로 바이러스 유무를 검사한 후 사용하는 것이 좋습니다.
> 6. 비밀번호 설정 기능을 이용하고 정기적으로 비밀번호 변경하기
> 단말기를 분실 혹은 도난당했을 경우 개인정보가 유출되는 것을 방지하기 위하여 단말기 비밀번호를 설정하여야 합니다. 또한 단말기를 되찾은 경우라도 악의를 가진 누군가에 의해 악성코드가 설치될 수 있기 때문에 비밀번호 설정은 중요합니다. 제품출시 시 기본으로 제공되는 비밀번호(예 : "0000")를 반드시 변경하여 사용하시기 바라며, 비밀번호를 설정할 때에는 유추하기 쉬운 비밀번호(예 : "1111", "1234" 등)는 사용하지 않도록 합니다.

① 봉순이는 유명인 A씨에 대한 사생활 내용이 담긴 MMS를 받아서 열어보고선 삭제했다.
② 형식이는 개인정보 유출을 방지하기 위해 1개월에 한번 씩 비밀번호를 변경하고 있다.
③ 음악을 즐겨듣는 지수는 블루투스를 사용하지 않을 때에는 항상 블루투스를 꺼놓는다.
④ 평소 의심이 많은 봉기는 신뢰할 수 없는 사이트는 절대 방문하지 않는다.
⑤ 해진이는 스마트폰으로 파일을 다운로드 한 경우는 반드시 바이러스 유무를 검사한 후 사용한다.

18 다음 ㉠, ㉡에 들어갈 내용으로 올바르게 짝지어진 것은?

> 현행 「독점규제 및 공정거래에 관한 법률」(이하 "공정거래법") 집행의 큰 문제점 중의 하나는 제재는 많으나 피해기업에 대한 배상은 쉽지가 않다는 점이다. 과징금제도는 제재와 부당이득환수의 목적이 있으나 금전적으로는 부당이득을 피해자가 아닌 국가가 환수하는 구조이다. 공정거래법 위반으로 인해 피해를 입은 자가 공정거래위원회에 신고하여 가해기업에게 거액의 과징금이 부과된다 하더라도 과징금은 국고로 편입되어 버리기 때문에 피해자에 대한 배상은 별도의 민사소송을 제기하여야 한다.
>
> 그런데 민사소송은 절차가 복잡하고 시간이 많이 소요될 뿐만 아니라 미국식의 당연위법원칙, 약자에게 관대한 경향이 있는 배심원 제도, 증거개시제도(discovery) 등이 도입되어 있지 않기 때문에 경제적 약자가 경제적 강자를 상대로 소송을 제기하여 승소하는 것은 쉽지가 않다. 미국에서도 사적 집행으로서의 손해배상소송이 급증한 것은 1960년대 이후이며 1977년에 절정이었는데, 당연위법원칙이나 배심원 제도 등이 주요 원인으로 지적되고 있다. 반면 1980년대 들어서는 당연위법원칙의 후퇴, 시카고학파의 영향에 따른 경제분석 강화 등으로 손해배상소송이 (㉠)
>
> 결국, 피해자의 신고 후 공정거래위원회가 조사하여 거액의 과징금을 부과한다 하더라도 피해자는 그 결과에 만족하지 못하는 경우가 생기게 되고 그렇게 되면 공정거래절차의 효용성이 크게 (㉡) 국민의 불신이 높아질 수밖에 없다. 따라서 피해자의 실질적인 구제를 위하여서는 별도의 민사소송 제기 없이 공정거래위원회의 결정에 의해 손해배상명령을 직접 내리는 것이 효율적이라는 주장이 과서에도 간헐적으로 제기되어 왔다. 하지만 이러한 제도는 외국에서도 사례를 찾아보기 어려울 뿐만 아니라 우리나라의 법체계에 있어서도 너무나 독특한 것이기 때문에 정부 안팎에서만 논의가 되었을 뿐이다.

	㉠	㉡
①	늘어났다.	떨어지고
②	늘어났다.	올라가고
③	줄어들었다.	올라가고
④	줄어들었다.	떨어지고
⑤	유지되었다.	떨어지고

19 다음 글의 핵심적인 논지를 바르게 정리한 것은?

주먹과 손바닥으로 상징되는 이항 대립 체계는 롤랑 바르트도 지적하고 있듯이 서구 문화의 뿌리를 이루고 있는 기본 체계이다. 천사와 악마, 영혼과 육신, 선과 악, 괴물을 죽여야 공주와 행복한 결혼을 한다는 이른바 세인트 조지 콤플렉스가 바로 서구 문화의 본질이었다고 할 수 있다. 그러니까 서양에는 이항 대립의 중간항인 가위가 결핍되어 있었던 것이다. 주먹과 보자기만 있는 대립항에서는 어떤 새로운 변화도 일어나지 않는다. 항상 이기는 보자기와 지는 주먹의 대립만이 존재한다.

서양에도 가위바위보와 같은 민속놀이가 있긴 하지만 그것은 동아시아에서 들어온 것이라고 한다. 그들은 이런 놀이를 들여옴으로써 서양 문화가 논리적 배중률이니 모순율이니 해서 극력 배제하려고 했던 가위의 힘, 말하자면 세 손가락은 닫혀 있고 두 손가락은 펴 있는 양쪽의 성질을 모두 갖춘 중간항을 발견하였다. 열려 있으면서도 닫혀 있는 가위의 존재, 그 때문에 이항 대립의 주먹과 보자기의 세계에 새로운 생기와 긴장감이 생겨난다. 주먹은 가위를 이기고 가위는 보자기를 이기며 보자기는 주먹을 이기는, 그 어느 것도 정상에 이를 수 없으며 그 어느 것도 밑바닥에 깔리지 않는 서열 없는 관계가 형성되는 것이다.

유교에서 말하는 중용(中庸)도 가위의 기호 체계로 보면 정태론이 아니라 강력한 동태적 생성력으로 해석될 수 있을 것이다. 그것은 단순한 균형이나 조화가 아니라 주먹과 보자기의 가치 시스템을 파괴하고 새로운 질서를 끌어내는 혁명의 원리라고도 볼 수 있다. 〈역경(易經)〉을 서양 사람들이 변화의 서(書)라고 부르듯이 중용 역시 변화를 전제로 한 균형이며 조화라는 것을 잊어서는 안 된다. 쥐구멍에도 볕들 날이 있다는 희망은 이와 같이 변화의 상황에서만 가능한 꿈이라고 할 수 있다.

요즘 서구에서 일고 있는 '제3의 길'이란 것은 평등과 자유가 이항 대립으로 치닫고 있는 것을 새로운 가위의 패러다임으로 바꾸려는 시도라고 풀이할 수 있다. 지난 냉전 체제는 바로 정치 원리인 평등을 극단적으로 추구하는 구소련의 체제와 경제 원리인 자유를 극대화한 미국 체제의 충돌이었다고 할 수 있다. 이 '바위-보'의 대립 구조에 새로운 가위가 끼어들면서 구소련은 붕괴하고 자본주의는 승리라기보다 새로운 패러다임의 전환점에 서 있게 된 것이다. 새 천년의 21세기는 새로운 게임, 즉 가위바위보의 게임으로 상징된다고도 볼 수 있다. 화식과 생식의 요리 모델밖에 모르는 서구 문화에 화식(火食)도 생식(生食)도 아닌 발효식의 한국 김치가 들어가게 되면 바로 그러한 가위 문화가 생겨나게 되는 것이다.

역사학자 홉스봄의 지적대로 20세기는 극단의 시대였다. 이런 대립적인 상황이 열전이나 냉전으로 나타나 1억 8천만 명의 전사자를 낳는 비극을 만들었다. 전쟁만이 아니라 정신과 물질의 양극화로 환경은 파괴되고 세대의 갈등과 양성의 대립은 가족의 붕괴, 윤리의 붕괴를 일으키고 있다. 원래 예술과 기술은 같은 것이었으나 그것이 양극화되어 이상과 현실의 간극처럼 되고 인간 생활의 균형을 깨뜨리고 말았다. 이런 위기에서 벗어나기 위해 우리는 주먹과 보자기의 대립을 조화시키고 융합하는 방법을 찾아야 할 것이다.

① 예술과 기술의 조화를 이룬 발전을 이루어야 한다.
② 미래의 사회는 자유와 평등을 함께 구현하여야 한다.
③ 동양 문화의 장점을 살려 새로운 문화를 창조해야 한다.
④ 이분법적인 사고에서 벗어나 새로운 발상을 하여야 한다.
⑤ 냉전 시대의 해체로 화합과 조화의 자세가 요구되고 있다.

20 다음은 은행을 사칭한 대출 주의 안내문이다. 이에 대한 설명으로 옳지 않은 것은?

항상 OO은행을 이용해 주시는 고객님께 감사드립니다.

최근 OO은행을 사칭하면서 대출 협조문이 Fax로 불특정 다수에게 발송되고 있어 각별한 주의가 요망됩니다. OO은행은 절대로 Fax를 통해 대출 모집을 하지 않으니 아래의 Fax 발견시 즉시 폐기하시기 바랍니다.

아래 내용을 검토하시어 자금문제로 고민하는 대표이하 직원 여러분들에게 저의 은행의 금융정보를 공유할 수 있도록 업무협조 부탁드립니다.

수신 : 직장인 및 사업자

발신 : OO은행 여신부

여신상담전화번호 : 070-xxxx-xxxx

대상	직장인 및 개인/법인 사업자
금리	개인신용등급적용 (최저 4.8~)
연령	만 20세~만 60세
상환 방식	1년만기일시상환, 원리금균등분할상환
대출 한도	100만원~1억원
대출 기간	12개월~최장 60개월까지 설정가능
서류 안내	공통서류 – 신분증 직장인 – 재직, 소득서류 사업자 – 사업자 등록증, 소득서류

※ 기타사항

- 본 안내장의 내용은 법률 및 관련 규정 변경시 일부 변경될 수 있습니다.
- 용도에 맞지 않을 시, 연락 주시면 수신거부 처리 해드리겠습니다.

현재 OO은행을 사칭하여 문자를 보내는 불법업체가 기승입니다. OO은행에서는 본 안내장 외엔 문자를 발송치 않으니 이점 유의하시어 대처 바랍니다.

① Fax 수신문에 의하면 최대 대출 한도는 1억원까지이다.

② Fax로 수신되는 대출 협조문은 OO은행에서 보낸 것이 아니다.

③ 대출 주의 안내문은 수신거부 처리가 가능하다.

④ Fax로 수신되는 대출 협조문은 즉시 폐기하여야 한다.

⑤ OO은행에서는 대출 협조문을 문자로 발송한다.

21 다음은 고령화 시대의 노인 복지 문제라는 제목으로 글을 쓰기 위해 수집한 자료이다. 자료를 모두 종합하여 설정할 수 있는 논지 전개 방향으로 가장 적절한 것은?

㉠ 노령화 지수 추이(통계청)

연도	1990	2000	2010	2020	2030
노령화 지수	20.0	34.3	62.0	109.0	186.6

※ 노령화 지수 : 유년인구 100명당 노령인구

㉡ 경제 활동 인구 한 명당 노인 부양 부담이 크게 증가할 것으로 예상된다. 노인 인구에 대한 의료비 증가로 건강 보험 재정도 위기 상황에 처할 수 있을 것으로 보인다. 향후 노인 요양 시설 및 재가(在家) 서비스를 위해 부담해야 할 투자비용도 막대하다.

– 00월 00일 ○○뉴스 중

㉢ 연금 보험이나 의료 보험 같은 혜택도 중요하지만 우리 같은 노인이 경제적으로 독립할 수 있도록 일자리를 만들어 주는 것이 더 중요한 것 같습니다.

– 정년 퇴직자의 인터뷰 중 –

① 노인 인구의 증가 속도에 맞춰 노인 복지 예산 마련이 시급한 상황이다. 노인 복지 예산을 마련하기 위한 구체적 방안은 무엇인가?

② 노인 인구의 급격한 증가로 여러 가지 사회 문제가 나타날 것으로 예상된다. 이러한 상황의 심각성을 사람들에게 어떻게 인식시킬 것인가?

③ 노인 인구의 증가가 예상되면서 노인 복지 대책 또한 절실히 요구되고 있다. 이러한 상황에서 노인 복지 정책의 바람직한 방향은 무엇인가?

④ 노인 인구가 증가하면서 노인 복지 정책에 대한 노인들의 불만도 높아지고 있다. 이러한 불만을 해소하기 위해서 정부는 어떠한 노력을 해야 하는가?

⑤ 현재 정부의 노인 복지 정책이 마련되어 있기는 하지만 실질적인 복지 혜택으로 이어지지 않고 있다. 이러한 현상이 나타나게 된 근본 원인은 무엇인가?

22 다음은 라디오 대담의 일부이다. 대담 참여자의 말하기 방식에 대한 설명으로 적절하지 않은 것은?

> 진행자 : 청취자 여러분, 안녕하세요. 오늘은 ○○ 법률 연구소에 계신 법률 전문가를 모시고 생활 법률 상식을 배워보겠습니다. 안녕하세요?
>
> 전문가 : 네, 안녕하세요. 오늘은 '정당행위'에 대해 말씀드리고자 합니다. 먼저 여러분께 문제 하나 내 보겠습니다. 만약 스파이더맨이 도시를 파괴하려는 악당들과 싸우다 남의 건물을 부쉈다면, 부서진 건물은 누가 배상해야 할까요?
>
> 진행자 : 일반적인 경우라면 건물을 부순 사람이 보상해야겠지만, 이런 경우에 정의를 위해 악당과 싸운 스파이더맨에게 보상을 요구하는 것은 좀 지나친 것 같습니다.
>
> 전문가 : 청취자 여러분들도 이와 비슷한 생각을 하실 것 같은데요, 이런 경우에는 스파이더맨의 행위를 악당으로부터 도시를 지키기 위한 행위로 보고 민법 761조 1항에 의해 배상 책임을 면할 수 있도록 하고 있습니다. 이때 스파이더맨의 행위를 '정당행위'라고 합니다.
>
> 진행자 : 아, 그러니까 악당으로부터 도시를 지키기 위해 싸운 스파이더맨의 행위가 '정당행위'이고, 정당행위로 인한 부득이한 손해는 배상할 필요가 없다는 뜻이군요.
>
> 전문가 : 네, 맞습니다. 그래야 스파이더맨의 경우처럼 불의를 보고 나섰다가 오히려 손해를 보는 일이 없겠죠.
>
> 진행자 : 그런데 문득 이런 의문이 드네요. 만약 스파이더맨에게 배상을 받을 수 없다면 건물 주인은 누구에게 배상을 받을 수 있을까요?
>
> 전문가 : 그래서 앞서 말씀드린 민법 동일 조항에서는 정당행위로 인해 손해를 입은 사람이 애초에 불법행위를 저질러 손해의 원인을 제공한 사람에게 배상을 청구할 수 있도록 하고 있습니다. 즉 건물 주인은 악당에게 손해배상을 청구할 수 있습니다.

① 진행자는 화제와 관련된 질문을 던지며 대담을 진전시키고 있다.

② 진행자는 전문가가 한 말의 핵심 내용을 재확인함으로써 청취자들의 이해를 돕고 있다.

③ 전문가는 청취자가 관심을 가질 질문을 던져 화제에 집중도를 높이고 있다.

④ 전문가는 구체적인 법률 근거를 제시하여 신뢰성을 높이고 있다.

⑤ 전문가는 추가적인 정보를 제시함으로써 진행자의 오해를 바로 잡고 있다.

23 문화체육관광부 홍보팀에 근무하는 김문화씨는 '탈춤'에 관한 영상물을 제작하는 프로젝트를 맡게 되었다. 제작계획서 중 다음의 제작 회의 결과가 제대로 반영되지 않은 것은?

- 제목 : 탈춤 체험의 기록임이 나타나도록 표현
- 주 대상층 : 탈춤에 무관심한 젊은 세대
- 내용 : 실제 경험을 통해 탈춤을 알아가고 가까워지는 과정을 보여 주는 동시에 탈춤에 대한 정보를 함께 제공
- 구성 : 간단한 이야기 형식으로 구성
- 전달방식 : 정보들을 다양한 방식으로 전달

〈제작계획서〉

제목		'기획 특집 – 탈춤 속으로 떠나는 10일간의 여행'	①
제작 의도		젊은 세대에게 우리 고유의 문화유산인 탈춤에 대한 관심을 불러일으킨다.	②
전체 구성	중심 얼개	• 대학생이 우리 문화 체험을 위해 탈춤이 전승되는 마을을 찾아가는 상황을 설정한다. • 탈춤을 배우기 시작하여 마지막 날에 공연으로 마무리한다는 줄거리로 구성한다.	③
	보조 얼개	탈춤에 대한 정보를 별도로 구성하여 중간 중간에 삽입한다.	
전달 방식	해설	내레이션을 통해 탈춤에 대한 학술적 이견들을 깊이 있게 제시하여 탈춤에 조예가 깊은 시청자들의 흥미를 끌도록 한다.	④
	영상 편집	• 탈에 대한 정보를 시각 자료로 제시한다. • 탈춤의 종류, 지역별 탈춤의 특성 등에 대한 그래픽 자료를 보여 준다. • 탈춤 연습 과정과 공연 장면을 현장감 있게 보여 준다.	⑤

| 24~25 | 다음은 어느 공항의 〈교통약자 공항이용안내〉의 일부이다. 이를 읽고 물음에 답하시오.

패스트트랙

- Fast Track을 이용하려면 교통약자(보행장애인, 7세 미만 유소아, 80세 이상 고령자, 임산부, 동반여객 2인 포함)는 본인이 이용하는 항공사의 체크인카운터에서 이용대상자임을 확인 받고 'Fast Track Pass'를 받아 Fast Track 전용출국장인 출국장 1번, 6번 출국장입구에서 여권과 함께 제시하면 됩니다.
- 인천공항 동편 전용출국통로(Fast Track, 1번 출국장), 오전7시 ~ 오후7시까지 운영 중이며, 운영상의 미비점을 보완하여 정식운영(동 · 서편, 전 시간 개장)을 개시할 예정에 있습니다.

휠체어 및 유모차 대여

공항 내 모든 안내데스크에서 휠체어 및 유모차를 필요로 하는 분께 무료로 대여하여 드리고 있습니다.

장애인 전용 화장실

- 여객터미널 내 화장실마다 최소 1실의 장애인 전용화장실이 있습니다.
- 장애인분들의 이용 편의를 위하여 넓은 출입구와 내부공간, 버튼식자동문, 비상벨, 센서작동 물내림 시설을 설치하였으며 항상 깨끗하게 관리하여 편안한 공간이 될 수 있도록 하고 있습니다.

주차대행 서비스

- 공항에서 허가된 주차대행 서비스(유료)를 이용하시면 보다 편리하고 안전하게 차량을 주차하실 수 있습니다.
- 경차, 장애인, 국가유공자의 경우 할인된 금액으로 서비스를 이용하실 수 있습니다.

장애인 주차 요금 할인

주차장 출구의 유인부스를 이용하는 장애인 차량은 장애인증을 확인 후 일반주차요금의 50%를 할인하여 드리고 있습니다.

휠체어 리프트 서비스

- 장기주차장에서 여객터미널까지의 이동이 불편한 장애인, 노약자 등 교통약자의 이용 편의 증진을 위해 무료 이동 서비스를 제공하여 드리고 있습니다.
- 여객터미널↔장기주차장, 여객터미널↔화물터미널행의 모든 셔틀버스에 휠체어 탑승리프트를 설치, 편안하고 안전하게 모시고 있습니다.

24 다음 교통약자를 위한 서비스 중 무료로 이용할 수 있는 서비스만으로 묶인 것은?

① 주차대행 서비스, 장애인 전용 화장실 이용
② 장애인 차량 주차, 휠체어 및 유모차 대여
③ 휠체어 및 유모차 대여, 휠체어 리프트 서비스
④ 휠체어 및 유모차 대여, 주차대행 서비스
⑤ 장애인 차량 주차, 휠체어 리프트 서비스

25 Fast Track 이용 가능한 교통약자가 아닌 사람은?

① 80세 고령자
② 임산부
③ 보행장애인
④ 8세 아동
⑤ 6세 유아

CHAPTER 02

수리능력

정답 및 해설 p.272

1 다음은 지난 10년간 원인별 승강기사고 건수에 대한 자료이다. 이에 대한 설명으로 옳지 않은 것은?

연도	계	이용자과실	작업자과실	관리부실	보수부실	제조불량	검사부실	기타
2007년	97	47	1	5	12	1	0	31
2008년	154	112	4	12	8	2	1	15
2009년	115	80	4	12	9	1	2	7
2010년	129	107	1	10	6	3	1	1
2011년	97	84	2	8	2	1	0	0
2012년	133	112	1	6	11	3	0	0
2013년	88	65	3	9	10	1	0	0
2014년	71	51	2	3	13	1	0	1
2015년	61	35	5	5	14	1	0	1
2016년	44	18	4	2	9	1	0	10
2017년	27	13	2	2	6	0	0	4
계	1,016	724	29	74	100	15	4	70

※ 2018. 1. 1. 기준

① 지난 7년간 검사부실로 인해 발생한 승강기사고는 한 건도 없었다.
② 지난 10년간 발생한 승강기사고의 원인 1위는 이용자과실이다.
③ 2010년에 이용자과실로 발생한 승강기사고 건수는 2010년 전체 승강기사고 건수의 80% 이상을 차지한다.
④ 2015년에 보수부실로 발생한 승강기사고 건수는 관리부실로 발생한 승강기사고의 2배 이상이다.
⑤ 작업자과실로 인한 승강기사고는 2010년 이후 꾸준히 증가하다 2015년을 기점으로 감소하였다.

2 다음은 운행 층수별 승강기 설치 현황에 대한 자료이다. 이에 대한 설명으로 옳지 않은 것은?

〈운행 층수별 승강기 설치 누적 대수〉

※ 2017. 12. 31. 기준

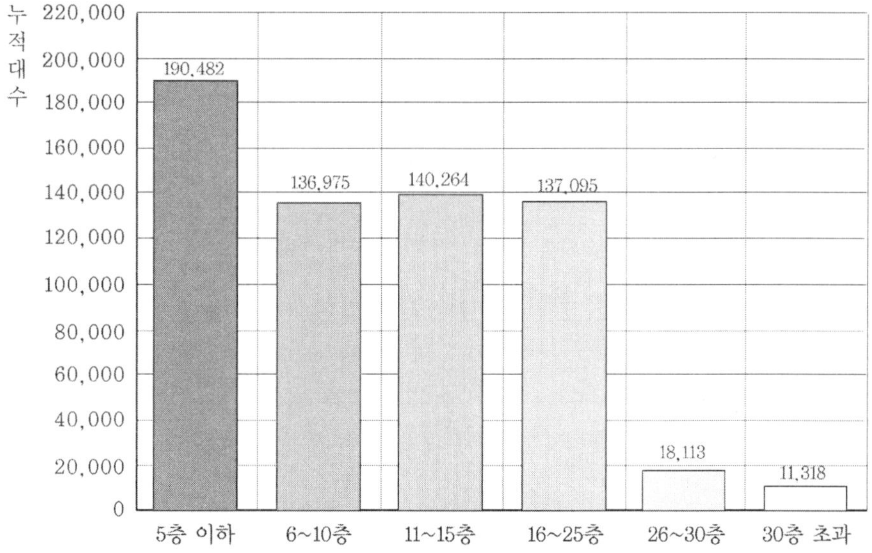

〈2015~2017년 운행 층수별 승강기 설치 대수〉

년도	5층 이하	6~10층	11~15층	16~25층	26~30층	30층 초과
2015년	16,156	7,063	3,761	5,723	1,206	929
2016년	19,735	8,598	3,819	6,058	1,637	758
2017년	20,749	8,101	3,996	7,877	2,583	1,534

① 30층 초과 층수에 설치된 승강기 누적 대수는 전체 승강기 설치 누적 대수의 2% 이하이다.

② 2015년부터 2017년까지 6~10층에 설치된 승강기와 26~30층에 설치된 승강기의 증감추이는 같다.

③ 2017년에 5층 이하 층수에 설치된 승강기 대수는 5층 이하 층수에 설치된 승강기 누적 대수의 10%를 초과한다.

④ 2016년 12월 31일을 기준으로 할 때, 16~25층에 설치된 승강기 누적 대수는 6~10층에 설치된 승강기 누적 대수보다 많다.

⑤ 2017년에 11~15층에 설치된 승강기의 전년대비 증가율은 약 4.6%이다.

3 다음은 어느 회사 전체 사원의 SNS 이용 실태를 조사한 자료이다. 이에 대한 설명 중 옳은 것은?

사용기기	성명	SNS 종류	SNS 활용형태	SNS 가입날짜	기기 구입비	앱 구입비
스마트폰	김하나	페이스북	소통	2013.08.01	440,000원	6,500원
스마트폰	김준영	트위터	소통	2014.02.02	420,000원	12,000원
태블릿PC	정민지	페이스북	교육	2014.01.15	400,000원	10,500원
컴퓨터	윤동진	블로그	교육	2015.02.19	550,000원	14,500원
스마트폰	이정미	트위터	소통	2013.10.10	380,000원	6,500원
태블릿PC	박진숙	페이스북	취미	2014.02.28	440,000원	14,500원
컴퓨터	김영지	트위터	교육	2014.01.10	480,000원	18,000원
컴퓨터	한아름	블로그	취미	2013.09.11	580,000원	10,500원

※ 각 사원은 SNS를 한 종류만 사용하고 SNS 활용형태도 하나임

① 페이스북을 이용하거나 태블릿PC를 사용하는 사원은 4명이다.

② SNS를 2014년에 가입한 사원은 트위터를 이용하거나 페이스북을 이용한다.

③ 취미로 SNS를 활용하는 사원의 기기구입비 합계는 100만원을 넘지 않는다.

④ 2013년에 SNS를 가입하거나 블로그를 이용하는 사원은 5명이다.

⑤ 태블릿PC를 사용하는 사원의 평균 앱 구입비는 13,000원이다.

4 다음 〈표〉는 2008년부터 2013년까지의 연도별 평균 가계직접부담의료비에 대한 자료이다. 이에 대한 설명으로 옳지 않은 것은?

(단위 : 만 원)

구분		2008년	2009년	2010년	2011년	2012년	2013년
전체		135.9	132.6	147.9	168.4	177.4	176.4
가구원수	1인	66.6	70.8	78.3	103.7	105.2	99.4
	2인	138.7	146.5	169.2	188.8	194.1	197.3
	3인	154.8	145.3	156.4	187.7	203.2	201.4
	4인	153.4	145.8	165.1	178.4	191.7	198.9
	5인	194.9	180.4	197.6	210.8	233.7	226.6
	6인 이상	221.3	203.2	250.4	251.8	280.7	259.3
소득분위	1분위	93.7	93.6	104.0	122.3	130.8	134.2
	2분위	126.4	119.9	139.5	169.5	157.3	161.1
	3분위	131.9	122.6	141.0	166.8	183.2	178.4
	4분위	145.7	143.5	170.3	170.5	190.0	188.5
	5분위	180.5	179.7	185.4	214.7	226.1	219.3
지역	서울	139.5	143.6	152.2	180.5	189.0	192.4
	광역시	139.2	128.7	147.7	159.3	164.1	168.2
	도	132.9	130.2	146.3	168.2	179.4	174.4

① 매년 저소득층에서 고소득층으로 갈수록 가계직접부담의료비가 증가하고 있다.
② 지역만 놓고 볼 때, 서울은 도보다 매년 가계직접부담의료비가 많다.
③ 2013년 전체 가계직접부담의료비는 2008년보다 약 30% 증가했다.
④ 2008년 6인 이상 가구 가계직접부담의료비는 1인 가구의 3배를 넘는다.
⑤ 1인 가구와 2인 가구의 가계직접부담의료비 차이가 가장 큰 해는 2013년이었다.

5 다음은 신용대출의 중도상환에 관한 내용이다. 甲씨는 1년 후에 일시 상환하는 조건으로 500만 원을 신용대출 받았다. 그러나 잔여기간이 100일 남은 상태에서 중도 상환하려고 한다. 甲씨가 부담해야 하는 해약금은 약 얼마인가? (단, 원단위는 절사한다)

- 중도상환해약금 : 중도상환금액×중도상환적용요율×(잔여기간/대출기간)

구분	가계대출		기업대출	
	부동산 담보대출	신용/기타 담보대출	부동산 담보대출	신용/기타 담보대출
적용요율	1.4%	0.8%	1.4%	1.0%

- 대출기간은 대출개시일로부터 대출기간만료일까지의 일수로 계산하되, 대출기간이 3년을 초과하는 경우에는 3년이 되는 날을 대출기간만료일로 한다.
- 잔여기간은 대출기간에서 대출개시일로부터 중도상환일까지의 경과일수를 차감하여 계산한다.

① 10,950원
② 11,950원
③ 12,950원
④ 13,950원
⑤ 14,950원

6 다음은 어느 보험회사의 보험계약 현황에 관한 표이다. 이에 대한 설명으로 옳지 않은 것은?

(단위 : 건, 억 원)

구분		2015년		2014년	
		건수	금액	건수	금액
개인보험		5,852,844	1,288,847	5,868,027	1,225,968
	생존보험	1,485,908	392,222	1,428,422	368,731
	사망보험	3,204,140	604,558	3,241,308	561,046
	생사혼합	1,162,792	292,068	1,198,297	296,191
단체보험		0	0	0	0
	단체보장	0	0	0	0
	단체저축	0	0	0	0
소계		5,852,844	1,288,847	5,868,027	1,225,968

※ 건수는 보유계약의 건수임

※ 금액은 주계약 및 특약의 보험가입금액임

① 2014년과 2015년에 단체보험 보유계약의 건수는 0건이다.

② 2015년은 2014년에 비해 개인보험 보유계약 건수가 감소하였다.

③ 2015년은 2014년에 비해 개인보험 보험가입금액은 증가하였다.

④ 2015년 개인보험 보험가입금액에서 생존보험 금액이 차지하는 구성비는 30% 미만이다.

⑤ 2014년과 2015년 모두 개인보험에서 사망보험이 가장 큰 비중을 차지한다.

7 다음 표는 A지역 전체 가구를 대상으로 일본원자력발전소 사고 전후의 식수조달원 변경에 대해 설문조사한 결과이다. 사고 전에 비해 사고 후에 이용 가구 수가 감소한 식수조달원의 수는 몇 개인가?

사고 후 조달원 / 사고 전 조달원	수돗물	정수	약수	생수
수돗물	40	30	20	30
정수	10	50	10	30
약수	20	10	10	40
생수	10	10	10	40

① 0개
② 1개
③ 2개
④ 3개
⑤ 4개

8 다음 표는 어느 회사의 공장별 제품 생산 및 판매 실적에 대한 자료이다. 이에 대한 설명으로 옳지 않은 것은?

(단위 : 대)

공장	2016년 12월	2016년 전체	
	생산 대수	생산 대수	판매 대수
A	25	586	475
B	21	780	738
C	32	1,046	996
D	19	1,105	1,081
E	38	1,022	956
F	39	1,350	1,238
G	15	969	947
H	18	1,014	962
I	26	794	702

※ 2017년 1월 1일 기준 재고 수=2016년 전체 생산 대수−2016년 전체 판매 대수

※ 판매율(%) $= \frac{\text{판매 대수}}{\text{생산 대수}} \times 100$

※ 2016년 1월 1일부터 제품을 생산 · 판매하였음

① 2017년 1월 1일 기준 재고 수가 가장 적은 공장은 G공장이다.

② 2017년 1월 1일 기준 재고 수가 가장 많은 공장의 2016년 전체 판매율은 90% 이상이다.

③ 2016년 12월 생산 대수가 가장 많은 공장과 2017년 1월 1일 기준 재고 수가 가장 많은 공장은 동일하다.

④ I공장의 2016년 전체 판매율은 90% 이상이다.

⑤ 2016년에 A~I 공장은 전체 8,666대를 생산하였다.

9 다음 표는 A카페의 커피 판매정보에 대한 자료이다. 한 잔만을 더 판매하고 영업을 종료한다고 할 때, 총이익이 정확히 64,000원이 되기 위해서 판매해야 하는 메뉴는?

〈표〉 A카페의 커피 판매정보

(단위 : 원, 잔)

메뉴 \ 구분	한 잔 판매가격	현재까지의 판매량	한 잔당 재료(재료비)				
			원두 (200)	우유 (300)	바닐라시럽 (100)	초코시럽 (150)	카라멜시럽 (250)
아메리카노	3,000	5	○	×	×	×	×
카페라떼	3,500	3	○	○	×	×	×
바닐라라떼	4,000	3	○	○	○	×	×
카페모카	4,000	2	○	○	×	○	×
카라멜마끼아또	4,300	6	○	○	○	×	○

※ 1) 메뉴별 이익=(메뉴별 판매가격−메뉴별 재료비)×메뉴별 판매량
2) 총이익은 메뉴별 이익의 합이며, 다른 비용은 고려하지 않음
3) A카페는 5가지 메뉴만을 판매하며, 메뉴별 한 잔 판매가격과 재료비는 변동 없음
4) ○ : 해당 재료 한 번 사용
× : 해당 재료 사용하지 않음

① 아메리카노
② 카페라떼
③ 바닐라라떼
④ 카페모카
⑤ 카라멜마끼아또

▌10~11▐ 다음은 원양어업 주요 어종별 생산량에 관한 자료이다. 이를 보고 물음에 답하시오.

(단위 : 톤, 백만 원)

구분		2010년	2011년	2012년	2013년	2014년
가다랑어	생산량	216,720	173,334	211,891	200,866	229,588
	생산금액	321,838	334,770	563,027	427,513	329,163
황다랑어	생산량	67,138	45,736	60,436	44,013	63,971
	생산금액	201,596	168,034	170,733	133,170	163,068
명태	생산량	46,794	48,793	39,025	24,341	31,624
	생산금액	64,359	67,307	45,972	36,662	49,479
새꼬리 민태	생산량	10,852	12,447	10,100	8,261	8,681
	생산금액	19,030	25,922	21,540	14,960	18,209
민대구	생산량	4,139	4,763	4,007	3,819	3,162
	생산금액	10,072	13,136	11,090	10,912	8,689

※ 생산금액=생산량×톤당 생산가격

10 위의 표에 대한 설명으로 옳지 않은 것은?

① 5개의 어종 가운데 매년 생산량이 가장 많은 어종은 가다랑어이다.
② 2012년 민대구의 생산량이 전년대비 감소한 이후로 2014년까지 계속 감소하고 있다.
③ 가다랑어와 황다랑어는 생산량의 전년대비 증감방향이 일치한다.
④ 2011년 새꼬리 민태 생산량의 전년대비 증가율은 10% 이하이다.
⑤ 2011년 가다랑어의 생산량은 전년대비 감소하였지만 생산금액은 증가하였다.

11 2014년 톤당 생산가격이 가장 높은 어종은 무엇인가?

① 가다랑어
② 황다랑어
③ 명태
④ 새꼬리 민태
⑤ 민대구

▌12~13▐ 다음은 시도별 우유생산 현황에 대한 자료이다. 이를 보고 물음에 답하시오.

(단위 : 톤)

	2009년	2010년	2011년	2012년
서울특별시	573	592	621	644
부산광역시	1,092	933	1,225	1,783
인천광역시	14,376	18,230	13,287	10,932
광주광역시	2,989	2,344	3,201	3,553
대구광역시	12,094	13,928	10,838	9,846
대전광역시	393	109	98	12
경기도	932,391	848,002	843,118	883,565
강원도	84,024	91,121	100,920	103,827
충청북도	114,215	110,938	125,993	123,412
전라남도	139,310	124,097	126,075	132,222
경상남도	127,656	122,302	121,294	119,383
제주도	18,021	14,355	15,437	19,313

12 다음 중 위의 자료를 잘못 이해한 사람은?

① 소리 : 조사 지역 중 대전광역시는 매년 우유생산량이 가장 적어.

② 현수 : 광주광역시는 매년 2,000톤 이상의 우유를 생산하지만 부산광역시는 그렇지 않군.

③ 정진 : 위의 자료를 통해 경기도의 우유 수요가 가장 많고 그 다음으로 전라남도임을 알 수 있어.

④ 구현 : 2010년 시도별 우유생산량과 2012년 시도별 우유생산량을 비교했을 때 우유생산량이 감소한 지역은 네 군데 있어.

⑤ 수현 : 2012년 경기도의 우유생산량은 강원도의 8배 이상이야.

13 다음 중 조사 기간 동안 우유생산량 변동 추이가 동일하지 않은 지역끼리 짝지은 것은?

① 경기도 – 경상남도
② 서울특별시 – 강원도
③ 광주광역시 – 전라남도
④ 인천광역시 – 대구광역시
⑤ 부산광역시 – 제주도

14 A기업에서는 매년 3월에 정기 승진 시험이 있다. 시험을 응시한 사람이 남자사원, 여자사원을 합하여 총 100명이고 시험의 평균이 남자사원은 72점, 여자사원은 76점이며 남녀 전체평균은 73점일 때 시험을 응시한 여자사원의 수는?

① 25명 ② 30명
③ 35명 ④ 40명
⑤ 45명

15 수용이는 선생님의 심부름으로 15%의 식염수 300g을 과학실로 옮기던 도중 넘어져서 100g을 쏟았다. 들키지 않기 위해 물 100g을 더 첨가하여 과학실에 가져다 두었다. 식염수의 농도는 얼마인가?

① 10% ② 11%
③ 12% ④ 13%
⑤ 14%

16 부피가 210cm^3, 높이가 7cm, 밑면의 가로의 길이가 세로의 길이보다 13cm 긴 직육면체가 있다. 이 직육면체의 밑면의 세로의 길이는?

① 2cm
② 4cm
③ 6cm
④ 8cm
⑤ 10cm

17 어떤 일을 하는데 수빈이는 16일, 혜림이는 12일이 걸린다. 처음에는 수빈이 혼자서 3일 동안 일하고, 그 다음은 수빈이와 혜림이가 같이 일을 하다가 마지막 하루는 혜림이만 일하여 일을 끝냈다. 수빈이와 혜림이가 같이 일 한 기간은 며칠인가?

① 3일
② 4일
③ 5일
④ 6일
⑤ 7일

18 어떤 강을 따라 36km 떨어진 지점을 배로 왕복하려고 한다. 올라 갈 때에는 6시간이 걸리고 내려올 때는 4시간이 걸린다고 할 때 강물이 흘러가는 속력은 몇인가? (단, 배의 속력은 일정하다)

① 1.3km/h
② 1.5km/h
③ 1.7km/h
④ 1.9km/h
⑤ 2.0km/h

19 의자에 5명씩 앉으면 의자에 모두 앉은 채로 1명이 남고, 의자에 6명씩 앉으면 의자 11개가 완전히 빈 채로 3명이 서 있었다. 의자의 개수는?

① 61개
② 62개
③ 63개
④ 64개
⑤ 65개

20 갑동이는 올해 10살이다. 엄마의 나이는 갑동이와 누나의 나이를 합한 값의 두 배이고, 3년 후의 엄마의 나이는 누나의 나이의 세 배일 때, 올해 누나의 나이는 얼마인가?

① 12세
② 13세
③ 14세
④ 15세
⑤ 16세

21 다음은 구내식당의 메뉴판이다. 밥류와 면류에서 한 가지씩 골라 주문하는 경우의 수는?

밥류	면류
비빔밥	라면
제육덮밥	쫄면
김치볶음밥	우동
카레라이스	칼국수
오므라이스	잔치국수

① 10
② 15
③ 20
④ 25
⑤ 30

22 A 고등학교에서는 그림과 같이 학교 담 아래의 빈 공간에 길이가 12m인 밧줄로 'ㄷ'자 모양의 테두리를 둘러서 직사각형의 화단을 만들려고 한다. 이때 만들 수 있는 화단 넓이의 최댓값은 얼마인가? (단, 학교 담의 길이는 12m 이상이고, 밧줄의 양 끝은 담장에 닿아 있으며 밧줄의 두께는 무시한다)

① $14m^2$
② $16m^2$
③ $18m^2$
④ $20m^2$

23 조사 A의 자료 개수는 5개이고 평균과 분산은 각각 4, 6이며, 조사 B의 자료 개수는 5개이고 평균과 분산은 각각 6, 8이다. 조사 A와 B를 섞은 전체 자료의 평균과 분산을 a, b라고 할 때, ab의 값은?

① 35
② 40
③ 42
④ 45
⑤ 50

24 2021년의 8월 15일은 일요일이다. 2022년의 1월 1일은 무슨 요일인가?

① 화요일
② 수요일
③ 목요일
④ 금요일
⑤ 토요일

25 사내 행사에서 도시락 준비를 담당하게 된 신입사원 甲은 직원들의 선호도가 높은 도시락 전문점 두 곳을 조사하여 한 곳을 선택하고자 한다. 각 상점의 도시락 가격과 배달료가 다음과 같을 때, A 상점보다 B 상점에서 구입할 때 드는 비용이 더 적으려면 적어도 몇 개 이상의 도시락을 구입해야 하는가?

구분	A 상점	B 상점
도시락 한 개의 가격	5,000원	4,850원
배달료	무료	2,000원

① 11개
② 12개
③ 13개
④ 14개
⑤ 15개

CHAPTER 03

문제해결능력

정답 및 해설 p.278

1 명제 1, 명제 2가 모두 참이라고 할 때, 결론이 참이 되기 위해서 필요한 명제 3으로 가장 적절한 것은? (단, 보기로 주어진 명제는 모두 참이다)

> 명제 1. 밝지 않으면 별이 뜬다.
> 명제 2. 밤이 오면 해가 들어간다.
> 명제 3. ____________________
> 결　론. 밤이 오면 별이 뜬다.

① 밤이 오지 않으면 밝다.
② 해가 들어가지 않으면 밝다.
③ 별이 뜨면 해가 들어간다.
④ 밝지 않으면 밤이 온다.
⑤ 밝으면 해가 들어가지 않는다.

2 甲, 乙, 丙 세 사람이 다음과 같이 대화를 하고 있다. 세 사람 중 오직 한 사람만 사실을 말하고 있고 나머지 두 명은 거짓말을 하고 있다면, 甲이 먹은 사탕은 모두 몇 개인가?

> 甲 : 나는 사탕을 먹었어.
> 乙 : 甲은 사탕을 5개보다 더 많이 먹었어.
> 丙 : 아니야, 甲은 사탕을 5개보다는 적게 먹었어.

① 0개　　② 5개 미만
③ 5개　　④ 5개 이상
⑤ 알 수 없다.

3 “so what” 기법은 “그래서 무엇이지?”라고 자문자답하여 주어진 사실로부터 가치 있는 정보를 이끌어 내는 사고 기법이다. 다음 중 “so what” 기법을 통해 〈사실〉을 바탕으로 가치 있는 〈정보〉를 도출했다고 보기 어려운 경우는?

	〈사실〉	〈정보〉
①	어젯밤에 눈이 많이 왔다.	길에 눈이 쌓여 차가 밀릴 수 있으니 평소보다 출근을 서둘러야 한다.
②	주말에는 약국 문을 닫는다.	주말에 아플 때를 대비하여 상비약을 갖춰 놓도록 한다.
③	오늘부터 장마가 시작된다.	장마가 시작되면 비가 오는 날이 평소보다 많아질 것이다.
④	기온이 33℃가 넘었다.	더위로 업무능률이 떨어질 수 있으니 냉방을 위한 조치를 해야 한다.
⑤	침을 통해 코로나19가 전염될 수 있다.	사람이 많은 곳을 피하고 마스크를 반드시 착용해야 한다.

4 일본의 유명한 자동차 회사인 도요타가 세계적인 자동차 브랜드로 성장하는 데 있어 큰 역할을 한 전략 중 하나인 5Why 기법은 인과관계를 바탕으로 문제의 근본적인 원인을 찾아 해결하고자 하는 문제해결기법이다. 다음 중 제시된 문제에 대해 5Why 기법으로 해결책을 도출하려고 할 때, 마지막 5Why 단계에 해당하는 내용으로 가장 적절한 것은?

> [문제] 최종 육안 검사 시 간과하는 점이 많다.
> • 1Why : ____________________
> • 2Why : ____________________
> • 3Why : ____________________
> • 4Why : ____________________
> • 5Why : __________?__________
> [해결책] ____________________

① 작업장 조명이 어둡다.
② 조명의 위치가 좋지 않다.
③ 잘 보이지 않을 때가 있다.
④ 작업장 조명에 대한 기준이 없다.
⑤ 제대로 보지 못하는 경우가 많다.

5 다음은 어느 TV 홈쇼핑 회사에 대한 3C 분석 사례이다. 분석한 내용을 바탕으로 회사 발전 전략을 제안한 내용 중 그 타당성이 가장 떨어지는 사람은?

Company	Competitor	Customer
• 높은 시장점유율 • 긍정적인 브랜드 이미지 • 차별화된 고객서비스 기술 • 고가 상품 중심의 수익 구조 • 우수 인력과 정보시스템 • TV 방송에 한정된 영업 방식	• 저가의 다양한 상품 구축 • 공격적은 프로모션 및 가격할인 서비스 • A/S 및 사후관리 능력 우수 • 인터넷, 모바일, 카탈로그 등 다양한 영업 방식	• 일반 소매업 대비 홈쇼핑 시장의 높은 성장률 • 30~50대 여성이 90% 이상을 차지하는 고객 구성 • 저렴한 가격, 편리성, 품질, 다양성 등에 대한 고객의 Needs • 상위 5%의 고객이 전체 매출의 30%를 차지

① 甲 : 홈쇼핑 분야에서 높은 시장점유율을 유지하기 위한 지속적인 노력이 필요합니다.

② 乙 : 저렴한 가격에 대한 고객의 요구를 채우기 위해 고가 상품 중심의 수익 구조를 개선해야 합니다.

③ 丙 : TV 방송에만 머무를 것이 아니라 다양한 매체를 활용한 영업 방식을 도입하는 것도 적극적으로 검토해야 합니다.

④ 丁 : 여성 고객뿐만 아니라 남성 고객에게도 어필할 수 있도록 남성적인 브랜드 이미지를 구축해 나가야 합니다.

⑤ 戊 : 매출의 30%를 차지하는 상위 5%의 고객을 위한 차별화된 고객서비스를 제공하여 충성도를 제고할 필요가 있습니다.

6 A기업 기획팀에서는 새로운 프로젝트를 추진하면서 업무추진력이 높은 직원은 프로젝트의 팀장으로 발탁하려고 한다. 성취행동 경향성이 높은 사람을 업무추진력이 높은 사람으로 규정할 때, 아래의 정의를 활용해서 〈보기〉의 직원들을 업무추진력이 높은 사람부터 순서대로 바르게 나열한 것은?

> 성취행동 경향성(TACH)의 강도는 성공추구 경향성(Ts)에서 실패회피 경향성(Tf)을 뺀 점수로 계산할 수 있다(TACH = Ts − Tf). 성공추구 경향성에는 성취동기(Ms)라는 잠재적 에너지의 수준이 영향을 준다. 왜냐하면 성취동기는 성과가 우수하다고 평가받고 싶어 하는 것으로 어떤 사람의 포부수준, 노력 및 끈기를 결정하기 때문이다. 어떤 업무에 대해서 사람들이 제각기 다양한 방식으로 행동하는 것은 성취동기가 다른 데도 원인이 있지만, 개인이 처한 환경요인이 서로 다르기 때문이기도 하다. 이 환경요인은 성공기대확률(Ps)과 성공결과의 가치(Ins)로 이루어진다. 즉 성공추구 경향성은 이 세 요소의 곱으로 결정된다(Ts = Ms × Ps × Ins).
>
> 한편 실패회피 경향성은 실패회피동기, 실패기대확률 그리고 실패결과의 가치의 곱으로 결정된다. 이때 성공기대확률과 실패기대확률의 합은 1이며, 성공결과의 가치와 실패결과의 가치의 합도 1이다.

〈보기〉

- A는 성취동기가 3이고, 실패회피동기가 1이다. 그는 국제환경협약에 대비한 공장건설환경규제안을 만들었는데, 이 규제안의 실현가능성을 0.7로 보며, 규제안이 실행될 때의 가치를 0.2로 보았다.
- B는 성취동기가 2이고, 실패회피동기가 1이다. 그는 도시고속화도로 건설안을 기획하였는데, 이 기획안의 실패가능성을 0.7로 보며, 도로건설사업이 실패하면 0.3의 가치를 갖는다고 보았다.
- C는 성취동기가 3이고, 실패회피동기가 2이다. 그는 △△지역의 도심재개발계획을 주도하였는데, 이 계획의 실현가능성을 0.4로 보며, 재개발사업이 실패하는 경우의 가치를 0.3으로 보았다.

① A, B, C
② B, A, C
③ B, C, A
④ C, A, B
⑤ C, B, A

7 승강기 관리주체는 중대사고나 중대한 고장 발생 시 한국승강기안전공단에 통보해야 한다. 중대사고와 중대고장에 대한 다음 안내문을 바탕으로 제시된 사례 중 한국승강기안전공단에 통보해야 하는 사고가 아닌 것을 고르면?

❑ 중대사고의 범위

- 사망자가 발생한 경우
- 발생일로부터 7일 이내에 실시된 의사의 최초 진단결과, 1주 이상의 입원치료 또는 3주 이상의 치료가 필요한 상해를 입은 경우

❑ 중대고장의 범위

엘리베이터	에스컬레이터
• 정상적으로 문이 열려야 하는 구간에 멈추지 아니하거나, 해당 구간에 멈추었으나 문이 열리지 아니한 경우 • 문이 열린 상태에서 운행된 경우 • 호출층 또는 지시층으로 운행되지 아니한 경우 • 최상층 또는 최하층을 지나 운행된 경우 • 승강장 문의 조립체가 이탈된 경우	• 손잡이(핸드레일)의 속도와 디딤판의 속도가 현저히 다른 경우 • 운행과정에서 운행방향과 반대방향으로 움직인 경우 • 주 브레이크가 또는 보조 브레이크가 정상적으로 작동하지 않는 경우 • 운행과정에서 디딤판이 이탈 또는 파손된 경우

① 2층에서 1층으로 하강 운행하는 에스컬레이터의 2층 상부 승강장 주변에서 놀던 어린이가 3층에서 2층으로 하강 운행하는 에스컬레이터에서 내려오던 사람에 떠밀려 넘어져 1주일간 통원치료를 받은 경우

② 30층에서 엘리베이터에 탑승해 지하 5층으로 내려오던 노인이 13층 부근에서 이상 정지한 엘리베이터가 문이 열리자 내리는 과정에서 부상을 입어 4주 이상의 보존적 치료가 지속 필요하다는 진단을 받은 경우

③ 화물운송업체의 화물용 엘리베이터가 3층에 정지해 있는 상태에서 승강장 문의 조립체 하부 양쪽이 이탈한 채 문 일부가 열려 있어 이를 확인하던 업체직원이 지하 1층으로 추락하여 사망한 경우

④ 지하 1층에서 1층으로 상승 운행하는 에스컬레이터에 탑승하여 올라가던 중 갑자기 운행방향이 반대방향으로 바뀌어 몸의 중심을 잃고 넘어져 1주일 이상의 입원치료가 필요한 부상을 입은 경우

⑤ 콘도 투숙객인 피해자가 음주상태에서 잠금 해제되어 있는 승강기 기계실의 출입문을 열고 들어가 구동 중인 주로프를 손으로 잡으면서 우측 손가락 3개가 절단되는 등의 부상을 입고 1주일 이상 입원치료 중인 경우

8 ○○기업 감사실 윤리위원회 소속인 甲은 내부고발을 통해 다섯 건의 부정행위를 알게 되었다. 회사내규가 다음과 같을 때 A~E의 행위가 '뇌물에 관한 죄'에 해당하지 않는 것은?

〈내규〉

제○○조

① 뇌물에 관한 죄는 임직원 또는 중재인이 그 직무에 관하여 뇌물을 수수(收受)·요구 또는 약속하는 수뢰죄와 임직원 또는 중재인에게 뇌물을 약속·공여(자진하여 제공하는 것) 하거나 공여의 의사표시를 하는 증뢰죄를 포함한다. 뇌물에 관한 죄가 성립하기 위해서는 직무에 관하여 뇌물을 수수·요구 또는 약속한다는 사실에 대한 고의(故意)가 있어야 한다. 즉 직무의 대가에 대한 인식이 있어야 한다. 또한 뇌물로 인정되기 위해서는 그것이 직무에 관한 것이어야 하며, 뇌물은 불법한 보수이어야 한다. 여기서 '직무'란 임직원 또는 중재인의 권한에 속하는 직무행위 그 자체뿐만 아니라 직무와 밀접한 관계가 있는 행위도 포함하는 개념이다. 그리고 '불법한 보수'란 정당하지 않은 보수이므로, 법령이나 사회윤리적 관점에서 인정될 수 있는 정당한 대가는 뇌물이 될 수 없다. 그 밖에 '수수'란 뇌물을 취득하는 것을 의미하며, 수수라고 하기 위해서는 자기나 제3자의 소유로 할 목적으로 남의 재물을 취득할 의사가 있어야 한다. 한편 보수는 직무행위와 대가관계에 있는 것임을 요하고, 그 종류, 성질, 액수나 유형, 무형을 불문한다.

② 중재인이란 법령에 의하여 중재의 직무를 담당하는 자를 말한다. 예컨대 노동조합 및 노동관계조정법에 의한 중재위원, 중재법에 의한 중재인 등이 이에 해당한다.

① A는 사장님 비서실에 재직하면서 ○○은행장인 Z로부터 ○○은행으로 주거래 은행을 바꾸도록 사장님께 건의해 달라는 취지의 부탁을 받고 금전을 받았다.

② B는 각종 인·허가로 잘 알게 된 담당공무원 Y에게 건축허가를 해달라고 부탁하면서 술을 접대하였을 뿐만 아니라 Y가 윤락여성과 성관계를 맺을 수 있도록 하였다.

③ 홍보부 가짜뉴스 대응팀 직원인 C는 ○○회사가 외국인 산업연수생에 대한 관리업체로 선정되도록 중소기업협동조합중앙회 회장 J에게 잘 이야기해 달라는 부탁을 받고 K로부터 향응을 제공받았다.

④ D는 자신이 담당하는 공사도급 관련 입찰 정보를 넘겨주는 조건으로 공사도급을 받으려는 건설업자 X로부터 금품을 받아 이를 개인적인 용도로 사용하였다.

⑤ 해외파견팀장으로서 해외파견자 선발 업무를 취급하던 E가 V로부터 자신을 선발해 달라는 부탁과 함께 사례조로 받은 자기앞수표를 자신의 은행계좌에 예치시켰다가 그 뒤 후환을 염려하여 V에게 반환하였다.

9 ○○기업 직원인 A는 2018년 1월 1일 거래처 직원인 B와 전화통화를 하면서 ○○기업 소유 X물건을 1억 원에 매도하겠다는 청약을 하고, 그 승낙 여부를 2018년 1월 15일까지 통지해 달라고 하였다. 다음 날 A는 "2018년 1월 1일에 했던 청약을 철회합니다."라고 B와 전화통화를 하였는데, 같은 해 1월 12일 B는 "X물건에 대한 A의 청약을 승낙합니다."라는 내용의 서신을 발송하여 같은 해 1월 14일 A에게 도달하였다. 다음 법 규정을 근거로 판단할 때, 옳은 것은?

> 제○○조
> ① 청약은 상대방에게 도달한 때에 효력이 발생한다.
> ② 청약은 철회될 수 없는 것이더라도, 철회의 의사표시가 청약의 도달 전 또는 그와 동시에 상대방에게 도달하는 경우에는 철회될 수 있다.
>
> 제○○조 청약은 계약이 체결되기까지는 철회될 수 있지만, 상대방이 승낙의 통지를 발송하기 전에 철회의 의사표시가 상대방에게 도달되어야 한다. 다만 승낙기간의 지정 또는 그 밖의 방법으로 청약이 철회될 수 없음이 청약에 표시되어 있는 경우에는 청약은 철회될 수 없다.
>
> 제○○조
> ① 청약에 대한 동의를 표시하는 상대방의 진술 또는 그 밖의 행위는 승낙이 된다. 침묵이나 부작위는 그 자체만으로 승낙이 되지 않는다.
> ② 청약에 대한 승낙은 동의의 의사표시가 청약자에게 도달하는 시점에 효력이 발생한다. 청약자가 지정한 기간 내에 동의의 의사표시가 도달하지 않으면 승낙의 효력이 발생하지 않는다.
>
> 제○○조 계약은 청약에 대한 승낙의 효력이 발생한 시점에 성립된다.
>
> 제○○조 청약, 승낙, 그 밖의 의사표시는 상대방에게 구두로 통고된 때 또는 그 밖의 방법으로 상대방 본인, 상대방의 영업소나 우편주소에 전달된 때, 상대방이 영업소나 우편주소를 가지지 아니한 경우에는 그의 상거소(장소에 주소를 정하려는 의사 없이 상당기간 머무는 장소)에 전달된 때에 상대방에게 도달된다.

① 계약은 2018년 1월 15일에 성립되었다.

② 계약은 2018년 1월 14일에 성립되었다.

③ A의 청약은 2018년 1월 2일에 철회되었다.

④ B의 승낙은 2018년 1월 1일에 효력이 발생하였다.

⑤ B의 승낙은 2018년 1월 12일에 효력이 발생하였다.

▌10~11 ▌ 다음은 지방자치단체(지자체) 경전철 사업분석의 결과로서 분야별 문제점을 정리한 것이다. 다음 물음에 답하시오.

분야	문제점
추진주체 및 방식	• 기초지자체 중심(선심성 공약 남발)의 무리한 사업추진으로 인한 비효율 발생 • 지자체의 사업추진 역량부족으로 지방재정 낭비심화 초래 • 종합적 표준지침 부재로 인한 각 지자체마다 개별적으로 추진
타당성 조사 및 계획수립	• 사업주관 지자체의 행정구역만을 고려한 폐쇄적 계획 수립 • 교통수요 예측 및 사업타당성 검토의 신뢰성 · 적정성 부족 • 이해관계자 참여를 통한 사업계획의 정당성 확보 노력 미흡
사업자 선정 및 재원지원	• 토목 및 건설자 위주 지분참여로 인한 고비용 · 저효율 시공 초래 • 민간투자사업 활성화를 위한 한시적 규제유예 효과 미비
노선건설 및 차량시스템 선정	• 건설시공 이익 검토미흡으로 인한 재원낭비 심화 • 국내개발 시스템 도입 활성화를 위한 방안 마련 부족

10 다음 〈보기〉에서 '추진주체 및 방식'의 문제점에 대한 개선방안을 모두 고르면?

〈보기〉

㉠ 이해관계자 의견수렴 활성화를 통한 사업추진 동력 확보
㉡ 지자체 역량 강화를 통한 사업관리의 전문성 · 효율성 증진
㉢ 교통수요 예측 정확도 제고 등 타당성 조사 강화를 위한 여건 조성
㉣ 경전철 사업관련 업무처리 지침 마련 및 법령 보완
㉤ 무분별한 해외시스템 도입 방지 및 국산기술 · 부품의 활성화 전략 수립
㉥ 상위교통계획 및 생활권과의 연계강화를 통한 사업계획의 체계성 확보
㉦ 시공이익에 대한 적극적 검토를 통해 총사업비 절감 효과 도모

① ㉠㉡
② ㉡㉣
③ ㉡㉣㉦
④ ㉣㉤㉥
⑤ ㉥㉦

11 다음 〈보기〉에서 '타당성 조사 및 계획수립'의 문제점에 대한 개선방안을 모두 고르면?

> ㉠ 이해관계자 의견수렴 활성화를 통한 사업추진 동력 확보
> ㉡ 지자체 역량 강화를 통한 사업관리의 전문성 · 효율성 증진
> ㉢ 교통수요 예측 정확도 제고 등 타당성 조사 강화를 위한 여건 조성
> ㉣ 경전철 사업관련 업무처리 지침 마련 및 법령 보완
> ㉤ 무분별한 해외시스템 도입 방지 및 국산기술 · 부품의 활성화 전략 수립
> ㉥ 상위교통계획 및 생활권과의 연계강화를 통한 사업계획의 체계성 확보
> ㉦ 시공이익에 대한 적극적 검토를 통해 총사업비 절감 효과 도모

① ㉠㉢㉥
② ㉠㉢㉦
③ ㉡㉢㉤
④ ㉡㉢㉥
⑤ ㉤㉥㉦

12 다음은 건물주 甲이 판단한 입주 희망 상점에 대한 정보이다. 다음에 근거하여 건물주 甲이 입주시킬 두 상점을 고르면?

〈표〉 입주 희망 상점 정보

상점	월세(만 원)	폐업위험도	월세 납부일 미준수비율
중국집	90	중	0.3
한식집	100	상	0.2
분식집	80	중	0.15
편의점	70	하	0.2
영어학원	80	하	0.3
태권도학원	90	상	0.1

※ 음식점 : 중국집, 한식집, 분식집

※ 학원 : 영어학원, 태권도학원

〈정보〉

- 건물주 甲은 자신의 효용을 극대화하는 상점을 입주시킨다.
- 甲의 효용 : 월세(만 원)×입주 기간(개월)－월세 납부일 미준수비율×입주 기간(개월)×100(만 원)
- 입주 기간 : 폐업위험도가 '상'인 경우 입주 기간은 12개월, '중'인 경우 15개월, '하'인 경우 18개월
- 음식점 2개를 입주시킬 경우 20만 원의 효용이 추가로 발생한다.
- 학원 2개를 입주시킬 경우 30만 원의 효용이 추가로 발생한다.

① 중국집, 한식집
② 한식집, 분식집
③ 분식집, 태권도학원
④ 영어학원, 태권도학원
⑤ 분식집, 영어학원

13 다음은 5가지의 영향력을 행사하는 방법과 순정, 석일이의 발언이다. 순정이와 석일이의 발언은 각각 어떤 방법에 해당하는가?

〈영향력을 행사하는 방법〉

- 합리적 설득 : 논리와 사실을 이용하여 제안이나 요구가 실행 가능하고, 그 제안이나 요구가 과업 목표 달성을 위해 필요하다는 것을 보여주는 방법
- 연합 전술 : 영향을 받는 사람들이 제안을 지지하거나 어떤 행동을 하도록 만들기 위해 다른 사람의 지지를 이용하는 방법
- 영감에 호소 : 이상에 호소하거나 감정을 자극하여 어떤 제안이나 요구사항에 몰입하도록 만드는 방법
- 교환 전술 : 제안에 대한 지지에 상응하는 대가를 제공하는 방법
- 합법화 전술 : 규칙, 공식적 방침, 공식 문서 등을 제시하여 제안의 적법성을 인식시키는 방법

〈발언〉

- 순정 : 이 기획안에 대해서는 이미 개발부와 재정부가 동의했습니다. 여러분들만 지지해준다면 계획을 성공적으로 완수할 수 있을 것입니다.
- 석일 : 이 기획안은 우리 기업의 비전과 핵심가치들을 담고 있습니다. 이 계획이야말로 우리가 그동안 염원했던 가치를 실현함으로써 회사의 발전을 이룩할 수 있는 기회라고 생각합니다. 여러분이 그동안 고생한 만큼 이 계획은 성공적으로 끝마쳐야 합니다.

① 순정 : 합리적 설득, 석일 : 영감에 호소
② 순정 : 연합 전술, 석일 : 영감에 호소
③ 순정 : 연합 전술, 석일 : 합법화 전술
④ 순정 : 영감에 호소, 석일 : 합법화 전술
⑤ 순정 : 영감에 호소, 석일 : 교환 전술

14 G 음료회사는 신제품 출시를 위해 시제품 3개를 만들어 전직원을 대상으로 블라인드 테스트를 진행한 후 기획팀에서 회의를 하기로 했다. 독창성, 대중성, 개인선호도 세 가지 영역에 총 15점 만점으로 진행된 테스트 결과가 다음과 같을 때, 기획팀 직원들의 발언으로 옳지 않은 것은?

	독창성	대중성	개인선호도	총점
시제품 A	5	2	3	10
시제품 B	4	4	4	12
시제품 C	2	5	5	12

① 우리 회사의 핵심가치 중 하나가 창의성 아닙니까? 저는 독창성 점수가 높은 A를 출시해야 한다고 생각합니다.

② 독창성이 높아질수록 총점이 낮아지는 것을 보지 못하십니까? 저는 그 의견에 반대합니다.

③ 무엇보다 현 시점에서 회사의 재정상황을 타개하기 위해서는 대중성을 고려하여 높은 이윤이 날 것으로 보이는 C를 출시해야 하지 않겠습니까?

④ 저도 대중성과 개인선호도가 높은 C를 출시해야 한다고 생각합니다.

⑤ 그럼 독창성과 대중성, 개인선호도 점수가 비슷한 B를 출시하는 것이 어떻겠습니까?

15 다음은 어느 레스토랑의 3C분석 결과이다. 이 결과를 토대로 하여 향후 해결해야 할 전략과제를 선택하고자 할 때 적절하지 않은 것은?

3C	상황 분석
고객 / 시장(Customer)	• 식생활의 서구화 • 유명브랜드와 기술제휴 지향 • 신세대 및 뉴패밀리 층의 출현 • 포장기술의 발달
경쟁 회사(Competitor)	• 자유로운 분위기와 저렴한 가격 • 전문 패밀리 레스토랑으로 차별화 • 많은 점포수 • 외국인 고용으로 인한 외국인 손님 배려
자사(company)	• 높은 가격대 • 안정적 자금 공급 • 업계 최고의 시장점유율 • 고객증가에 따른 즉각적 응대의 한계

① 원가 절감을 통한 가격 조정

② 유명브랜드와의 장기적인 기술제휴

③ 즉각적인 응대를 위한 인력 증대

④ 안정적인 자금 확보를 위한 자본구조 개선

⑤ 포장기술 발달을 통한 레스토랑 TO GO 점포 확대

16 다음은 특보의 종류 및 기준에 관한 자료이다. ㉠과 ㉡의 상황에 어울리는 특보를 올바르게 짝지은 것은?

〈특보의 종류 및 기준〉

<table>
<tr><th>종류</th><th>주의보</th><th>경보</th></tr>
<tr><td>강풍</td><td>육상에서 풍속 14m/s 이상 또는 순간풍속 20m/s 이상이 예상될 때. 다만, 산지는 풍속 17m/s 이상 또는 순간풍속 25m/s 이상이 예상될 때</td><td>육상에서 풍속 21m/s 이상 또는 순간풍속 26m/s 이상이 예상될 때. 다만, 산지는 풍속 24m/s 이상 또는 순간풍속 30m/s 이상이 예상될 때</td></tr>
<tr><td>호우</td><td>6시간 강우량이 70mm 이상 예상되거나 12시간 강우량이 110mm 이상 예상될 때</td><td>6시간 강우량이 110mm 이상 예상되거나 12시간 강우량이 180mm 이상 예상될 때</td></tr>
<tr><td>태풍</td><td>태풍으로 인하여 강풍, 풍랑, 호우 현상 등이 주의보 기준에 도달할 것으로 예상될 때</td><td>태풍으로 인하여 풍속이 17m/s 이상 또는 강우량이 100mm 이상 예상될 때. 다만, 예상되는 바람과 비의 정도에 따라 아래와 같이 세분한다.<table><tr><th></th><th>3급</th><th>2급</th><th>1급</th></tr><tr><td>바람(m/s)</td><td>17~24</td><td>25~32</td><td>33이상</td></tr><tr><td>비(mm)</td><td>100~249</td><td>250~399</td><td>400이상</td></tr></table></td></tr>
<tr><td>폭염</td><td>6월~9월에 일최고기온이 33℃ 이상이고, 일최고열지수가 32℃ 이상인 상태가 2일 이상 지속될 것으로 예상될 때</td><td>6월~9월에 일최고기온이 35℃ 이상이고, 일최고열지수가 41℃ 이상인 상태가 2일 이상 지속될 것으로 예상될 때</td></tr>
</table>

㉠ 태풍이 남해안에 상륙하여 울산지역에 270mm의 비와 함께 풍속 26m/s의 바람이 예상된다.
㉡ 지리산에 오후 3시에서 오후 9시 사이에 약 130mm의 강우와 함께 순간풍속 28m/s가 예상된다.

	㉠	㉡
①	태풍경보 1급	호우주의보
②	태풍경보 2급	호우경보+강풍주의보
③	태풍주의보	강풍주의보
④	태풍경보 2급	호우경보+강풍경보
⑤	태풍경보 1급	강풍주의보

❙17~18❙ 다음 조건을 읽고 옳은 설명을 고르시오.

17

- 수학을 못하는 사람은 영어도 못한다.
- 국어를 못하는 사람은 미술도 못한다.
- 영어를 잘하는 사람은 미술도 잘한다.

A : 수학을 잘하는 사람은 영어를 잘한다.
B : 영어를 잘하는 사람은 국어를 잘한다.

① A만 옳다.
② B만 옳다.
③ A와 B 모두 옳다.
④ A와 B 모두 그르다.
⑤ A와 B 모두 옳은지 그른지 알 수 없다.

18

- 과일 A에는 씨가 2개, 과일 B에는 씨가 1개 있다.
- 철수와 영수는 각각 과일 4개씩을 먹었다.
- 철수는 영수보다 과일 A를 1개 더 먹었다.
- 철수는 같은 수로 과일 A와 B를 먹었다.

A : 영수는 B과일을 3개 먹었다.
B : 두 사람이 과일을 다 먹고 나온 씨의 개수 차이는 1개이다.

① A만 옳다.
② B만 옳다.
③ A와 B 모두 옳다.
④ A와 B 모두 그르다.
⑤ A와 B 모두 옳은지 그른지 알 수 없다.

19 갑과 을, 병 세 사람은 면세점에서 A, B, C 브랜드 중 하나의 가방을 각각 구입하려고 한다. 소비자들이 가방을 구매하는데 고려하는 것은 브랜드명성, 디자인, 소재, 경제성의 네 가지 속성이다. 각 속성에 대한 평가는 0부터 10까지의 점수로 주어지며, 점수가 높을수록 소비자를 더 만족시킨다고 한다. 각 브랜드의 제품에 대한 평가와 갑, 을, 병 각자의 제품을 고르는 기준이 다음과 같을 때, 소비자들이 구매할 제품으로 바르게 짝지어진 것은?

〈브랜드별 소비자 제품평가〉

	A 브랜드	B 브랜드	C 브랜드
브랜드명성	10	7	7
경제성	4	8	5
디자인	8	6	7
소재	9	6	3

※ 각 평가에 부여하는 가중치 : 브랜드명성(0.4), 경제성(0.3), 디자인(0.2), 소재(0.1)

〈소비자별 구매기준〉

갑 : 가중치가 높은 순으로 가장 좋게 평가된 제품을 선택한다.

을 : 모든 속성을 가중치에 따라 평가(점수×가중치)하여 종합적으로 가장 좋은 대안을 선택한다.

병 : 모든 속성이 4점 이상인 제품을 선택한다. 2가지 이상이라면 디자인 점수가 높은 제품을 선택한다.

	갑	을	병
①	A	A	A
②	A	A	B
③	A	B	C
④	B	C	B
⑤	B	A	B

20 다음은 화재손해 발생 시 지급 보험금 산정방법과 피보험물건의 보험금액 및 보험가액에 대한 자료이다. 다음 조건에 따를 때, 지급 보험금이 가장 많은 피보험물건은?

〈표1〉 지급 보험금 산정방법

피보험물건의 유형	조건	지급 보험금
일반물건, 창고물건, 주택	보험금액≥보험가액의 80%	손해액 전액
	보험금액<보험가액의 80%	$\text{손해액} \times \frac{\text{보험금액}}{\text{보험가액의 }80\%}$
공장물건, 동산	보험금액≥보험가액	손해액 전액
	보험금액<보험가액	$\text{손해액} \times \frac{\text{보험금액}}{\text{보험가액}}$

※ 보험금액은 보험사고가 발생한 때에 보험회사가 피보험자에게 지급해야 하는 금액의 최고한도를 말한다.
※ 보험가액은 보험사고가 발생한 때에 피보험자에게 발생 가능한 손해액의 최고한도를 말한다.

〈표2〉 피보험물건의 보험금액 및 보험가액

피보험물건	피보험물건 유형	보험금액	보험가액	손해액
甲	동산	7천만 원	1억 원	6천만 원
乙	일반물건	8천만 원	1억 원	8천만 원
丙	창고물건	6천만 원	7천만 원	9천만 원
丁	공장물건	9천만 원	1억 원	6천만 원
戊	주택	6천만 원	8천만 원	8천만 원

① 甲
② 乙
③ 丙
④ 丁
⑤ 戊

21 G회사에 근무하는 박과장과 김과장은 점심시간을 이용해 과녁 맞추기를 하였다. 다음 〈조건〉에 근거하여 〈점수표〉의 빈칸을 채울 때 박과장과 김과장의 최종점수가 될 수 있는 것은?

〈조건〉

- 과녁에는 0점, 3점, 5점이 그려져 있다.
- 박과장과 김과장은 각각 10개의 화살을 쏘았고, 0점을 맞힌 화살의 개수만 〈점수표〉에 기록이 되어 있다.
- 최종 점수는 각 화살이 맞힌 점수의 합으로 한다.
- 박과장과 김과장이 쏜 화살 중에는 과녁 밖으로 날아간 화살은 없다.
- 박과장과 김과장이 5점을 맞힌 화살의 개수는 동일하다.

〈점수표〉

점수	박과장의 화살 수	김과장의 화살 수
0점	3	2
3점		
5점		

	박과장의 최종점수	김과장의 최종점수
①	25	29
②	26	29
③	27	30
④	28	30
⑤	29	30

22 다음 〈조건〉에 따를 때 바나나우유를 구매한 사람을 바르게 짝지은 것은?

〈조건〉

- 남은 우유는 10개이며, 흰우유, 초코우유, 바나나우유, 딸기우유, 커피우유 각각 두 개 씩 남아 있다.
- 독미, 민희, 영진, 호섭 네 사람이 남은 열 개의 우유를 모두 구매하였으며, 이들이 구매한 우유의 수는 모두 다르다.
- 우유를 전혀 구매하지 않은 사람은 없으며, 같은 종류의 우유를 두 개 구매한 사람도 없다.
- 독미와 영진이가 구매한 우유 중에 같은 종류가 하나 있다.
- 영진이와 민희가 구매한 우유 중에 같은 종류가 하나 있다.
- 독미와 민희가 동시에 구매한 우유의 종류는 두 가지이다.
- 독미는 딸기우유와 바나나우유는 구매하지 않았다.
- 영진이는 흰우유와 커피우유는 구매하지 않았다.
- 호섭이는 딸기우유를 구매했다.
- 민희는 총 네 종류의 우유를 구매했다.

① 민희, 호섭
② 독미, 영진
③ 민희, 영진
④ 영진, 호섭
⑤ 독미, 민희

23 다음은 공공기관을 구분하는 기준이다. 다음 규정에 따라 각 기관을 구분한 결과가 옳지 않은 것은?

〈공공기관의 구분〉

제00조 제1항

공공기관을 공기업·준정부기관과 기타공공기관으로 구분하여 지정한다. 직원 정원이 50인 이상인 공공기관은 공기업 또는 준정부기관으로, 그 외에는 기타공공기관으로 지정한다.

제00조 제2항

제1항의 규정에 따라 공기업과 준정부기관을 지정하는 경우 자체수입액이 총수입액의 2분의 1 이상인 기관은 공기업으로, 그 외에는 준정부기관으로 지정한다.

제00조 제3항

제1항 및 제2항의 규정에 따른 공기업을 다음의 구분에 따라 세분하여 지정한다.

- 시장형 공기업 : 자산규모가 2조 원 이상이고, 총 수입액 중 자체수입액이 100분의 85 이상인 공기업
- 준시장형 공기업 : 시장형 공기업이 아닌 공기업

〈공공기관의 현황〉

공공기관	직원 정원	자산규모	자체수입비율
A	70명	4조 원	90%
B	45명	2조 원	50%
C	65명	1조 원	55%
D	60명	1.5조 원	45%
E	40명	2조 원	60%

※ 자체수입비율 : 총 수입액 대비 자체수입액 비율

① A – 시장형 공기업

② B – 기타공공기관

③ C – 준정부기관

④ D – 준정부기관

⑤ E – 기타공공기관

24 다음 〈쓰레기 분리배출 규정〉을 준수한 것은?

〈쓰레기 분리배출 규정〉

• 배출 시간 : 수거 전날 저녁 7시~수거 당일 새벽 3시까지(월요일~토요일에만 수거함)
• 배출 장소 : 내 집 앞, 내 점포 앞
• 쓰레기별 분리배출 방법
  - 일반 쓰레기 : 쓰레기 종량제 봉투에 담아 배출
  - 음식물 쓰레기 : 단독주택의 경우 수분 제거 후 음식물 쓰레기 종량제 봉투에 담아서, 공동주택의 경우 음식물 전용용기에 담아서 배출
  - 재활용 쓰레기 : 종류별로 분리하여 투명 비닐봉투에 담아 묶어서 배출
    ① 1종(병류)
    ② 2종(캔, 플라스틱, 페트병 등)
    ③ 3종(폐비닐류, 과자 봉지, 1회용 봉투 등)
      ※ 1종과 2종의 경우 뚜껑을 제거하고 내용물을 비운 후 배출
      ※ 종이류 / 박스 / 스티로폼은 각각 별도로 묶어서 배출
  - 폐가전 · 폐가구 : 폐기물 스티커를 부착하여 배출
• 종량제 봉투 및 폐기물 스티커 구입 : 봉투판매소

① 甲은 토요일 저녁 8시에 일반 쓰레기를 쓰레기 종량제 봉투에 담아 자신의 집 앞에 배출하였다.
② 공동주택에 사는 乙은 먹다 남은 찌개를 그대로 음식물 쓰레기 종량제 봉투에 담아 주택 앞에 배출하였다.
③ 丙은 투명 비닐봉투에 캔과 스티로폼을 함께 담아 자신의 집 앞에 배출하였다.
④ 戊는 집에서 쓰던 냉장고를 버리기 위해 폐기물 스티커를 구입 후 부착하여 월요일 저녁 9시에 자신의 집 앞에 배출하였다.
⑤ 丁은 금요일 낮 3시에 병과 플라스틱을 분리하여 투명 비닐봉투에 담아 묶어서 배출하였다.

25 다음 내용을 바탕으로 예측한 내용으로 옳은 것은?

사회통합프로그램이란 국내 이민자가 법무부장관이 정하는 소정의 교육과정을 이수하도록 하여 건전한 사회구성원으로 적응·자립할 수 있도록 지원하고 국적취득, 체류허가 등에 있어서 편의를 주는 제도이다. 프로그램의 참여대상은 대한민국에 체류하고 있는 결혼이민자 및 일반이민자(동포, 외국인근로자, 유학생, 난민 등)이다. 사회통합프로그램의 교육과정은 '한국어과정'과 '한국사회이해과정'으로 구성된다. 신청자는 우선 한국어능력에 대한 사전평가를 받고, 그 평가점수에 따라 한국어과정 또는 한국사회이해과정에 배정된다.

일반이민자로서 참여를 신청한 자는 사전평가 점수에 의해 배정된 단계로부터 6단계까지 순차적으로 교육과정을 이수하여야 한다. 한편 결혼이민자로서 참여를 신청한 자는 4~5단계를 면제받는다. 예를 들어 한국어과정 2단계를 배정받은 결혼이민자는 3단계까지 완료한 후 바로 6단계로 진입한다. 다만 결혼이민자의 한국어능력 강화를 위하여 2013년 1월 1일부터 신청한 결혼이민자에 대해서는 한국어과정 면제제도를 폐지하여 일반이민자와 동일하게 프로그램을 운영한다.

〈과정 및 이수시간(2012년 12월 기준)〉

구분		1단계	2단계	3단계	4단계	5단계	6단계
과정		한국어					한국사회이해
		기초	초급 1	초급 2	중급 1	중급 2	
이수시간		15시간	100시간	100시간	100시간	100시간	50시간
사전평가 점수	일반 이민자	0~10점	11~29점	30~49점	50~69점	70~89점	90~100점
	결혼 이민자	0~10점	11~29점	30~49점	면제		50~100점

① 2012년 12월에 사회통합프로그램을 신청한 결혼이민자 A는 한국어과정을 최소 100시간 이수하여야 한다.

② 2013년 1월에 사회통합프로그램을 신청하여 사전평가에서 95점을 받은 외국인근로자 B는 한국어과정을 이수하여야 한다.

③ 난민 인정을 받은 후 2012년 11월에 사회통합프로그램을 신청한 C는 한국어과정과 한국사회이해과정을 동시에 이수할 수 있다.

④ 2013년 2월에 사회통합프로그램 참여를 신청한 결혼이민자 D는 한국어과정 3단계를 완료한 직후 한국사회이해과정을 이수하면 된다.

⑤ 2012년 12월에 사회통합프로그램을 신청하여 사전평가에서 77점을 받은 유학생 E는 사회통합프로그램 교육과정을 총 150시간 이수하여야 한다.

CHAPTER 04

대인관계능력

정답 및 해설 p.283

1 다음 사례를 바탕으로 대인관계를 향상시키기 위해 필요한 자세를 고르면?

> A는 입사한 지 3년차인 대리이다. 신입사원을 대상으로 하는 업무설명서를 작성하는 것이 자신과 상사 중 누구의 역할인지에 대해 상사와 의견차이가 발생하는 상황에 놓였다. 이렇듯 직장 내 거의 모든 대인관계에서 나타나는 어려움은 역할과 목표 사이의 갈등이다. 누가 어떤 일을 해야 하는지의 문제를 다룰 때, 예를 들어 누구에게 비품 정리를 시키고 누가 화분에 물을 주고 쓰레기를 내놓아야 하는지 등의 문제를 다룰 때, 우리는 불분명한 기대가 오해와 실망을 불러온다는 것을 알 수 있다.

① 상대방에 대한 이해심
② 사소한 일에 대한 관심
③ 약속의 이행
④ 기대의 명확화
⑤ 진지한 사과

2 효과적인 팀이란 팀 에너지를 최대로 활용하는 고성과 팀이다. 다음 중 효과적인 팀의 특징을 모두 고르면 몇 개인가?

> • 창조적으로 운영된다.
> • 역할과 책임을 명료화시킨다.
> • 팀 풍토를 발전시킨다.
> • 주관적인 결정을 내린다.
> • 과정에 초점을 맞춘다.
> • 개인의 약점을 활용한다.
> • 개방적으로 의사소통한다.

① 3개
② 4개
③ 5개
④ 6개

3 다음의 대화를 통해 알 수 있는 내용으로 가장 알맞은 것은?

> K팀장 : 좋은 아침입니다. 어제 말씀드린 보고서는 다 완성이 되었나요?
> L사원 : 예, 아직 완성을 하지 못했습니다. 시간이 많이 부족한 것 같습니다.
> K팀장 : 보고서를 작성하는 데 어려움이 있나요?
> L사원 : 팀장님의 지시대로 하는 데는 어려움이 없습니다. 그러나 저에게 주신 자료 중 잘못된 부분이 있는 것 같습니다.
> K팀장 : 아. 저도 몰랐던 부분이네요. 잘못된 점이 무엇인가요?
> L사원 : 직접 보시면 아실 것 아닙니까? 일부러 그러신 겁니까?
> K팀장 : 아 그렇습니까?

① K팀장은 아침부터 L사원을 나무라고 있다.
② L사원은 K팀장과 사이가 좋지 못하다.
③ K팀장은 리더로서의 역할이 부족하다.
④ L사원은 팀원으로서의 팔로워십이 부족하다.
⑤ L사원은 자신의 업무에서 전문성이 부족하다.

4 다음 사례를 바탕으로 甲의 멤버십 유형에 대한 설명으로 옳은 것을 고르면?

> 신입사원 甲은 조직의 멤버로서의 자신의 멤버십에 대하여 체크리스트를 작성한 결과, 자신이 D유형에 해당한다는 사실을 알게 되었다.
>
> 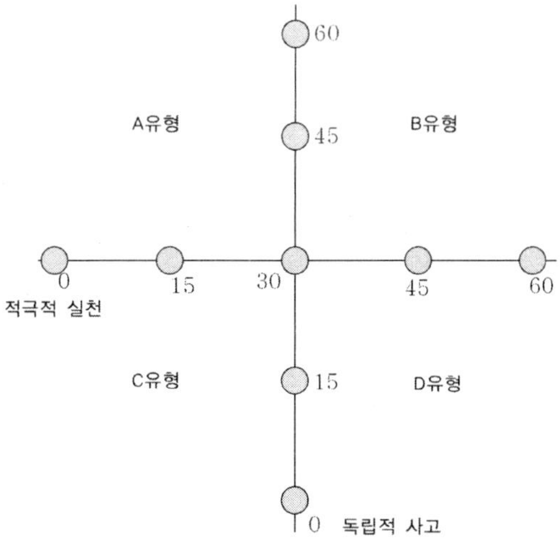
>

① 일부러 반대의견을 제시한다.

② 리더나 조직을 믿고 헌신한다.

③ 업무 수행에는 감독이 반드시 필요하다.

④ 개인의 이익을 극대화하기 위한 흥정에 능하다.

⑤ 조직이 나의 아이디어를 원치 않는다고 생각한다.

5 다음을 읽고 甲이 팀워크를 촉진하기 위해 활용한 방법으로 적절한 것을 고르면?

> S기업 전략기획팀의 팀장으로 근무하는 甲은 팀원들이 각자의 강점과 약점을 알아야 할 필요가 있다고 생각했다. 팀 회의를 소집한 甲은 어느 한 영역에서 강점을 가진 팀원과 그 영역에서 취약한 다른 팀원을 짝짓는 방식으로 모든 팀원을 2인 1조로 짝을 지어 업무를 처리하도록 하였다. 그리고 일정 기간이 지난 후 이따금씩 짝을 바꿈으로써 팀원들 간에 교차훈련을 주고받을 수 있도록 하였다. 이러한 결정은 팀원 모두에게 이익을 주었으며, 모든 팀원은 결정을 실행하는 데 적극적으로 동참하였다.

① 갈등을 해결하는 것
② 동료 피드백을 장려하는 것
③ 참여적으로 의사결정을 하는 것
④ 창의력 조성을 위해 협력하는 것
⑤ 자유로운 비판이 가능한 분위기를 조성하는 것

6 대인관계능력을 구성하는 하위능력 중 현재 동신과 명섭의 팀에게 가장 필요한 능력은 무엇인가?

> 올해 E그룹에 입사하여 같은 팀에서 근무하게 된 동신과 명섭은 다른 팀에 있는 입사동기들과 외딴 섬으로 신입사원 워크숍을 가게 되었다. 그 곳에서 각 팀별로 1박 2일 동안 스스로 의·식·주를 해결하며 주어진 과제를 수행하는 임무가 주어졌는데 동신은 부지런히 섬 이 곳 저 곳을 다니며 먹을 것을 구해오고 숙박할 장소를 마련하는 등 솔선수범 하였지만 명섭은 단지 섬을 돌아다니며 경치 구경만 하고 사진 찍기에 여념이 없었다. 그리고 과제수행에 있어서도 동신은 적극적으로 임한 반면 명섭은 소극적인 자세를 취해 그 결과 동신과 명섭의 팀만 과제를 수행하지 못했고 결국 인사상의 불이익을 당하게 되었다.

① 리더십능력
② 팀워크능력
③ 협상능력
④ 고객서비스능력
⑤ 소통능력

7 다음 사례에 나타난 리더십 유형의 특징으로 옳은 것은?

> 이번에 새로 팀장이 된 대근은 입사 5년차인 비교적 젊은 팀장이다. 그는 자신의 팀에 있는 팀원들은 모두 나름대로의 능력과 경험을 가지고 있으며 자신은 그들 중 하나에 불과하다고 생각한다. 따라서 다른 팀의 팀장들과 같이 일방적으로 팀원들에게 지시를 내리거나 팀원들의 의견을 듣고 그 중에서 마음에 드는 의견을 선택적으로 추리는 등의 행동을 하지 않고 평등한 입장에서 팀원들을 대한다. 또한 그는 그의 팀원들에게 의사결정 및 팀의 방향을 설정하는데 참여할 수 있는 기회를 줌으로써 팀 내 행동에 따른 결과 및 성과에 대해 책임을 공유해 나가고 있다. 이는 모두 팀원들의 능력에 대한 믿음에서 비롯된 것이다.

① 질문을 금지한다.

② 모든 정보는 리더의 것이다.

③ 실수를 용납하지 않는다.

④ 책임을 공유한다.

⑤ 핵심정보를 공유하지 않는다.

8 다음 두 사례를 읽고 하나가 가지고 있는 임파워먼트의 장애요인으로 옳은 것은?

〈사례1〉

▽▽그룹에 다니는 민대리는 이번에 새로 입사한 신입직원 하나에게 최근 3년 동안의 매출 실적을 정리해서 올려달라고 부탁하였다. 더불어 기존 거래처에 대한 DB를 새로 업데이트하고 회계팀으로부터 전달받은 통계자료를 토대로 새로운 마케팅 보고서를 작성하라고 지시하였다. 하지만 하나는 일에 대한 열의는 전혀 없이 그저 맹목적으로 지시받은 업무만 수행하였다. 민대리는 그녀가 왜 업무에 열의를 보이지 않는지, 새로운 마케팅 사업에 대한 아이디어를 내놓지 못하는지 의아해 했다.

〈사례2〉

◈◈기업에 다니는 박대리는 이번에 새로 입사한 신입직원 희진에게 최근 3년 동안의 매출 실적을 정리해서 올려달라고 부탁하였다. 더불어 기존 거래처에 대한 DB를 새로 업데이트하고 회계팀으로부터 전달받은 통계자료를 토대로 새로운 마케팅 보고서를 작성하라고 지시하였다. 희진은 지시받은 업무를 확실하게 수행했지만 일에 대한 열의는 전혀 없었다. 이에 박대리는 그녀와 함께 실적자료와 통계자료들을 살피며 앞으로의 판매 향상에 도움이 될 만한 새로운 아이디어를 생각하여 마케팅 계획을 세우도록 조언하였다. 그제야 희진은 자신에게 주어진 프로젝트에 대해 막중한 책임감을 느끼고 자신의 판단에 따라 효과적인 해결책을 만들었다.

① 책임감 부족
② 갈등처리 능력 부족
③ 경험 부족
④ 제한된 정책과 절차
⑤ 집중력 부족

9 다음 사례에서 직장인으로서 옳지 않은 행동을 한 사람은?

〈사례1〉

K그룹에 다니는 철환이는 어제 저녁 친구들과 횟집에서 회를 먹고 오늘 일어나자 갑자기 배가 아파 병원에 간 결과 식중독에 걸렸다는 판정을 받고 입원을 하게 되었다. 생각지도 못한 일로 갑자기 결근을 하게 된 철환이는 즉시 회사에 연락해 사정을 말한 후 연차를 쓰고 입원하였다.

〈사례2〉

여성 구두를 판매하는 S기업의 영업사원으로 입사한 상빈이는 업무상 여성고객들을 많이 접하고 있다. 어느 날 외부의 한 백화점에서 여성고객을 만나게 된 상빈이는 그 고객과 식사를 하기 위해 식당이 있는 위층으로 에스컬레이터를 타고 가게 되었다. 이때 그는 그 여성고객에게 먼저 타도록 하고 자신은 뒤에 타고 올라갔다.

〈사례3〉

한창 열심히 근무하는 관모에게 한 통의 전화가 걸려 왔다. 얼마 전 집 근처에 있는 공인중개사에 자신의 이름으로 된 집을 월세로 내놓았는데 그 공인중개사에서 연락이 온 것이다. 그는 옆 자리에 있는 동료에게 잠시 자리를 비우겠다고 말한 뒤 신속하게 사무실 복도를 지나 야외 휴게실에서 공인중개사 사장과 연락을 하고 내일 저녁 계약 약속을 잡았다.

〈사례4〉

입사한 지 이제 한 달이 된 정호는 어느 날 다른 부서에 급한 볼일이 있어 복도를 지나다가 우연히 앞에 부장님이 걸어가는 걸 보았다. 부장님보다 천천히 가자니 다른 부서에 늦게 도착할 것 같아 어쩔 수 없이 부장님을 지나치게 되었는데 이때 그는 부장님께 "실례하겠습니다."라고 말하는 것을 잊지 않았다.

〈사례5〉

해외 바이어와 만난 지성이는 건네받은 명함을 꾸기거나 계속 만지지 않고 탁자 위에 보이는 채로 대화를 했다. 명함을 꾸기거나 받는 즉시 호주머니에 넣으면 매너가 아닌 것을 알기 때문이다.

① 철환 ② 상빈
③ 관모 ④ 정호
⑤ 지성

10 다음 사례에서 오부장이 취할 행동으로 가장 적절한 것은?

> 오부장이 다니는 J의류회사는 전국 각지에 매장을 두고 있는 큰 기업 중 하나이다. 따라서 매장별로 하루에도 수많은 손님들이 방문하며 그 중에는 옷에 대해 불만을 품고 찾아오는 손님들도 간혹 있다. 하지만 고지식하며 상부의 지시를 중시 여기는 오부장은 이러한 사소한 일들도 하나하나 보고하여 상사의 지시를 받으라고 부하직원들에게 강조하고 있다. 그러다 보니 매장 직원들은 사소한 문제 하나라도 스스로 처리하지 못하고 일일이 상부에 보고를 하고 상부의 지시가 떨어지면 그때서야 문제를 해결한다. 이로 인해 자연히 불만고객에 대한 대처가 늦어지고 항의도 잇따르게 되었다. 오늘도 한 매장에서 소매에 단추 하나가 없어 이를 수선해 줄 것을 요청하는 고객의 불만을 상부에 보고해 지시를 기다리다가 결국 고객이 기다리지 못하고 환불요청을 한 사례가 있었다.

① 오부장이 직접 그 고객에게 가서 불만사항을 처리한다.
② 사소한 업무처리는 매장 직원들이 스스로 해결할 수 있도록 어느 정도 권한을 부여한다.
③ 매장 직원들에게 고객의 환불요청에 대한 책임을 물어 징계를 내린다.
④ 앞으로 이러한 실수가 일어나지 않도록 옷을 수선하는 직원들의 교육을 다시 시킨다.
⑤ 사소한 일도 상사에게 보고하여 지시를 받도록 한다.

11 다음 사례에서 장부장이 취할 수 있는 가장 적절한 행동은 무엇인가?

> 서울에 본사를 둔 T그룹은 매년 상반기와 하반기에 한 번씩 전 직원이 워크숍을 떠난다. 이는 평소 직원들 간의 단체생활을 중시 여기는 T그룹 회장의 지침 때문이다. 하지만 워낙 직원이 많은 T그룹이다 보니 전 직원이 한꺼번에 움직이는 것은 불가능하고 각 부서별로 그 부서의 장이 재량껏 계획을 세우고 워크숍을 진행하도록 되어 있다. 이에 따라 생산부서의 장부장은 부원들과 강원도 태백산에 가서 1박 2일로 야영을 하기로 했다. 하지만 워크숍을 가는 날 아침 갑자기 예약한 버스가 고장이 나서 출발을 못한다는 연락을 받았다.

① 워크숍은 장소보다도 이를 통한 부원들의 단합과 화합이 중요하므로 서울 근교의 적당한 장소를 찾아 워크숍을 진행한다.
② 무슨 일이 있어도 계획을 실행하기 위해 새로 예약 가능한 버스를 찾아보고 태백산으로 간다.
③ 어쩔 수 없는 일이므로 상사에게 사정을 얘기하고 이번 워크숍은 그냥 집에서 쉰다.
④ 각 부원들에게 의견을 물어보고 각자 자율적으로 하고 싶은 활동을 하도록 한다.
⑤ 시간이 늦어지더라도 예정된 강원도로 야영을 간다.

12 다음의 대화를 통해 알 수 있는 내용으로 가장 알맞은 것은?

> K팀장 : 좋은 아침입니다. 어제 말씀드린 보고서는 다 완성이 되었나요?
> L사원 : 예, 아직 완성을 하지 못했습니다. 시간이 많이 부족한 것 같습니다.
> K팀장 : 보고서를 작성하는데 어려움이 있나요?
> L사원 : 팀장님의 지시대로 하는데 어려움은 없습니다. 그러나 저에게 주신 자료 중 잘못된 부분이 있는 것 같습니다.
> K팀장 : 아. 저도 몰랐던 부분이네요. 잘못된 점이 무엇인가요?
> L사원 : 직접 보시면 아실 것 아닙니까? 일부러 그러신 겁니까?
> K팀장 : 아 그렇습니까?

① K팀장은 아침부터 L사원을 나무라고 있다.
② L사원은 K팀장과 사이가 좋지 못하다.
③ K팀장은 리더로서의 역할이 부족하다.
④ L사원은 팀원으로서의 팔로워십이 부족하다.
⑤ K팀장은 독재자 유형의 리더십을 보이고 있다.

13 다음 사례를 보고 리츠칼튼 호텔의 고객서비스 특징으로 옳은 것은?

> Robert는 미국 출장길에 샌프란시스코의 리츠칼튼 호텔에서 하루를 묵은 적이 있었다.
>
> 그는 서양식의 푹신한 베개가 싫어서 프런트에 전화를 걸어 좀 딱딱한 베개를 가져다 달라고 요청하였다. 호텔 측은 곧이어 딱딱한 베개를 구해왔고 덕분에 잘 잘 수 있었다.
>
> 다음날 현지 업무를 마치고 다음 목적지인 뉴욕으로 가서 우연히 다시 리츠칼튼 호텔에서 묵게 되었는데 아무 생각 없이 방 안에 들어간 그는 깜짝 놀랐다. 침대 위에 전날 밤 사용하였던 것과 같은 딱딱한 베개가 놓여 있는 게 아닌가.
>
> 어떻게 뉴욕의 호텔이 그것을 알았는지 그저 놀라울 뿐이었다. 그는 호텔 측의 이 감동적인 서비스를 잊지 않고 출장에서 돌아와 주위 사람들에게 침이 마르도록 칭찬했다.
>
> 어떻게 이런 일이 가능했을까? 리츠칼튼 호텔은 모든 체인점이 항시 공유할 수 있는 고객 데이터베이스를 구축하고 있었고, 데이터베이스에 저장된 정보를 활용해서 그 호텔을 다시 찾는 고객에게 완벽한 서비스를 제공하고 있었던 것이다.

① 불만 고객에 대한 사후 서비스가 철저하다.

② 신규 고객 유치를 위해 이벤트가 다양하다.

③ 고객이 물어보기 전에 고객이 원하는 것을 실행한다.

④ 고객이 원하는 것이 이루어질 때까지 노력한다.

⑤ 고객이 있는 곳으로 셔틀을 보내는 서비스를 제공한다.

14 다음은 엄팀장과 그의 팀원인 문식이의 대화이다. 다음 상황에서 엄팀장이 주의해야 할 점으로 옳지 않은 것은?

> 엄팀장 : 문식씨, 좋은 아침이군요. 나는 문식씨가 구체적으로 어떤 업무를 하길 원하는지, 그리고 새로운 업무 목표는 어떻게 이룰 것인지 의견을 듣고 싶습니다.
>
> 문식 : 솔직히 저는 현재 제가 맡고 있는 업무도 벅찬데 새로운 업무를 받은 것에 대해 달갑지 않습니다. 그저 난감할 뿐이죠.
>
> 엄팀장 : 그렇군요. 그 마음 충분히 이해합니다. 하지만 현재 회사 여건상 인력감축은 불가피합니다. 현재의 인원으로 업무를 어떻게 수행할 수 있을지에 대해 우리는 계획을 세워야 합니다. 이에 대해 문식씨가 새로 맡게 될 업무를 검토하고 그것을 어떻게 달성할 수 있을지 집중적으로 얘기해 봅시다.
>
> 문식 : 일단 주어진 업무를 모두 처리하기에는 시간이 너무 부족합니다. 좀 더 다른 방법을 세워야 할 것 같아요.
>
> 엄팀장 : 그렇다면 혹시 그에 대한 다른 대안이 있나요?
>
> 문식 : 기존에 제가 가지고 있던 업무들을 보면 없어도 될 중복된 업무들이 있습니다. 이러한 업무들을 하나로 통합한다면 새로운 업무를 볼 여유가 생길 것 같습니다.
>
> 엄팀장 : 좋습니다. 좀 더 구체적으로 말씀해 주시겠습니까?
>
> 문식 : 우리는 지금까지 너무 고객의 요구를 만족시키기 위해 필요 없는 절차들을 많이 따르고 있었습니다. 이를 간소화할 필요가 있다고 생각합니다.
>
> 엄팀장 : 그렇군요. 어려운 문제에 대해 좋은 해결책을 제시해 줘서 정말 기쁩니다. 그렇다면 지금부터는 새로운 업무를 어떻게 진행시킬지, 그리고 그 업무가 문식씨에게 어떤 이점으로 작용할지에 대해 말씀해 주시겠습니까? 지금까지 문식씨는 맡은 업무를 잘 처리하였지만 너무 같은 업무만을 하다보면 도전정신도 없어지고 자극도 받지 못하죠. 이번에 새로 맡게 될 업무를 완벽하게 처리하기 위해 어떤 방법을 활용할 생각입니까?
>
> 문식 : 네. 사실 말씀하신 바와 같이 지금까지 겪어보지 못한 전혀 새로운 업무라 기분이 좋지는 않습니다. 하지만 반면 저는 지금까지 제 업무를 수행하면서 창의적인 능력을 사용해 보지 못했습니다. 이번 업무는 제게 이러한 창의적인 능력을 발휘할 수 있는 기회입니다. 따라서 저는 이번 업무를 통해 좀 더 창의적인 능력을 발휘해 볼 수 있는 경험과 그에 대한 자신감을 얻게 되었다는 점이 가장 큰 이점으로 작용할 것이라 생각됩니다.
>
> 엄팀장 : 문식씨 정말 훌륭한 생각을 가지고 있군요. 이미 당신은 새로운 기술과 재능을 가지고 있다는 것을 우리에게 보여주고 있습니다.

① 지나치게 많은 정보와 지시를 내려 직원들을 압도한다.
② 어떤 활동을 다루고, 시간은 얼마나 걸리는지 등에 대해 구체적이고 명확하게 밝힌다.
③ 질문과 피드백에 충분한 시간을 할애한다.
④ 직원들의 반응을 이해하고 인정한다.
⑤ 핵심적인 질문으로 효과를 높인다.

15 무역회사에 근무하는 팀장 S씨는 오전 회의를 통해 신입사원 O가 작성한 견적서를 살펴보았다. 그러던 중 다른 신입사원에게 지시한 주문양식이 어떻게 진행되고 있는지를 묻기 위해 신입사원 M을 불렀다. M은 "K가 제대로 주어진 업무를 하지 못하고 있어서 저는 아직까지 계속 기다리고만 있습니다. 그래서 아직 완성하지 못했습니다."라고 하였다. 그래서 K를 불러 물어보니 "M의 말은 사실이 아닙니다."라고 변명을 하고 있다. 팀장 S씨가 할 수 있는 가장 효율적인 대처방법은?

① 사원들 간의 피드백이 원활하게 이루어지는지 확인한다.
② 팀원들이 업무를 하면서 서로 협력을 하는지 확인한다.
③ 의사결정 과정에 잘못된 부분이 있는지 확인한다.
④ 중재를 하고 문제가 무엇인지 확인한다.
⑤ 팀원들이 어떻게 갈등을 해결하는지 지켜본다.

16 제약회사 영업부에 근무하는 U씨는 영업부 최고의 성과를 올리는 영업사원으로 명성이 자자하다. 그러나 그런 그에게도 단점이 있었으니 그것은 바로 서류 작업을 정시에 마친 적이 없다는 것이다. U씨가 회사로 복귀하여 서류 작업을 지체하기 때문에 팀 전체의 생산성에 차질이 빚어지고 있다면 영업부 팀장인 K씨의 행동으로 올바른 것은?

① U씨의 영업실적은 뛰어나므로 다른 직원에게 서류 작업을 지시한다.
② U씨에게 퇴근 후 서류 작업을 위한 능력을 개발하라고 지시한다.
③ U씨에게 서류작업만 할 수 있는 아르바이트 직원을 붙여준다.
④ U씨로 인한 팀의 분위기를 설명하고 해결책을 찾아보라고 격려한다.
⑤ U씨의 서류작업을 본인이 처리한다.

17 인간관계에서 신뢰를 구축하는 방법으로 가장 거리가 먼 것은?

① 상대에 대한 이해와 양보
② 사소한 일에 대한 관심
③ 무조건적인 사과
④ 언행일치
⑤ 감사하는 마음

18 다음 사례에서 팀원들의 긴장을 풀어주기 위해 나팀장이 취할 수 있는 행동으로 가장 적절한 것은?

> 나팀장이 다니는 ▷◁기업은 국내에서 가장 큰 매출을 올리며 국내 경제를 이끌어가고 있다. 그로 인해 임직원들의 연봉은 다른 기업에 비해 몇 배나 높은 편이다. 하지만 그만큼 직원들의 업무는 많고 스트레스 또한 다른 직장인들에 비해 훨씬 많다. 매일 아침 6시까지 출근해서 2시간 동안 회의를 하고 야근도 밥 먹듯이 한다. 이런 생활이 계속되자 갓 입사한 신입직원들은 얼마 못 가 퇴사하기에 이르고 기존에 있던 직원들도 더 이상 신선한 아이디어를 내놓기 어려운 실정이 되었다. 특히 오늘 아침에는 유난히 팀원들이 긴장을 하는 것 같아 나팀장은 새로운 활동을 통해 팀원들의 긴장을 풀어주어야겠다고 생각했다.

① 자신이 신입직원이었을 당시 열정적으로 일해서 성공한 사례들을 들려준다.
② 오늘 아침 발표된 경쟁사의 신제품과 관련된 신문기사를 한 부씩 나눠주며 읽어보도록 한다.
③ 다른 직장인들에 비해 자신들의 연봉이 높음을 강조하면서 조금 더 힘내 줄 것을 당부한다.
④ 회사 근처에 있는 숲길을 천천히 걸으며 잠시 일상에서 벗어날 수 있는 시간을 마련해 준다.
⑤ 현재 맡고 있는 업무의 중요성을 알려준다.

19 다음 중 팀워크에 대한 설명으로 옳지 않은 것은?

① 훌륭한 팀워크를 유지하기 위해서는 솔직한 대화로 서로를 이해하는 과정이 필요하다.

② 질투나 시기로 인한 파벌주의는 팀워크를 저해하는 요소이다.

③ 팀워크를 위해서는 공동의 목표의식과 상호 간의 신뢰가 중요하다.

④ 팀워크란 구성원으로 하여금 집단에 머물도록 만들고, 그 집단에 계속 남아 있기를 원하게 만드는 힘이다.

⑤ 구성원 상호간에 지원을 아끼지 않는다.

20 갈등이 증폭되는 일반적인 원인이 아닌 것은?

① 승 · 패의 경기를 시작

② 승리보다 문제 해결을 중시하는 태도

③ 의사소통의 단절

④ 각자의 입장만을 고수하는 자세

⑤ 적대적 행동

21 다음에서 설명하는 갈등해결방법은?

> 자신에 대한 관심은 낮고 상대방에 대한 관심은 높은 경우로, '나는 지고 너는 이기는 방법'이다. 주로 상대방이 거친 요구를 해오는 경우 전형적으로 나타난다.

① 회피형
② 경쟁형
③ 수용형
④ 타협형
⑤ 통합형

22 갈등해결방법 모색 시 명심해야 할 사항으로 옳지 않은 것은?

① 다른 사람들의 입장 이해하기
② 어려운 문제에 맞서기
③ 어느 한쪽으로 치우치지 않기
④ 적극적으로 논쟁하기
⑤ 존중하는 자세로 대하기

23 협상과정을 순서대로 바르게 나열한 것은?

① 협상 시작 → 상호 이해 → 실질 이해 → 해결 대안 → 합의 문서
② 협상 시작 → 상호 이해 → 실질 이해 → 합의 문서 → 해결 대안
③ 협상 시작 → 실질 이해 → 상호 이해 → 해결 대안 → 합의 문서
④ 협상 시작 → 실질 이해 → 상호 이해 → 합의 문서 → 해결 대안
⑤ 협상 시작 → 실질 이해 → 해결 대안 → 상호 이해 → 합의 문서

24 다음 중 협상에서 주로 나타나는 실수와 그 대처방안이 잘못된 것은?

① 준비되기도 전에 협상이 시작되는 경우 아직 준비가 덜 되었음을 솔직히 말하고 상대방의 입장을 묻는 기회로 삼는다.

② 협상 상대가 협상에 대하여 타결권한을 가진 최고책임자인지 확인하고 협상을 시작한다.

③ 협상의 통제권을 잃을까 두려워하지 말고 의견 차이를 조정하면서 최선의 해결책을 찾기 위해 노력한다.

④ 설정한 목표와 한계에서 벗어나지 않기 위해 한계와 목표를 기록하고 협상의 길잡이로 삼는다.

⑤ 협상 당사자 간에 기대하는 바에 일관성 있게 헌신적으로 부응한다.

25 다음은 고객 불만 처리 프로세스이다. 빈칸에 들어갈 내용을 순서대로 나열한 것은?

> 경청 → 감사와 공감표시 → (　　) → 해결약속 → (　　) → 신속처리 → 처리확인과 사과 → (　　)

① 정보파악, 사과, 피드백

② 정보파악, 피드백, 사과

③ 사과, 정보파악, 피드백

④ 사과, 피드백, 정보파악

⑤ 사과, 조사, 계획

CHAPTER 05

기술능력

정답 및 해설 p.288

1 다음은 전기식 엘리베이터 장치에 대한 설명이다. 주요 안전장치가 아닌 것을 모두 고르면?

> ㉠ 권상기 : 주로프가 걸린 도르래를 회전시켜 카를 상승 또는 하강시키는 장치로 전동기, 제어기 등으로 구성되며 감속기어가 있는 기어식과 전동기의 회전축에 도르래를 부착한 무기어식이 있다.
> ㉡ 로프브레이크 : 카의 상승방향 과속 또는 문이 열린 채 운행되는 것을 감지하여 카를 정지시키는 장치이다.
> ㉢ 조속기 : 카와 연결된 조속기로프를 통하여 카의 속도를 감지하여 규정된 속도를 초과하는 경우 안전스위치를 작동시켜 카를 정지시키는 장치로, 안전스위치가 작동되어도 카가 정지하지 않고 계속 하강하는 경우 비상정지장치를 작동시켜 기계적으로 카를 강제로 정지시킨다.
> ㉣ 도어인터록장치 : 잠금장치와 안전스위치로 구성되어 있으며 승강장문이 열려 있으면 카가 운행될 수 없도록 하고, 카가 없는 층에서는 특수한 키를 사용하지 않으면 출입문을 열 수 없도록 하는 잠금장치이다.
> ㉤ 균형추 : 카의 반대편에 두레박식으로 연결되어 전동기의 부하를 줄이는 역할을 하며, 균형추의 무게에 따라 카를 움직이는 견인력이 달라진다.

① ㉠, ㉢
② ㉠, ㉤
③ ㉡, ㉢
④ ㉡, ㉣
⑤ ㉣, ㉤

2 승강기 작동 중 심한 소음 발생으로 이용자에게 항의가 들어와 소음발생 원인을 파악하려고 한다. 다음 중 소음 발생원의 성격이 가장 다른 하나는?

① 제동기 드럼과 라이닝 마찰음
② 가이드 슈 또는 롤러의 레일 이음부 통과 시 소음
③ 주로프 장력불균등에 의한 소음
④ 이동케이블의 간섭에 의한 소음
⑤ 균형추 승강에 의한 소음

3 다음 사례에서 나타난 기술경영자의 능력으로 가장 적절한 것은?

> 동영상 업로드 시 거쳐야 하는 긴 영상 포맷 변환 시간을 획기적으로 줄일 수는 없을까?
> 영상 스트리밍 사이트에 동영상을 업로드하면 '영상 처리 중입니다' 문구가 나온다. 이는 올린 영상을 트랜스코딩(영상 재압축) 하는 것인데 시간은 보통 영상 재생 길이와 맞먹는다. 즉, 한 시간짜리 동영상을 업로드하려면 한 시간을 영상 포맷하느라 소비해야 하는 것이다. A기업은 이러한 문제점을 해결하고자 동영상 업로드 시 포맷 변환을 생략하고 바로 재생할 수 있는 '노 컷 어댑티브 스트리밍(No Cut Adaptive Streaming)' 기술을 개발했다. 이 기술을 처음 제안한 A기업의 기술최고책임자(CTO) T는 "영상 길이에 맞춰 기다려야 했던 포맷 변환 과정을 건너뛴 것"이라며 "기존 영상 스트리밍 사이트가 갖고 있던 단점을 보완한 기술"이라고 설명했다. 화질을 유동적으로 변환시켜 끊김없이 재생하는 어댑티브 스트리밍 기술은 대부분의 영상 스트리밍 사이트에 적용되고 있다. mp4나 flv 같은 동영상 포맷을 업로드 할 경우 어댑티브 스트리밍 포맷에 맞춰 변환시켜줘야 한다. 바로 이 에어브로드 기술은 자체 개발한 알고리즘으로 변환 과정을 생략한 것이다.

① 기술을 기업의 전반적인 전략 목표에 통합시키는 능력
② 새로운 기술을 습득하고 기존의 기술에서 탈피하는 능력
③ 새로운 제품개발 시간을 단축할 수 있는 능력
④ 기술 전문 인력을 운용할 수 있는 능력
⑤ 기술을 효과적으로 평가할 수 있는 능력

【4~6】 다음은 △△회사의 식기세척기 사용설명서 중 〈고장신고 전에 확인해야 할 사항〉의 일부 내용이다. 다음을 보고 물음에 답하시오.

이상증상	확인사항	조치방법
세척이 잘 되지 않을 때	식기가 서로 겹쳐 있진 않나요?	식기의 배열 상태에 따라 세척성능에 차이가 있습니다. 사용설명서의 효율적인 그릇배열 및 주의사항을 참고하세요.
	세척날개가 회전할 때 식기에 부딪치도록 식기를 수납하셨나요?	국자, 젓가락 등 가늘고 긴 식기가 바구니 밑으로 빠지지 않도록 하세요. 세척노즐이 걸려 돌지 않으므로 세척이 되지 않습니다.
	세척날개의 구멍이 막히진 않았나요?	세척날개를 청소해 주세요.
	필터가 찌꺼기나 이물로 인해 막혀 있진 않나요?	필터를 청소 및 필터 주변의 이물을 제거해 주세요.
	필터가 들뜨거나 잘못 조립되진 않았나요?	필터의 조립상태를 확인하여 다시 조립해 주세요.
	세제를 적정량 사용하셨나요?	적정량의 세제를 넣어야 정상적으로 세척이 되므로 적정량의 세제를 사용해 주세요.
	전용세제 이외의 다른 세제를 사용하진 않았나요?	일반 주방세제나 베이킹 파우더를 사용하시면 거품으로 인해 정상적 세척이 되지 않으며, 누수를 비롯한 각종 불량 현상이 발생할 수 있으므로 전용세제를 사용해 주세요.
동작이 되지 않을 때	문을 확실하게 닫았나요?	문 중앙을 딸깍 소리가 날 때까지 눌러 확실하게 닫아야 합니다.
	급수밸브나 수도꼭지가 잠겨 있진 않나요?	급수밸브와 수도꼭지를 열어주세요.
	단수는 아닌가요?	다른 곳의 수도꼭지를 확인하세요.
	물을 받고 있는 중인가요?	설정된 양만큼 급수될 때까지 기다리세요.
	버튼 잠금 표시가 켜져 있진 않나요?	버튼 잠금 설정이 되어 있는 경우 '헹굼/건조'와 '살균' 버튼을 동시에 2초간 눌러서 해제할 수 있습니다.

운전 중 소음이 날 때	내부에서 달그락거리는 소리가 나나요?	가벼운 식기들이 분사압에 의해 서로 부딪혀 나는 소리일 수 있습니다.
	세척날개가 회전할 때 식기에 부딪치도록 식기를 수납하셨나요?	동작을 멈춘 후 문을 열어 선반 아래로 뾰족하게 내려온 것이 있는지 등 식기 배열을 다시 해주세요.
	운전을 시작하면 '웅~' 울림 소음이 나나요?	급수전에 내부에 남은 잔수를 배수하기 위해 배수펌프가 동작하는 소리이므로 안심하고 사용하세요.
	급수시에 소음이 들리나요?	급수압이 높을 경우 소음이 발생할 수 있습니다. 급수밸브를 약간만 잠가 급수압을 약하게 줄이면 소리가 줄어들 수 있습니다.
냄새가 나는 경우	타는 듯한 냄새가 나나요?	사용 초기에는 제품 운전시 발생하는 열에 의해 세척모터 등의 전기부품에서 특유의 냄새가 날 수 있습니다. 이러한 냄새는 5~10회 정도 사용하면 냄새가 날아가 줄어드니 안심하고 사용하세요.
	세척이 끝났는데 세제 냄새가 나나요?	문이 닫힌 상태로 운전이 되므로 운전이 끝난 후 문을 열게 되면 제품 내부에 갇혀 있던 세제 특유의 향이 날 수 있습니다. 초기 본 세척 행정이 끝나면 세제가 고여 있던 물은 완전히 배수가 되며, 그 이후에 선택한 코스 및 기능에 따라 1~3회의 냉수헹굼과 고온의 가열헹굼이 1회 진행되기 때문에 세제가 남는 것은 아니므로 안심하고 사용하세요.
	새 제품에서 냄새가 나나요?	제품을 처음 꺼내면 새 제품 특유의 냄새가 날 수 있으나 설치 후 사용을 시작하면 냄새는 없어집니다.

4 △△회사의 서비스센터에서 근무하고 있는 Y씨는 고객으로부터 세척이 잘 되지 않는다는 문의전화를 받았다. Y씨가 확인해보라고 할 사항이 아닌 것은?

① 식기가 서로 겹쳐 있진 않습니까?
② 세척날개의 구멍이 막히진 않았습니까?
③ 타는 듯한 냄새가 나진 않습니까?
④ 전용세제 이외의 다른 세제를 사용하진 않았습니까?
⑤ 필터가 들뜨거나 잘못 조립되진 않았습니까?

5 식기세척기가 동작이 되지 않을 때의 조치방법으로 옳지 않은 것은?

① 문이 안 닫힌 경우에는 문 중앙을 딸깍 소리가 날 때까지 눌러 확실하게 닫는다.
② 급수밸브와 수도꼭지가 잠긴 경우에는 급수밸브와 수도꼭지를 열어준다.
③ 물을 받고 있는 경우에는 설정된 양만큼 급수될 때까지 기다린다.
④ 젓가락 등이 아래로 빠진 경우에는 식기배열을 다시 한다.
⑤ 단수인지 아닌지 다른 수도꼭지를 확인한다.

6 버튼 잠금 설정이 되어 있는 경우 이를 해제하려면 어떤 버튼을 눌러야 되는가?

① [세척]+[동작/정지]
② [헹굼/건조]+[살균]
③ [헹굼/건조]+[예약]
④ [살균]+[예약]
⑤ [세척]+[살균]

| 7~9 | 다음은 어느 회사 로봇청소기의 〈고장신고 전 확인사항〉이다. 이를 보고 물음에 답하시오.

확인사항	조치방법
주행이 이상합니다.	• 센서를 부드러운 천으로 깨끗이 닦아주세요. • 초극세사 걸레를 장착한 경우라면 장착 상태를 확인해 주세요. • 주전원 스위치를 끈 후, 다시 켜주세요.
흡입력이 약해졌습니다.	• 흡입구에 이물질이 있는지 확인하세요. • 먼지통을 비워주세요. • 먼지통 필터를 청소해 주세요.
소음이 심해졌습니다.	• 먼지통이 제대로 장착되었는지 확인하세요. • 먼지통 필터가 제대로 장착되었는지 확인하세요. • 회전솔에 이물질이 끼어있는지 확인하세요. • Wheel에 테이프, 껌 등 이물이 묻었는지 확인하세요.
리모컨으로 작동시킬 수 없습니다.	• 배터리를 교환해 주세요. • 본체와의 거리가 3m 이하인지 확인하세요. • 본체 밑면의 주전원 스위치가 켜져 있는지 확인하세요.
회전솔이 회전하지 않습니다.	• 회전솔을 청소해 주세요. • 회전솔이 제대로 장착이 되었는지 확인하세요.
충전이 되지 않습니다.	• 충전대 주변의 장애물을 치워주세요. • 충전대에 전원이 연결되어 있는지 확인하세요. • 충전 단자를 마른 걸레로 닦아 주세요. • 본체를 충전대에 붙인 상태에서 충전대 뒷면에 있는 리셋버튼을 3초간 눌러주세요.
자동으로 충전대 탐색을 시작합니다. 자동으로 전원이 꺼집니다.	로봇청소기가 충전 중이지 않은 상태로 아무 동작 없이 10분이 경과되면 자동으로 충전대 탐색을 시작합니다. 충전대 탐색에 성공하면 충전을 시작하고 충전대를 찾지 못하면 처음위치로 복귀하여 10분 후에 자동으로 전원이 꺼집니다.

7 로봇청소기 서비스센터에서 근무하고 있는 L씨는 고객으로부터 소음이 심해졌다는 문의전화를 받았다. 이에 대한 조치방법으로 L씨가 잘못 답변한 것은?

① 먼지통 필터가 제대로 장착되었는지 확인하세요.
② 회전솔에 이물질이 끼어있는지 확인하세요.
③ Wheel에 테이프, 껌 등 이물이 묻었는지 확인하세요.
④ 흡입구에 이물질이 있는지 확인하세요.
⑤ 먼지통이 제대로 장착되었는지 확인하세요.

8 로봇청소기가 충전 중이지 않은 상태로 아무 동작 없이 10분이 경과되면 자동으로 충전대 탐색을 시작하는데 충전대를 찾지 못하면 어떻게 되는가?

① 아무 동작 없이 그 자리에 멈춰 선다.
② 처음위치로 복귀하여 10분 후에 자동으로 전원이 꺼진다.
③ 계속 청소를 한다.
④ 계속 충전대를 찾아 돌아다닌다.
⑤ 그 자리에서 바로 전원이 꺼진다.

9 로봇청소기가 갑자기 주행이 이상해졌다. 고객이 시도해보아야 하는 조치방법으로 옳은 것은?

① 충전 단자를 마른 걸레로 닦는다.
② 회전솔을 청소한다.
③ 센서를 부드러운 천으로 깨끗이 닦는다.
④ 먼지통을 비운다.
⑤ 본체 밑면의 주전원 스위치를 켠다.

❙10~12❙ 다음 표를 참고하여 질문에 답하시오.

스위치	기능
○	1번과 2번 기계를 180도 회전시킨다.
●	1번과 3번 기계를 180도 회전시킨다.
♧	2번과 3번 기계를 180도 회전시킨다.
♣	2번과 4번 기계를 180도 회전시킨다.

10 처음 상태에서 스위치를 두 번 눌렀더니 다음과 같이 바뀌었다. 어떤 스위치를 눌렀는가?

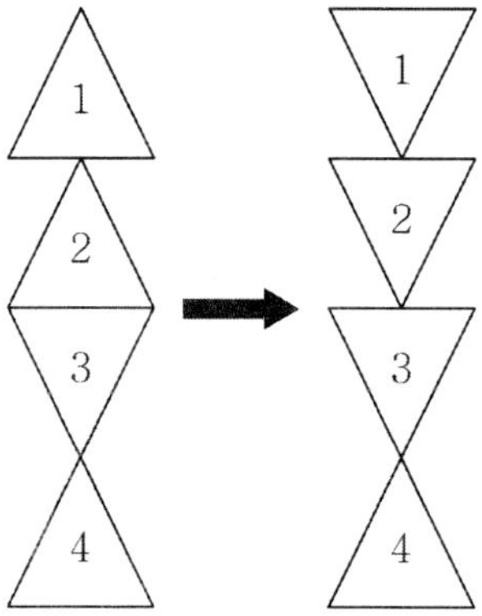

① ●♧

② ○♣

③ ♧♣

④ ○●

⑤ ♣♧

11 처음 상태에서 스위치를 두 번 눌렀더니 다음과 같이 바뀌었다. 어떤 스위치를 눌렀는가?

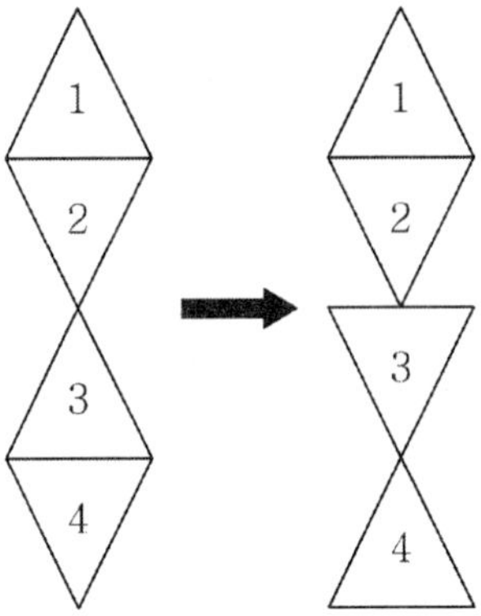

① ●♧
② ○♣
③ ○●
④ ♧♣
⑤ ○○

12 처음 상태에서 스위치를 세 번 눌렀더니 다음과 같이 바뀌었다. 어떤 스위치를 눌렀는가?

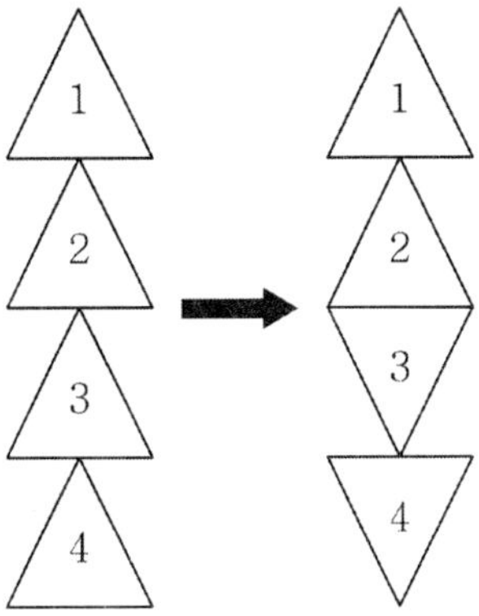

① ○●♧
② ○●♣
③ ○♧♣
④ ●♧♣
⑤ ●♣♣

▎13~15 ▎ 다음 표를 참고하여 질문에 답하시오.

스위치	기능
○	1번과 2번 기계를 180도 회전시킨다.
●	1번과 3번 기계를 180도 회전시킨다.
♧	2번과 3번 기계를 180도 회전시킨다.
♣	2번과 4번 기계를 180도 회전시킨다.
◑	1번과 2번 기계의 작동상태를 다른 상태로 바꾼다. (운전→정지, 정지→운전)
◐	3번과 4번 기계의 작동상태를 다른 상태로 바꾼다. (운전→정지, 정지→운전)
♥	모든 기계의 작동상태를 다른 상태로 바꾼다. (운전→정지, 정지→운전)

13 처음 상태에서 스위치를 두 번 눌렀더니 다음과 같이 바뀌었다. 어떤 스위치를 눌렀는가?

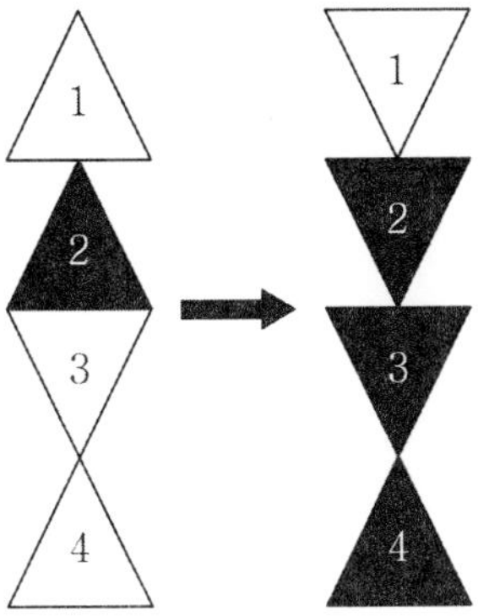

① ○◑
② ♧◐
③ ♣◐
④ ○◐
⑤ ●♥

14 처음 상태에서 스위치를 세 번 눌렀더니 다음과 같이 바뀌었다. 어떤 스위치를 눌렀는가?

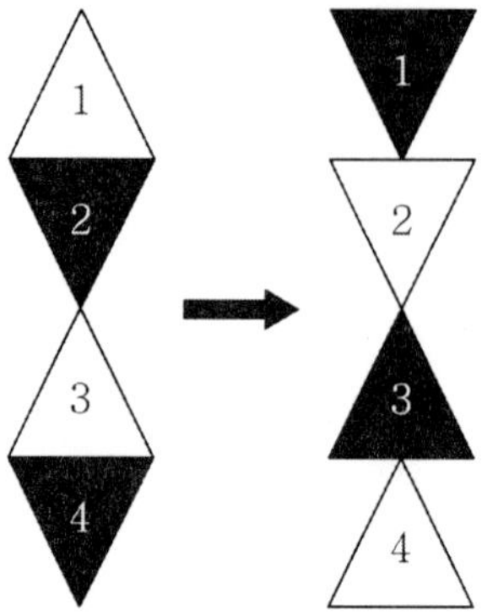

① ○●◐

② ○♣◑

③ ○♣♥

④ ○♧♥

⑤ ◑◐♥

15 처음 상태에서 스위치를 세 번 눌렀더니 다음과 같이 바뀌었다. 어떤 스위치를 눌렀는가?

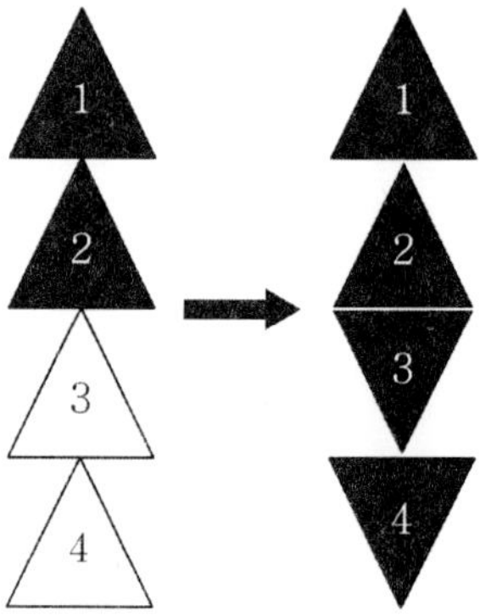

① ●♣◐

② ○●◑

③ ●◐◑

④ ♧♣◐

⑤ ♧♣♥

▌16~18▌ 다음은 그래프 구성 명령어 실행 예시이다. 다음을 보고 물음에 답하시오.

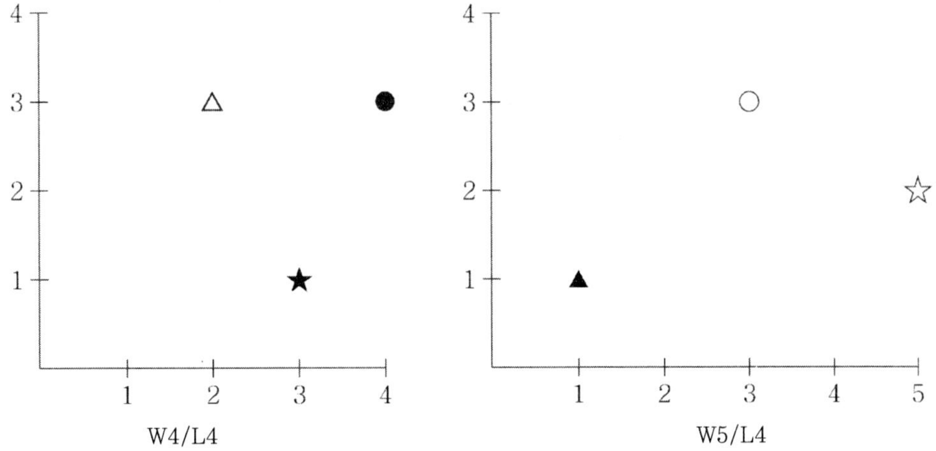

S(3,1) : B, T(2,3) : W, C(4,3) : B

S(5,2) : W, T(1,1) : B, C(3,3) : W

16 W5/L5 S(5,5) : B, T(3,3) : W, C(2,1) : W의 그래프를 다음과 같이 산출할 때, 오류가 발생한 곳은?

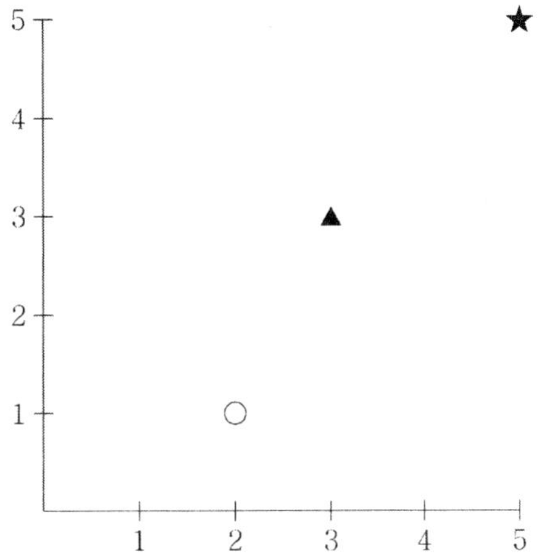

① W5/L5
② S(5,5) : B
③ T(3,3) : W
④ C(2,1) : W
⑤ 오류 없다.

17 다음 그래프에 알맞은 명령어는 무엇인가?

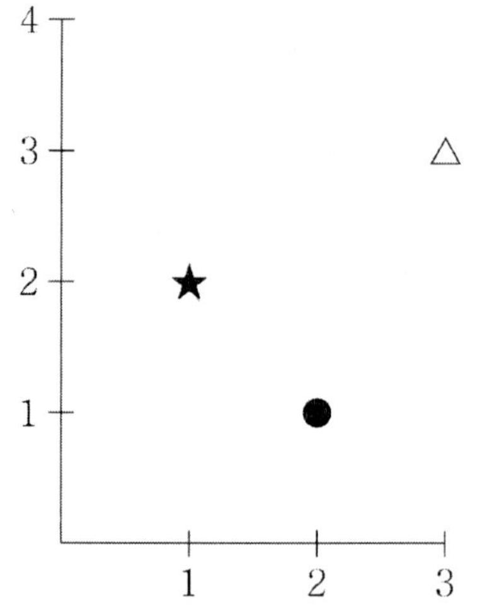

① W3/L4
S(1,2) : B, T(3,3) : W, C(2,1) : B

② W3/L4
S(1,2) : W, T(3,3) : B C(2,1) : W

③ W3/L4
S(2,1) : B, T(3,3) : W, C(1,2) : B

④ W4/L3
S(2,1) : B, T(3,3) : W, C(1,2) : W

⑤ W4/L3
S(1,2) : B, T(3,3) : W, C(2,1) : B

18 다음 그래프에 알맞은 명령어는 무엇인가?

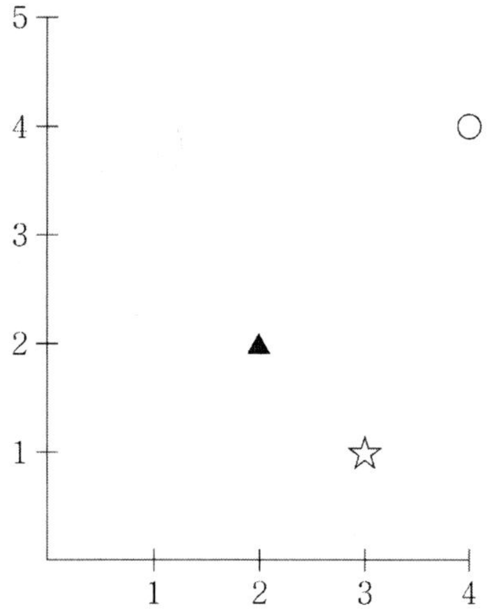

① W4/L5

S(1,3) : W, T(2,2) : B, C(4,4) : W

② W4/L5

S(3,1) : B, T(2,2) : W, C(4,4) : B

③ W4/L5

S(3,1) : W, T(2,2) : B, C(4,4) : W

④ W5/L4

S(3,1) : B, T(2,2) : B, C(4,4) : W

⑤ W5/L4

S(1,3) : W, T(2,2) : B, C(4,4) : B

19 다음은 ISBN 코드와 13자리 번호체계를 설명하는 자료이다. 다음 내용을 참고로 할 때, 빈칸 'A'에 들어갈 마지막 '체크기호'의 숫자는 무엇인가?

ISBN 978-3-16-148410-0

50998>

9 783161 484100

국가번호 → 978, 접두부 → 3, 발행자번호 → 16, 서명식별번호 → 148410, 체크기호 → 0

ISBN 978 – 3 – 16 – 148410 – 0

〈체크기호 계산법〉

- 1단계 – ISBN 처음 12자리 숫자에 가중치 1과 3을 번갈아 가며 곱한다.
- 2단계 – 각 가중치를 곱한 값들의 합을 계산한다.
- 3단계 – 가중치의 합을 10으로 나눈다.
- 4단계 – 3단계의 나머지 값을 10에서 뺀 값이 체크기호가 된다. 단 나머지가 0인 경우의 체크기호는 0이다.

ISBN 938 – 15 – 93347 – 12 – A

① 5　② 6
③ 7　④ 8
⑤ 9

20 다음은 K사의 드론 사용 설명서이다. 아래 부품별 기능표를 참고할 때, 360도 회전비행을 하기 위하여 조작해야 할 버튼이 순서대로 알맞게 연결된 것은 어느 것인가?

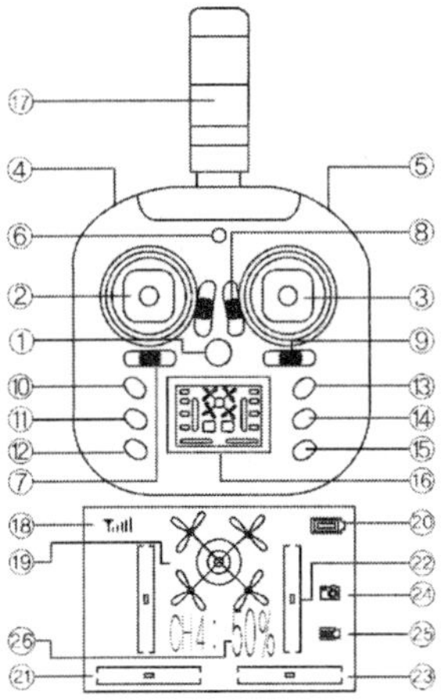

① 전원 스위치
② 상승/하강/회전 조작레버
③ 이동방향 조작 레버
④ 스피드 조절 버튼(3단)
⑤ 360도 회전비행 버튼
⑥ 전원 지시등
⑦ 좌우회전 미세조종
⑧ 전후진 미세조종
⑨ 좌우이동 미세조종
⑩ 헤드리스모드 버튼
⑪ 원키 착륙 버튼
⑫ 원키 이륙 버튼
⑬ 원키 리턴 버튼
⑭ 사진 촬영 버튼
⑮ 동영상 촬영 버튼
⑯ LCD 창
⑰ 스마트폰 거치대
⑱ 신호 표시
⑲ 기체 상태 표시
⑳ 조종기 배터리 잔량 표시
㉑ 좌우회전 미세조종 상태
㉒ 전후진 미세조종 상태
㉓ 좌우이동 미세조종 상태
㉔ 카메라 상태
㉕ 비디오 상태
㉖ 스피드 상태

360도 회전비행

팬토머는 360도 회전비행이 가능합니다.
드론이 앞/뒤/좌/우 방향으로 회전하므로
첫 회전 비행시 각별히 주의하세요.

(1) 넓고 단단하지 않은 바닥 위에서 비행하세요.
(2) 조종기의'360도 회전비행'버튼을 누른 후, 오른쪽 이동방향 조작 레버를 앞/뒤/좌/우 한 방향으로만 움직이세요.
(3) 360도 회전비행을 위해서는 충분한 연습이 필요합니다.

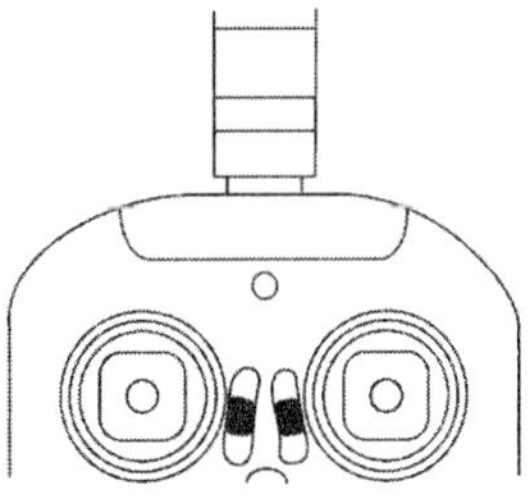

① ③번 버튼 – ⑤번 버튼
② ②번 버튼 – ⑤번 버튼
③ ⑤번 버튼 – ②번 버튼
④ ⑤번 버튼 – ③번 버튼
⑤ ⑦번 버튼 – ③번 버튼

CHAPTER 06

직업윤리

정답 및 해설 p.292

1 개인윤리와 직업윤리의 조화에 대한 설명으로 가장 옳지 않은 것은?

① 업무상 개인의 판단과 행동이 사회적 영향력이 큰 기업시스템을 통하여 다수의 이해관계자와 관련된다.

② 수많은 사람이 관련되어 고도화된 공동의 협력을 요구하므로 맡은 역할에 대한 책임완수가 필요하다.

③ 직장이라는 집단적 인간관계에서도 가족관계, 개인적 선호에 의한 친분 관계와 유사한 측면의 배려가 필요하다.

④ 각각의 직무에서 오는 특수한 상황에서는 개인적 덕목 차원의 일반적인 상식과 기준으로 규제할 수 없는 경우가 많다.

⑤ 개인윤리의 기본 덕목인 사랑, 자비 등과 방법론상의 이념인 공동발전의 추구, 장기적 상호이익 등의 기본은 동일하다.

2 다음 글을 참고할 때, 김 대리가 윤리적인 가치를 지키며 직장생활을 하는 근본적인 이유로 가장 적절한 것은?

> 어젯밤 뉴스에서는, 회사의 공금 5백만 원을 횡령하여 개인적 용도로 사용한 한 30대 중반의 직장인 G씨의 이야기가 화제가 되었다. 김 대리는 자신도 회사에서 수억 원의 공금을 운용하고 관리하는 업무를 담당하고 있어 유난히 뉴스가 관심 있게 다가왔다. 그러나 김 대리는 한 번도 G씨와 같은 행위에 대한 유혹을 느껴보지 않았으며, 그러한 마음가짐은 당연한 것이라는 사실을 G씨의 이야기를 통해 다시 한 번 되새기는 계기가 되었다.

① 직장에서의 출세를 위하여

② 사회적 명예를 지키기 위하여

③ 결국 완벽한 범죄일 수는 없기 때문에

④ 삶의 본질적 가치와 도덕적 신념을 존중하기 때문에

⑤ 회사로부터 충분한 경제적 보상을 받고 있기 때문에

3 직업윤리의 측면에 있어서 "SERVICE"란 단어 속에 숨겨진 7가지 의미를 제대로 파악하지 못하고 있는 사람은?

① 甲 : 'S'는 'Smile'과 'Speed'의 두 가지 의미를 함께 가지고 있습니다. 미소와 함께 빠른 처리가 서비스의 생명이라고 생각합니다.

② 乙 : 서비스란 단어에 'E'는 두 번 들어가는데 'Emotion'과 'Effect'로 감동적인 결과를 도출해야 함을 의미합니다.

③ 丙 : 'R'은 'Respect'로, 고객을 존중하는 것이야 말로 좋은 서비스의 기본이라고 할 수 있습니다.

④ 丁 : 서비스에서 'I'는 'Image'를 말합니다. 좋은 서비스는 고객에게 좋은 이미지를 심어줄 수 있습니다.

⑤ 戊 : 'V'는 'Value'의 약자로 서비스의 핵심은 고객에게 가치를 제공하는 것에 있으며, 고객에게 가치 있는 서비스를 제공했을 때만이 성공적인 서비스가 될 수 있습니다.

4 다음 제시된 직장 내 예절교육의 항목 중 적절한 내용으로 보기 어려운 설명을 모두 고른 것은?

가. 악수를 하는 동안에는 상대의 눈을 맞추기보다는 맞잡은 손에 집중한다.
나. 내가 속해 있는 회사의 관계자를 타 회사의 관계자에게 소개한다.
다. 처음 만나는 사람과 악수할 경우에는 가볍게 손끝만 잡는다.
라. 상대방에게서 명함을 받으면 받은 즉시 명함지갑에 넣지 않는다.
마. e-mail 메시지는 길고 자세한 것보다 명료하고 간략하게 만든다.
바. 정부 고관의 직급명은 퇴직한 사람을 소개할 경우엔 사용을 금지한다.
사. 명함에 부가 정보는 상대방과의 만남이 끝난 후에 적는다.

① 나, 라, 마, 사
② 가, 다, 라
③ 나, 마, 바, 사
④ 가, 다, 바
⑤ 가, 나, 다, 사

5 영업팀에서 근무하는 조 대리는 아래와 같은 상황을 갑작스레 맞게 되었다. 다음 중 조 대리가 취해야 할 행동으로 가장 적절한 것은?

> 조 대리는 오늘 휴일을 맞아 평소 자주 방문하던 근처 고아원을 찾아가기로 하였다. 매번 자신의 아들인 것처럼 자상하게 대해주던 영수에게 줄 선물도 준비하였고 선물을 받고 즐거워할 영수의 모습에 설레는 마음을 감출 수 없었다.
>
> 그러던 중 갑자기 일본 지사로부터, 내일 방문하기로 예정되어 있던 바이어 일행 중 한 명이 현지 사정으로 인해 오늘 입국하게 되었다는 소식을 전해 들었다. 바이어의 한국 체류 시 모든 일정을 동행하며 계약 체결에 차질이 없도록 접대해야 하는 조 대리는 갑자기 공항으로 서둘러 출발해야 하는 상황에 놓이게 되었다.

① 업무상 긴급한 상황이지만, 휴일인 만큼 계획대로 영수와의 시간을 갖는다.
② 지사에 전화하여 오늘 입국은 불가하며 내일 비행기 편을 다시 알아봐 줄 것을 요청한다.
③ 영수에게 아쉬움을 전하며 다음 기회를 약속하고 손님을 맞기 위해 공항으로 나간다.
④ 입국하는 바이어에게 연락하여 사정을 이야기하고 오늘은 동행 없이 일정을 소화해 달라고 양해를 구한다.
⑤ 지난 번 도움을 주었던 차 대리에게 연락하여 대신 공항픽업부터 호텔 투숙, 저녁 식사까지만 대신 안내를 부탁한다.

6 다음 사례에 해당하는 비윤리적 행위의 유형은?

> • 甲은 제품을 설계할 때 안전상의 고려를 충분히 하지 않아 소비자의 안전사고를 유발시켰다.
> • 乙은 작업 중에 안전수칙을 철저히 지키지 않아 사고를 유발하였다.

① 도덕적 타성 ② 도덕적 태만
③ 거짓말 ④ 무절제

7 다음 사례에서 甲이 중요시하는 직업윤리의 기본원칙은 무엇인가?

> 사내에서 '대쪽'이라는 별명으로 통하는 甲은 업무를 처리함에 있어 공공성을 바탕으로 공사구분을 명확히 하고, 모든 것을 숨김없이 투명하게 처리한다.

① 객관성의 원칙
② 고객중심의 원칙
③ 전문선의 원칙
④ 정직과 신용의 원칙
⑤ 공정경쟁의 원

8 일반적인 직업의 의미가 아닌 것은?

① 직업은 경제적 보상을 받는 일이다.
② 직업은 계속적으로 수행하는 일이다.
③ 직업은 자기의 의사와 관계없이 해야 하는 일이다.
④ 직업은 노력이 소용되는 일이다.
⑤ 직업은 사회적 효용이 있는 일이다.

9 다음에서 설명하고 있는 직업윤리의 덕목은?

> 자신의 일이 자신의 능력과 적성에 꼭 맞는다고 여기고 그 일에 열성을 가지고 성실히 임하는 태도

① 소명의식
② 천직의식
③ 직분의식
④ 책임의식
⑤ 문제의식

10 다음 중 성실함과 가장 거리가 먼 사람은?

① 미술 과제를 완성하기 위해 밤을 새워 색을 칠하는 민석
② 갑자기 주어진 업무에도 짜증을 내지 않고 차근차근 일을 해나가는 수호
③ 중간고사에 대비해 족집게 과외를 받는 지호
④ 취미활동을 위해 여가시간을 쪼개 악기를 연주하는 지훈
⑤ 맡은 일은 꼭 해내는 우진

11 SERVICE의 7가지 의미에 대한 설명으로 옳은 것은?

① S : 서비스는 감동을 주는 것
② V : 서비스는 고객에게 좋은 이미지를 심어주는 것
③ C : 서비스는 미소와 함께 신속하게 하는 것
④ R : 서비스는 고객을 존중하는 것
⑤ I : 서비스는 예의를 갖추고 정중하게 하는 것

12 서비스업무자가 고객 앞에서 해서는 안 될 행동이 아닌 것은?

① 고객을 방치한 채 업무자끼리 대화하는 행위
② 시끄럽게 구두소리를 내며 걷는 행위
③ 업무상 전화를 받는 행위
④ 화장을 하거나 고치는 행위
⑤ 동료와 사적인 이야기를 하는 행위

13 다음 중 인사 예절에 어긋난 행동은?

① 윗사람에게는 먼저 목례를 한 후 악수를 한다.
② 상대의 눈을 보며 밝은 표정을 짓는다.
③ 손끝만 잡는 행위는 금한다.
④ 주머니에 손을 넣고 악수를 한다.
⑤ 명함을 받으면 즉시 호주머니에 넣지 않는다.

14 전화예절로 바르지 않은 것은?

① 전화벨이 3~4번 울리기 전에 받는다.
② 자신이 누구인지를 즉시 말한다.
③ 말을 할 때 상대방의 이름을 사용하지 않는다.
④ 주위의 소음을 최소화한다.
⑤ 천천히, 명확하게 예의를 갖추고 말한다.

15 다음 빈칸에 들어갈 용어로 올바른 것은?

- 1980년대 이후 소득수준과 생활수준이 급격히 향상되면서 근로자들이 일하기를 꺼리는 업종을 지칭하는 신조어를 말한다.
- 더러움을 의미하는 dirty, 힘듦을 의미하는 difficult, ___㉠___을 의미하는 dangerous의 앞 글자를 따 만들었다.
- 본래는 제조업, 광업, 건축업 등 더럽고 어려우며 위험한 분야의 산업을 일컬었으나 최근에는 주로 젊은층을 위주로 한 노동인력의 취업경향을 설명하는 데 사용된다.

① 위험함
② 연관성
③ 어두움
④ 이질감
⑤ 선명함

16 다음 중 공동체 윤리에 해당하는 것이 아닌 것은?

① 봉사 ② 책임
③ 준법 ④ 근면
⑤ 예절

17 직장 내에서 성희롱을 당한 경우 대처방법으로 바르지 못한 것은?

① 직접적으로 거부의사를 밝히고 중지할 것을 항의한다.
② 증거자료를 수거하고 공식적 처리를 준비한다.
③ 공정한 처리를 위해 개인 정보를 공개한다.
④ 가해자에 대해 납득할 정도의 조치를 취하고 결과를 피해자에게 통지한다.
⑤ 직장 내 노사협의회에 신고한다.

18 다음 설명에 해당하는 직업윤리의 덕목은?

> 자신의 일이 누구나 할 수 있는 것이 아니라 해당분야의 지식을 바탕으로 가능한 것이라 믿는 태도

① 전문가의식
② 소명의식
③ 천직의식
④ 직분의식
⑤ 책임의식

19 다음 중 직장에서의 소개 예절로 옳지 않은 것은?

① 나이 어린 사람을 연장자에게 소개한다.
② 신참자를 고참자에게 소개한다.
③ 반드시 성과 이름을 함께 말한다.
④ 빠르게 그리고 명확하게 말한다.
⑤ 성과 이름을 함께 말한다.

20 다음 중 직장에서의 명함교환 예절로 옳지 않은 것은?

① 상대방에게서 명함을 받으면 받은 즉시 호주머니에 넣는다.
② 명함은 하위에 있는 사람이 먼저 꺼낸다.
③ 명함을 받으면 그대로 집어넣지 말고 명함에 관해서 한두 마디 대화를 건네 본다.
④ 쌍방이 동시에 명함을 꺼낼 때는 왼손으로 서로 교환하고 오른손으로 옮겨진다.
⑤ 명함은 반드시 명함 지갑에서 꺼내고 상대방에게 받은 명함도 명함 지갑에 넣는다.

21 다음 중 휴대전화 예절로 옳지 않은 것은?

① 당신이 어디에서 휴대전화로 전화를 하든지 간에 상대방에게 통화를 강요하지 않는다.
② 상대방이 장거리 요금을 지불하게 되는 휴대전화의 사용은 피한다.
③ 비상시에만 휴대전화를 사용하는 친구에게는 휴대전화로 전화하지 않는다.
④ 운전하면서 휴대전화를 사용 할 수 있다.
⑤ 친구의 휴대전화를 빌려 달라고 부탁하지 않는다.

22 직장에서 성예절을 지키기 위한 자세로 옳지 않은 것은?

① 여성과 남성이 대등한 동반자 관계로 동등한 역할과 능력발휘를 한다는 인식을 가진다.

② 직장에서 여성은 본인의 특징을 살린 한정된 업무를 담당하게 한다.

③ 직장 내에서 여성이 남성과 동등한 지위를 보장 받기 위해서 그만한 책임과 역할을 다해야 한다.

④ 성희롱 문제를 사전에 예방하고 효과적으로 처리하는 방안이 필요하다.

⑤ 남녀공존의 직장문화를 정착하는 노력이 필요하다.

23 다음 중 근로윤리에 관한 설명으로 옳지 않은 것은?

① 정직은 신뢰를 형성하는 데 기본적인 규범이다.

② 정직은 부정직한 관행을 인정하지 않는다.

③ 신용을 위해 동료와 타협하여 부정직을 눈감아준다.

④ 신용을 위해 잘못된 것도 정직하게 밝혀야 한다.

⑤ 성실은 자신의 일에 최선을 다하고자 하는 마음자세를 가지고 일하는 것이다.

24 다음 중 직장에서의 E-mail 예절로 옳지 않은 것은?

① 올바른 철자와 문법을 사용한다.
② 메시지는 간략하게 만든다.
③ 단문의 메시지인 경우 제목은 생략한다.
④ 답장이 어디로, 누구에게로 보내는지 주의한다.
⑤ 요점을 빗나가지 않는 제목을 잡도록 한다.

25 다음에서 설명하고 있는 개념으로 적절한 것은?

> 이것은 일정한 생활문화권에서 오랜 생활습관을 통해 하나의 공통된 생활방법으로 정립되어 관습적으로 행해지는 사회계약적 생활규범으로, 언어문화권에 따라 다르고 같은 언어문화권이라도 지방에 따라 다를 수 있다.

① 봉사
② 책임
③ 준법
④ 예절
⑤ 문화

PART

III

인성검사

CHAPTER

01 인성검사의 개요

01 인성(성격)검사의 개념과 목적

인성(성격)이란 개인을 특징짓는 평범하고 일상적인 사회적 이미지, 즉 지속적이고 일관된 공적 성격(Public – personality)이며, 환경에 대응함으로써 선천적 · 후천적 요소의 상호작용으로 결정화된 심리적 · 사회적 특성 및 경향을 의미한다.

인성검사는 직무적성검사를 실시하는 대부분의 기업체에서 병행하여 실시하고 있으며, 인성검사만 독자적으로 실시하는 기업도 있다.

기업체에서는 인성검사를 통하여 각 개인이 어떠한 성격 특성이 발달되어 있고, 어떤 특성이 얼마나 부족한지, 그것이 해당 직무의 특성 및 조직문화와 얼마나 맞는지를 알아보고 이에 적합한 인재를 선발하고자 한다. 또한 개인에게 적합한 직무 배분과 부족한 부분을 교육을 통해 보완하도록 할 수 있다.

인성검사의 측정요소는 검사방법에 따라 차이가 있다. 또한 각 기업체들이 사용하고 있는 인성검사는 기존에 개발된 인성검사방법에 각 기업체의 인재상을 적용하여 자신들에게 적합하게 재개발하여 사용하는 경우가 많다. 그러므로 기업체에서 요구하는 인재상을 파악하여 그에 따른 대비책을 준비하는 것이 바람직하다. 본서에서 제시된 인성검사는 크게 '특성'과 '유형'의 측면에서 측정하게 된다.

02 성격의 특성

(1) 정서적 측면

정서적 측면은 평소 마음의 당연시하는 자세나 정신상태가 얼마나 안정하고 있는지 또는 불안정한지를 측정한다.

정서의 상태는 직무수행이나 대인관계와 관련하여 태도나 행동으로 드러난다. 그러므로 정서적 측면을 측정하는 것에 의해, 장래 조직 내의 인간관계에 어느 정도 잘 적응할 수 있을까(또는 적응하지 못할까)를 예측하는 것이 가능하다.

그렇기 때문에, 정서적 측면의 결과는 채용 시에 상당히 중시된다. 아무리 능력이 좋아도 장기적으로 조직 내의 인간관계에 잘 적응할 수 없다고 판단되는 인재는 기본적으로는 채용되지 않는다.

일반적으로 인성(성격)검사는 채용과는 관계없다고 생각하나 정서적으로 조직에 적응하지 못하는 인재는 채용단계에서 가려내지는 것을 유의하여야 한다.

① **민감성**(신경도) … 꼼꼼함, 섬세함, 성실함 등의 요소를 통해 일반적으로 신경질적인지 또는 자신의 존재를 위협받는다는 불안을 갖기 쉬운지를 측정한다.

질문	그렇다	약간 그렇다	그저 그렇다	별로 그렇지 않다	그렇지 않다
• 남을 잘 배려한다고 생각한다. • 어질러진 방에 있으면 불안하다. • 실패 후에는 불안하다. • 세세한 것까지 신경 쓴다. • 이유 없이 불안할 때가 있다.					

▶측정결과

㉠ '그렇다'가 많은 경우(상처받기 쉬운 유형) : 사소한 일에 신경 쓰고 다른 사람의 사소한 한마디 말에 상처를 받기 쉽다.

- 면접관의 심리 : '동료들과 잘 지낼 수 있을까?', '실패할 때마다 위축되지 않을까?'
- 면접대책 : 다소 신경질적이라도 능력을 발휘할 수 있다는 평가를 얻도록 한다. 주변과 충분한 의사소통이 가능하고, 결정한 것을 실행할 수 있다는 것을 보여주어야 한다.

㉡ '그렇지 않다'가 많은 경우(정신적으로 안정적인 유형) : 사소한 일에 신경 쓰지 않고 금방 해결하며, 주위 사람의 말에 과민하게 반응하지 않는다.

- 면접관의 심리 : '계약할 때 필요한 유형이고, 사고 발생에도 유연하게 대처할 수 있다.'
- 면접대책 : 일반적으로 '민감성'의 측정치가 낮으면 플러스 평가를 받으므로 더욱 자신감 있는 모습을 보여준다.

② **자책성(과민도)** … 자신을 비난하거나 책망하는 정도를 측정한다.

질문	그렇다	약간 그렇다	그저 그렇다	별로 그렇지 않다	그렇지 않다
• 후회하는 일이 많다. • 자신이 하찮은 존재라 생각된다. • 문제가 발생하면 자기의 탓이라고 생각한다. • 무슨 일이든지 끙끙대며 진행하는 경향이 있다. • 온순한 편이다.					

▶측정결과

㉠ '그렇다'가 많은 경우(자책하는 유형) : 비관적이고 후회하는 유형이다.
- 면접관의 심리 : '끙끙대며 괴로워하고, 일을 진행하지 못할 것 같다.'
- 면접대책 : 기분이 저조해도 항상 의욕을 가지고 생활하는 것과 책임감이 강하다는 것을 보여준다.

㉡ '그렇지 않다'가 많은 경우(낙천적인 유형) : 기분이 항상 밝은 편이다.
- 면접관의 심리 : '안정된 대인관계를 맺을 수 있고, 외부의 압력에도 흔들리지 않는다.'
- 면접대책 : 일반적으로 '자책성'의 측정치가 낮아야 좋은 평가를 받는다.

③ **기분성(불안도)** … 기분의 굴곡이나 감정적인 면의 미숙함이 어느 정도인지를 측정하는 것이다.

질문	그렇다	약간 그렇다	그저 그렇다	별로 그렇지 않다	그렇지 않다
• 다른 사람의 의견에 자신의 결정이 흔들리는 경우가 많다. • 기분이 쉽게 변한다. • 종종 후회한다. • 다른 사람보다 의지가 약한 편이라고 생각한다. • 금방 싫증을 내는 성격이라는 말을 자주 듣는다.					

▶측정결과

㉠ '그렇다'가 많은 경우(감정의 기복이 많은 유형) : 의지력보다 기분에 따라 행동하기 쉽다.
- 면접관의 심리 : '감정적인 것에 약하며, 상황에 따라 생산성이 떨어지지 않을까?'
- 면접대책 : 주변 사람들과 항상 협조한다는 것을 강조하고 한결같은 상태로 일할 수 있다는 평가를 받도록 한다.

㉡ '그렇지 않다'가 많은 경우(감정의 기복이 적은 유형) : 감정의 기복이 없고, 안정적이다.
- 면접관의 심리 : '안정적으로 업무에 임할 수 있다.'
- 면접대책 : 기분성의 측정치가 낮으면 플러스 평가를 받으므로 자신감을 가지고 면접에 임한다.

④ **독자성**(개인도) … 주변에 대한 견해나 관심, 자신의 견해나 생각에 어느 정도의 속박감을 가지고 있는지를 측정한다.

질문	그렇다	약간 그렇다	그저 그렇다	별로 그렇지 않다	그렇지 않다
• 창의적 사고방식을 가지고 있다. • 융통성이 있는 편이다. • 혼자 있는 편이 많은 사람과 있는 것보다 편하다. • 개성적이라는 말을 듣는다. • 교제는 번거로운 것이라고 생각하는 경우가 많다.					

▶측정결과

㉠ '그렇다'가 많은 경우 : 자기의 관점을 중요하게 생각하는 유형으로, 주위의 상황보다 자신의 느낌과 생각을 중시한다.

- 면접관의 심리 : '제멋대로 행동하지 않을까?'
- 면접대책 : 주위 사람과 협조하여 일을 진행할 수 있다는 것과 상식에 얽매이지 않는다는 인상을 심어준다.

㉡ '그렇지 않다'가 많은 경우 : 상식적으로 행동하고 주변 사람의 시선에 신경을 쓴다.

- 면접관의 심리 : '다른 직원들과 협조하여 업무를 진행할 수 있겠다.'
- 면접대책 : 협조성이 요구되는 기업체에서는 플러스 평가를 받을 수 있다.

⑤ **자신감**(자존심도) … 자기 자신에 대해 얼마나 긍정적으로 평가하는지를 측정한다.

질문	그렇다	약간 그렇다	그저 그렇다	별로 그렇지 않다	그렇지 않다
• 다른 사람보다 능력이 뛰어나다고 생각한다. • 다소 반대의견이 있어도 나만의 생각으로 행동할 수 있다. • 나는 다른 사람보다 기가 센 편이다. • 동료가 나를 모욕해도 무시할 수 있다. • 대개의 일을 목적한 대로 헤쳐나갈 수 있다고 생각한다.					

▶측정결과

㉠ '그렇다'가 많은 경우 : 자기 능력이나 외모 등에 자신감이 있고, 비판당하는 것을 좋아하지 않는다.

- 면접관의 심리 : '자만하여 지시에 잘 따를 수 있을까?'
- 면접대책 : 다른 사람의 조언을 잘 받아들이고, 겸허하게 반성하는 면이 있다는 것을 보여주고, 동료들과 잘 지내며 리더의 자질이 있다는 것을 강조한다.

㉡ '그렇지 않다'가 많은 경우 : 자신감이 없고 다른 사람의 비판에 약하다.

- 면접관의 심리 : '패기가 부족하지 않을까?', '쉽게 좌절하지 않을까?'
- 면접대책 : 극도의 자신감 부족으로 평가되지는 않는다. 그러나 마음이 약한 면은 있지만 의욕적으로 일을 하겠다는 마음가짐을 보여준다.

⑥ **고양성**(분위기에 들뜨는 정도) … 자유분방함, 명랑함과 같이 감정(기분)의 높고 낮음의 정도를 측정한다.

질문	그렇다	약간 그렇다	그저 그렇다	별로 그렇지 않다	그렇지 않다
• 침착하지 못한 편이다. • 다른 사람보다 쉽게 우쭐해진다. • 모든 사람이 아는 유명인사가 되고 싶다. • 모임이나 집단에서 분위기를 이끄는 편이다. • 취미 등이 오랫동안 지속되지 않는 편이다.					

▶측정결과

㉠ '그렇다'가 많은 경우 : 자극이나 변화가 있는 일상을 원하고 기분을 들뜨게 하는 사람과 친밀하게 지내는 경향이 강하다.

- 면접관의 심리 : '일을 진행하는 데 변덕스럽지 않을까?'
- 면접대책 : 밝은 태도는 플러스 평가를 받을 수 있지만, 착실한 업무능력이 요구되는 직종에서는 마이너스 평가가 될 수 있다. 따라서 자기조절이 가능하다는 것을 보여준다.

㉡ '그렇지 않다'가 많은 경우 : 감정이 항상 일정하고, 속을 드러내 보이지 않는다.

- 면접관의 심리 : '안정적인 업무 태도를 기대할 수 있겠다.'
- 면접대책 : '고양성'의 낮음은 대체로 플러스 평가를 받을 수 있다. 그러나 '무엇을 생각하고 있는지 모르겠다' 등의 평을 듣지 않도록 주의한다.

⑦ 허위성(진위성) … 필요 이상으로 자기를 좋게 보이려 하거나 기업체가 원하는 '이상형'에 맞춘 대답을 하고 있는지, 없는지를 측정한다.

질문	그렇다	약간 그렇다	그저 그렇다	별로 그렇지 않다	그렇지 않다
• 약속을 깨뜨린 적이 한 번도 없다. • 다른 사람을 부럽다고 생각해 본 적이 없다. • 꾸지람을 들은 적이 없다. • 사람을 미워한 적이 없다. • 화를 낸 적이 한 번도 없다.					

▶측정결과

㉠ '그렇다'가 많은 경우 : 실제의 자기와는 다른, 말하자면 원칙으로 해답할 가능성이 있다.

- 면접관의 심리 : '거짓을 말하고 있다.'
- 면접대책 : 조금이라도 좋게 보이려고 하는 '거짓말쟁이'로 평가될 수 있다. '거짓을 말하고 있다.'는 마음 따위가 전혀 없다 해도 결과적으로는 정직하게 답하지 않는다는 것이 되어 버린다. '허위성'의 측정 질문은 구분되지 않고 다른 질문 중에 섞여 있다. 그러므로 모든 질문에 솔직하게 답하여야 한다. 또한 자기 자신과 너무 동떨어진 이미지로 답하면 좋은 결과를 얻지 못한다. 그리고 면접에서 '허위성'을 기본으로 한 질문을 받게 되므로 당황하거나 또 다른 모순된 답변을 하게 된다. 겉치레를 하거나 무리한 욕심을 부리지 말고 '이런 사회인이 되고 싶다.'는 현재의 자신보다, 조금 성장한 자신을 표현하는 정도가 적당하다.

㉡ '그렇지 않다'가 많은 경우 : 냉정하고 정직하며, 외부의 압력과 스트레스에 강한 유형이다. '대쪽 같음'의 이미지가 굳어지지 않도록 주의한다.

(2) 행동적인 측면

행동적 측면은 인격 중에 특히 행동으로 드러나기 쉬운 측면을 측정한다. 사람의 행동 특징 자체에는 선도 악도 없으나, 일반적으로는 일의 내용에 의해 원하는 행동이 있다. 때문에 행동적 측면은 주로 직종과 깊은 관계가 있는데 자신의 행동 특성을 살려 적합한 직종을 선택한다면 플러스가 될 수 있다.

행동 특성에서 보여 지는 특징은 면접 장면에서도 드러나기 쉬우므로 평소 자신의 태도, 행동이 면접관의 시선에 어떻게 비치는지를 점검하도록 해야 한다.

① **사회적 내향성**… 대인관계에서 나타나는 행동경향으로 '낯가림'을 측정한다.

질문	선택
A : 파티에서는 사람을 소개받는 편이다. B : 파티에서는 사람을 소개하는 편이다.	
A : 처음 보는 사람과는 어색하게 시간을 보내는 편이다. B : 처음 보는 사람과는 즐거운 시간을 보내는 편이다.	
A : 친구가 적은 편이다. B : 친구가 많은 편이다.	
A : 자신의 의견을 말하는 경우가 적다. B : 자신의 의견을 말하는 경우가 많다.	
A : 사교적인 모임에 참석하는 것을 좋아하지 않는다. B : 사교적인 모임에 항상 참석한다.	

▶측정결과

㉠ 'A'가 많은 경우 : 내성적이고 사람들과 접하는 것에 소극적이다. 자신의 의견을 말하지 않고 조심스러운 편이다.
- 면접관의 심리 : '소극적인데 동료와 잘 지낼 수 있을까?'
- 면접대책 : 대인관계를 맺는 것을 싫어하지 않고 의욕적으로 일을 할 수 있다는 것을 보여준다.

㉡ 'B'가 많은 경우 : 사교적이고 자기의 생각을 명확하게 전달할 수 있다.
- 면접관의 심리 : '사교적이고 활동적인 것은 좋지만, 자기주장이 너무 강하지 않을까?'
- 면접대책 : 협조성을 보여주고, 자기주장이 너무 강하다는 인상을 주지 않도록 주의한다.

② **내성성**(침착도) … 자신의 행동과 일에 대해 침착하게 생각하는 정도를 측정한다.

질문	선택
A : 시간이 걸려도 침착하게 생각하는 경우가 많다. B : 짧은 시간에 결정을 하는 경우가 많다.	
A : 실패의 원인을 찾고 반성하는 편이다. B : 실패를 해도 그다지(별로) 개의치 않는다.	
A : 결론이 도출되어도 몇 번 정도 생각을 바꾼다. B : 결론이 도출되면 신속하게 행동으로 옮긴다.	
A : 여러 가지 생각하는 것이 능숙하다. B : 여러 가지 일을 재빨리 능숙하게 처리하는 데 익숙하다.	
A : 여러 가지 측면에서 사물을 검토한다. B : 행동한 후 생각을 한다.	

▶측정결과

㉠ 'A'가 많은 경우 : 행동하기 보다는 생각하는 것을 좋아하고 신중하게 계획을 세워 실행한다.

- 면접관의 심리 : '행동으로 실천하지 못하고, 대응이 늦은 경향이 있지 않을까?'
- 면접대책 : 발로 뛰는 것을 좋아하고, 일을 더디게 한다는 인상을 주지 않도록 한다.

㉡ 'B'가 많은 경우 : 차분하게 생각하는 것보다 우선 행동하는 유형이다.

- 면접관의 심리 : '생각하는 것을 싫어하고 경솔한 행동을 하지 않을까?'
- 면접대책 : 계획을 세우고 행동할 수 있는 것을 보여주고 '사려 깊다'라는 인상을 남기도록 한다.

③ **신체활동성** … 몸을 움직이는 것을 좋아하는가를 측정한다.

질문	선택
A : 민첩하게 활동하는 편이다. B : 준비행동이 없는 편이다.	
A : 일을 척척 해치우는 편이다. B : 일을 더디게 처리하는 편이다.	
A : 활발하다는 말을 듣는다. B : 얌전하다는 말을 듣는다.	
A : 몸을 움직이는 것을 좋아한다. B : 가만히 있는 것을 좋아한다.	
A : 스포츠를 하는 것을 즐긴다. B : 스포츠를 보는 것을 좋아한다.	

▶측정결과

㉠ 'A'가 많은 경우 : 활동적이고, 몸을 움직이게 하는 것이 컨디션이 좋다.
- 면접관의 심리 : '활동적으로 활동력이 좋아 보인다.'
- 면접대책 : 활동하고 얻은 성과 등과 주어진 상황의 대응능력을 보여준다.

㉡ 'B'가 많은 경우 : 침착한 인상으로, 차분하게 있는 타입이다.
- 면접관의 심리 : '좀처럼 행동하려 하지 않아 보이고, 일을 빠르게 처리할 수 있을까?'

④ **지속성(노력성)** … 무슨 일이든 포기하지 않고 끈기 있게 하려는 정도를 측정한다.

질문	선택
A : 일단 시작한 일은 시간이 걸려도 끝까지 마무리한다. B : 일을 하다 어려움에 부딪히면 단념한다.	
A : 끈질긴 편이다. B : 바로 단념하는 편이다.	
A : 인내가 강하다는 말을 듣는다. B : 금방 싫증을 낸다는 말을 듣는다.	
A : 집념이 깊은 편이다. B : 담백한 편이다.	
A : 한 가지 일에 구애되는 것이 좋다고 생각한다. B : 간단하게 체념하는 것이 좋다고 생각한다.	

▶**측정결과**

㉠ 'A'가 많은 경우: 시작한 것은 어려움이 있어도 포기하지 않고 인내심이 높다.

- 면접관의 심리: '한 가지의 일에 너무 구애되고, 업무의 진행이 원활할까?'
- 면접대책: 인내력이 있는 것은 플러스 평가를 받을 수 있지만 집착이 강해 보이기도 한다.

㉡ 'B'가 많은 경우: 뒤끝이 없고 조그만 실패로 일을 포기하기 쉽다.

- 면접관의 심리: '질리는 경향이 있고, 일을 정확히 끝낼 수 있을까?'
- 면접대책: 지속적인 노력으로 성공했던 사례를 준비하도록 한다.

⑤ **신중성**(주의성) … 자신이 처한 주변상황을 즉시 파악하고 자신의 행동이 어떤 영향을 미치는지를 측정한다.

질문	선택
A : 여러 가지로 생각하면서 완벽하게 준비하는 편이다. B : 행동할 때부터 임기응변적인 대응을 하는 편이다.	
A : 신중해서 타이밍을 놓치는 편이다. B : 준비 부족으로 실패하는 편이다.	
A : 자신은 어떤 일에도 신중히 대응하는 편이다. B : 순간적인 충동으로 활동하는 편이다.	
A : 시험을 볼 때 끝날 때까지 재검토하는 편이다. B : 시험을 볼 때 한 번에 모든 것을 마치는 편이다.	
A : 일에 대해 계획표를 만들어 실행한다. B : 일에 대한 계획표 없이 진행한다.	

▶**측정결과**

㉠ 'A'가 많은 경우: 주변 상황에 민감하고, 예측하여 계획 있게 일을 진행한다.

- 면접관의 심리: '너무 신중해서 적절한 판단을 할 수 있을까?', '앞으로의 상황에 불안을 느끼지 않을까?'
- 면접대책: 예측을 하고 실행을 하는 것은 플러스 평가가 되지만, 너무 신중하면 일의 진행이 정체될 가능성을 보이므로 추진력이 있다는 강한 의욕을 보여준다.

㉡ 'B'가 많은 경우: 주변 상황을 살펴보지 않고 착실한 계획 없이 일을 진행시킨다.

- 면접관의 심리: '사려 깊지 않고, 실패하는 일이 많지 않을까?', '판단이 빠르고 유연한 사고를 할 수 있을까?'
- 면접대책: 사전준비를 중요하게 생각하고 있다는 것 등을 보여주고, 경솔한 인상을 주지 않도록 한다. 또한 판단력이 빠르거나 유연한 사고 덕분에 일 처리를 잘 할 수 있다는 것을 강조한다.

(3) 의욕적인 측면

의욕적인 측면은 의욕의 정도, 활동력의 유무 등을 측정한다. 여기서의 의욕이란 우리들이 보통 말하고 사용하는 '하려는 의지'와는 조금 뉘앙스가 다르다. '하려는 의지'란 그 때의 환경이나 기분에 따라 변화하는 것이지만, 여기에서는 조금 더 변화하기 어려운 특징, 말하자면 정신적 에너지의 양으로 측정하는 것이다.

의욕적 측면은 행동적 측면과는 다르고, 전반적으로 어느 정도 점수가 높은 쪽을 선호한다. 모의검사의 의욕적 측면의 결과가 낮다면, 평소 일에 몰두할 때 조금 의욕 있는 자세를 가지고 서서히 개선하도록 노력해야 한다.

① **달성의욕** … 목적의식을 가지고 높은 이상을 가지고 있는지를 측정한다.

질문	선택
A : 경쟁심이 강한 편이다. B : 경쟁심이 약한 편이다.	
A : 어떤 한 분야에서 제1인자가 되고 싶다고 생각한다. B : 어느 분야에서든 성실하게 임무를 진행하고 싶다고 생각한다.	
A : 규모가 큰일을 해보고 싶다. B : 맡은 일에 충실히 임하고 싶다.	
A : 아무리 노력해도 실패한 것은 아무런 도움이 되지 않는다. B : 가령 실패했을 지라도 나름대로의 노력이 있었으므로 괜찮다.	
A : 높은 목표를 설정하여 수행하는 것이 의욕적이다. B : 실현 가능한 정도의 목표를 설정하는 것이 의욕적이다.	

▶측정결과

㉠ 'A'가 많은 경우 : 큰 목표와 높은 이상을 가지고 승부욕이 강한 편이다.
- 면접관의 심리 : '열심히 일을 해줄 것 같은 유형이다.'
- 면접대책 : 달성의욕이 높다는 것은 어떤 직종이라도 플러스 평가가 된다.

㉡ 'B'가 많은 경우 : 현재의 생활을 소중하게 여기고 비약적인 발전을 위하여 기를 쓰지 않는다.
- 면접관의 심리 : '외부의 압력에 약하고, 기획입안 등을 하기 어려울 것이다.'
- 면접대책 : 일을 통하여 하고 싶은 것들을 구체적으로 어필한다.

② **활동의욕** … 자신에게 잠재된 에너지의 크기로, 정신적인 측면의 활동력이라 할 수 있다.

질문	선택
A : 하고 싶은 일을 실행으로 옮기는 편이다. B : 하고 싶은 일을 좀처럼 실행할 수 없는 편이다.	
A : 어려운 문제를 해결해 가는 것이 좋다. B : 어려운 문제를 해결하는 것을 잘하지 못한다.	
A : 일반적으로 결단이 빠른 편이다. B : 일반적으로 결단이 느린 편이다.	
A : 곤란한 상황에도 도전하는 편이다. B : 사물의 본질을 깊게 관찰하는 편이다.	
A : 시원시원하다는 말을 잘 듣는다. B : 꼼꼼하다는 말을 잘 듣는다.	

▶측정결과

㉠ 'A'가 많은 경우 : 꾸물거리는 것을 싫어하고 재빠르게 결단해서 행동하는 타입이다.
- 면접관의 심리 : '일을 처리하는 솜씨가 좋고, 일을 척척 진행할 수 있을 것 같다.'
- 면접대책 : 활동의욕이 높은 것은 플러스 평가가 된다. 사교성이나 활동성이 강하다는 인상을 준다.

㉡ 'B'가 많은 경우 : 안전하고 확실한 방법을 모색하고 차분하게 시간을 아껴서 일에 임하는 타입이다.
- 면접관의 심리 : '재빨리 행동을 못하고, 일의 처리속도가 느린 것이 아닐까?'
- 면접대책 : 활동성이 있는 것을 좋아하고 움직임이 더디다는 인상을 주지 않도록 한다.

03 성격의 유형

(1) 인성검사 유형의 4가지 척도

정서적인 측면, 행동적인 측면, 의욕적인 측면의 요소들은 성격 특성이라는 관점에서 제시된 것들로 각 개인의 장·단점을 파악하는 데 유용하다. 그러나 전체적인 개인의 인성을 이해하는 데는 한계가 있다.

성격의 유형은 개인의 '성격적인 특색'을 가리키는 것으로, 사회인으로서 적합한지, 아닌지를 말하는 관점과는 관계가 없다. 따라서 채용의 합격 여부에는 사용되지 않는 경우가 많으며, 입사 후의 적정 부서 배치의 자료가 되는 편이라 생각하면 된다. 그러나 채용과 관계가 없다고 해서 아무런 준비도 필요없는 것은 아니다. 자신을 아는 것은 면접 대책의 밑거름이 되므로 모의검사 결과를 충분히 활용하도록 하여야 한다.

본서에서는 4개의 척도를 사용하여 기본적으로 16개의 패턴으로 성격의 유형을 분류하고 있다. 각 개인의 성격이 어떤 유형인지 재빨리 파악하기 위해 사용되며, '적성'에 맞는지, 맞지 않는지의 관점에 활용된다.

- 흥미 · 관심의 방향 : 내향형 ←――――→ 외향형
- 사물에 대한 견해 : 직관형 ←――――→ 감각형
- 판단하는 방법 : 감정형 ←――――→ 사고형
- 환경에 대한 접근방법 : 지각형 ←――――→ 판단형

(2) 성격유형

① **흥미 · 관심의 방향**(내향 ⇆ 외향) … 흥미 · 관심의 방향이 자신의 내면에 있는지, 주위환경 등 외면에 향하는 지를 가리키는 척도이다.

질문	선택
A : 내성적인 성격인 편이다. B : 개방적인 성격인 편이다.	
A : 항상 신중하게 생각을 하는 편이다. B : 바로 행동에 착수하는 편이다.	
A : 수수하고 조심스러운 편이다. B : 자기 표현력이 강한 편이다.	
A : 다른 사람과 함께 있으면 침착하지 않다. B : 혼자서 있으면 침착하지 않다.	

▶측정결과

㉠ 'A'가 많은 경우(내향) : 관심의 방향이 자기 내면에 있으며, 조용하고 낯을 가리는 유형이다. 행동력은 부족하나 집중력이 뛰어나고 신중하고 꼼꼼하다.

㉡ 'B'가 많은 경우(외향) : 관심의 방향이 외부환경에 있으며, 사교적이고 활동적인 유형이다. 꼼꼼함이 부족하여 대충하는 경향이 있으나 행동력이 있다.

② 일(사물)을 보는 방법(직감 ⇆ 감각) … 일(사물)을 보는 법이 직감적으로 형식에 얽매이는지, 감각적으로 상식적인지를 가리키는 척도이다.

질문	선택
A : 현실주의적인 편이다. B : 상상력이 풍부한 편이다.	
A : 정형적인 방법으로 일을 처리하는 것을 좋아한다. B : 만들어진 방법에 변화가 있는 것을 좋아한다.	
A : 경험에서 가장 적합한 방법으로 선택한다. B : 지금까지 없었던 새로운 방법을 개척하는 것을 좋아한다.	
A : 성실하다는 말을 듣는다. B : 호기심이 강하다는 말을 듣는다.	

▶측정결과

㉠ 'A'가 많은 경우(감각) : 현실적이고 경험주의적이며 보수적인 유형이다.

㉡ 'B'가 많은 경우(직관) : 새로운 주제를 좋아하며, 독자적인 시각을 가진 유형이다.

③ 판단하는 방법(감정 ⇆ 사고) … 일을 감정적으로 판단하는지, 논리적으로 판단하는지를 가리키는 척도이다.

질문	선택
A : 인간관계를 중시하는 편이다. B : 일의 내용을 중시하는 편이다.	
A : 결론을 자기의 신념과 감정에서 이끌어내는 편이다. B : 결론을 논리적 사고에 의거하여 내리는 편이다.	
A : 다른 사람보다 동정적이고 눈물이 많은 편이다. B : 다른 사람보다 이성적이고 냉정하게 대응하는 편이다.	

▶측정결과

㉠ 'A'가 많은 경우(감정) : 일을 판단할 때 마음 · 감정을 중요하게 여기는 유형이다. 감정이 풍부하고 친절하나 엄격함이 부족하고 우유부단하며, 합리성이 부족하다.

㉡ 'B'가 많은 경우(사고) : 일을 판단할 때 논리성을 중요하게 여기는 유형이다. 이성적이고 합리적이나 타인에 대한 배려가 부족하다.

④ **환경에 대한 접근방법** … 주변상황에 어떻게 접근하는지, 그 판단기준을 어디에 두는지를 측정한다.

질문	선택
A : 사전에 계획을 세우지 않고 행동한다. B : 반드시 계획을 세우고 그것에 의거해서 행동한다.	
A : 자유롭게 행동하는 것을 좋아한다. B : 조직적으로 행동하는 것을 좋아한다.	
A : 조직성이나 관습에 속박당하지 않는다. B : 조직성이나 관습을 중요하게 여긴다.	
A : 계획 없이 낭비가 심한 편이다. B : 예산을 세워 물건을 구입하는 편이다.	

▶측정결과

㉠ 'A'가 많은 경우(지각) : 일의 변화에 융통성을 가지고 유연하게 대응하는 유형이다. 낙관적이며 질서보다는 자유를 좋아하나 임기응변식의 대응으로 무계획적인 인상을 줄 수 있다.

㉡ 'B'가 많은 경우(판단) : 일의 진행시 계획을 세워서 실행하는 유형이다. 순차적으로 진행하는 일을 좋아하고 끈기가 있으나 변화에 대해 적절하게 대응하지 못하는 경향이 있다.

04 인성검사의 대책

(1) 미리 알아두어야 할 점

② 출제 문항 수 … 성검사의 출제 문항 수는 특별히 정해진 것이 아니며 각 기업체의 기준에 따라 달라질 수 있다. 보통 100문항 이상에서 500문항까지 출제된다고 예상하면 된다.

② 출제형식

㉠ 1Set로 묶인 세 개의 문항 중 자신에게 가장 가까운 것(Most)과 가장 먼 것(Least)을 하나씩 고르는 유형

다음 세 가지 문항 중 자신에게 가장 가까운 것은 Most, 가장 먼 것은 Least에 체크하시오.

질문	Most	Least
① 자신의 생각이나 의견은 좀처럼 변하지 않는다.	✔	
② 구입한 후 끝까지 읽지 않은 책이 많다.		✔
③ 여행가기 전에 계획을 세운다.		

㉡ '예' 아니면 '아니오'의 유형

다음 문항을 읽고 자신에게 해당되는지 안 되는지를 판단하여 해당될 경우 '예'를, 해당되지 않을 경우 '아니오'를 고르시오.

질문	예	아니오
① 걱정거리가 있어서 잠을 못 잘 때가 있다.	✔	
② 시간에 쫓기는 것이 싫다.		✔

㉢ 그 외의 유형

다음 문항에 대해서 평소에 자신이 생각하고 있는 것이나 행동하고 있는 것에 체크하시오.

질문	전혀 그렇지 않다	그렇지 않다	그렇다	매우 그렇다
① 머리를 쓰는 것보다 땀을 흘리는 일이 좋다.			✔	
② 자신은 사교적이 아니라고 생각한다.	✔			

(2) 임하는 자세

① **솔직하게 있는 그대로 표현한다** … 인성검사는 평범한 일상생활 내용들을 다룬 짧은 문장과 어떤 대상이나 일에 대한 선로를 선택하는 문장으로 구성되었으므로 평소에 자신이 생각한 바를 너무 골똘히 생각하지 말고 문제를 보는 순간 떠오른 것을 표현한다.

② **모든 문제를 신속하게 대답한다** … 인성검사는 시간제한이 없는 것이 원칙이지만 기업들은 일정한 시간제한을 두고 있다. 인성검사는 개인의 성격과 자질을 알아보기 위한 검사이기 때문에 정답이 없다. 다만, 기업에서 바람직하게 생각하거나 기대되는 결과가 있을 뿐이다. 따라서 시간에 쫓겨서 대충 대답을 하는 것은 바람직하지 못하다.

③ **일관성 있게 대답한다** … 간혹 반복되는 문제들이 출제되기 때문에 일관성 있게 답하지 않으면 감점될 수 있으므로 유의한다. 실제로 공기업 인사부 직원의 인터뷰에 따르면 일관성이 없게 대답한 응시자들이 감점을 받아 탈락했다고 한다. 거짓된 응답을 하다보면 일관성 없는 결과가 나타날 수 있으므로, 위에서 언급한 대로 신속하고 솔직하게 답해 일관성 있는 응답을 하는 것이 중요하다.

④ **마지막까지 집중해서 검사에 임한다** … 장시간 진행되는 검사에 지치지 않고 마지막까지 집중해서 정확히 답할 수 있도록 해야 한다.

CHAPTER

02 실전 인성검사

▌1~400 ▌ 다음 (   ) 안에 당신에게 적합하다면 YES, 그렇지 않다면 NO를 선택하시오(인성검사는 응시자의 인성을 파악하기 위한 자료이므로 정답이 존재하지 않습니다).

YES NO

1. 조금이라도 나쁜 소식은 절망의 시작이라고 생각해버린다. ……( )( )
2. 언제나 실패가 걱정이 되어 어쩔 줄 모른다. ……( )( )
3. 다수결의 의견에 따르는 편이다. ……( )( )
4. 혼자서 식당에 들어가는 것은 전혀 두려운 일이 아니다. ……( )( )
5. 승부근성이 강하다. ……( )( )
6. 자주 흥분해서 침착하지 못하다. ……( )( )
7. 지금까지 살면서 타인에게 폐를 끼친 적이 없다. ……( )( )
8. 소곤소곤 이야기하는 것을 보면 자기에 대해 험담하고 있는 것으로 생각된다. ……( )( )
9. 무엇이든지 자기가 나쁘다고 생각하는 편이다. ……( )( )
10. 자신을 변덕스러운 사람이라고 생각한다. ……( )( )
11. 고독을 즐기는 편이다. ……( )( )
12. 자존심이 강하다고 생각한다. ……( )( )
13. 금방 흥분하는 성격이다. ……( )( )
14. 거짓말을 한 적이 없다. ……( )( )
15. 신경질적인 편이다. ……( )( )
16. 끙끙대며 고민하는 타입이다. ……( )( )
17. 감정적인 사람이라고 생각한다. ……( )( )

	YES	NO
18. 자신만의 신념을 가지고 있다.	( )	( )
19. 다른 사람을 바보 같다고 생각한 적이 있다.	( )	( )
20. 금방 말해버리는 편이다.	( )	( )
21. 싫어하는 사람이 없다.	( )	( )
22. 대재앙이 오지 않을까 항상 걱정을 한다.	( )	( )
23. 쓸데없는 고생을 하는 일이 많다.	( )	( )
24. 자주 생각이 바뀌는 편이다.	( )	( )
25. 문제점을 해결하기 위해 여러 사람과 상의한다.	( )	( )
26. 내 방식대로 일을 한다.	( )	( )
27. 영화를 보고 운 적이 많다.	( )	( )
28. 어떤 것에 대해서도 화낸 적이 없다.	( )	( )
29. 사소한 충고에도 걱정을 한다.	( )	( )
30. 자신은 도움이 안되는 사람이라고 생각한다.	( )	( )
31. 금방 싫증을 내는 편이다.	( )	( )
32. 개성적인 사람이라고 생각한다.	( )	( )
33. 자기 주장이 강한 편이다.	( )	( )
34. 뒤숭숭하다는 말을 들은 적이 있다.	( )	( )
35. 학교를 쉬고 싶다고 생각한 적이 한 번도 없다.	( )	( )
36. 사람들과 관계맺는 것을 보면 잘하지 못한다.	( )	( )
37. 사려깊은 편이다.	( )	( )
38. 몸을 움직이는 것을 좋아한다.	( )	( )
39. 끈기가 있는 편이다.	( )	( )
40. 신중한 편이라고 생각한다.	( )	( )
41. 인생의 목표는 큰 것이 좋다.	( )	( )

	YES	NO
42. 어떤 일이라도 바로 시작하는 타입이다.	( )	( )
43. 낯가림을 하는 편이다.	( )	( )
44. 생각하고 나서 행동하는 편이다.	( )	( )
45. 쉬는 날은 밖으로 나가는 경우가 많다.	( )	( )
46. 시작한 일은 반드시 완성시킨다.	( )	( )
47. 면밀한 계획을 세운 여행을 좋아한다.	( )	( )
48. 야망이 있는 편이라고 생각한다.	( )	( )
49. 활동력이 있는 편이다.	( )	( )
50. 많은 사람들과 왁자지껄하게 식사하는 것을 좋아하지 않는다.	( )	( )
51. 돈을 허비한 적이 없다.	( )	( )
52. 운동회를 아주 좋아하고 기대했다.	( )	( )
53. 하나의 취미에 열중하는 타입이다.	( )	( )
54. 모임에서 회장에 어울린다고 생각한다.	( )	( )
55. 입신출세의 성공이야기를 좋아한다.	( )	( )
56. 어떠한 일도 의욕을 가지고 임하는 편이다.	( )	( )
57. 학급에서는 존재가 희미했다.	( )	( )
58. 항상 무언가를 생각하고 있다.	( )	( )
59. 스포츠는 보는 것보다 하는 게 좋다.	( )	( )
60. '참 잘했네요'라는 말을 듣는다.	( )	( )
61. 흐린 날은 반드시 우산을 가지고 간다.	( )	( )
62. 주연상을 받을 수 있는 배우를 좋아한다.	( )	( )
63. 공격하는 타입이라고 생각한다.	( )	( )
64. 리드를 받는 편이다.	( )	( )
65. 너무 신중해서 기회를 놓친 적이 있다.	( )	( )

	YES	NO
66. 시원시원하게 움직이는 타입이다.	( )	( )
67. 야근을 해서라도 업무를 끝낸다.	( )	( )
68. 누군가를 방문할 때는 반드시 사전에 확인한다.	( )	( )
69. 노력해도 결과가 따르지 않으면 의미가 없다.	( )	( )
70. 무조건 행동해야 한다.	( )	( )
71. 유행에 둔감하다고 생각한다.	( )	( )
72. 정해진대로 움직이는 것은 시시하다.	( )	( )
73. 꿈을 계속 가지고 있고 싶다.	( )	( )
74. 질서보다 자유를 중요시하는 편이다.	( )	( )
75. 혼자서 취미에 몰두하는 것을 좋아한다.	( )	( )
76. 직관적으로 판단하는 편이다.	( )	( )
77. 영화나 드라마를 보면 등장인물의 감정에 이입된다.	( )	( )
78. 시대의 흐름에 역행해서라도 자신을 관철하고 싶다.	( )	( )
79. 다른 사람의 소문에 관심이 없다.	( )	( )
80. 창조적인 편이다.	( )	( )
81. 비교적 눈물이 많은 편이다.	( )	( )
82. 융통성이 있다고 생각한다.	( )	( )
83. 친구의 휴대전화 번호를 잘 모른다.	( )	( )
84. 스스로 고안하는 것을 좋아한다.	( )	( )
85. 정이 두터운 사람으로 남고 싶다.	( )	( )
86. 조직의 일원으로 별로 안 어울린다.	( )	( )
87. 세상의 일에 별로 관심이 없다.	( )	( )
88. 변화를 추구하는 편이다.	( )	( )
89. 업무는 인간관계로 선택한다.	( )	( )

YES NO

90. 환경이 변하는 것에 구애되지 않는다. ( )( )

91. 불안감이 강한 편이다. ( )( )

92. 인생은 살 가치가 없다고 생각한다. ( )( )

93. 의지가 약한 편이다. ( )( )

94. 다른 사람이 하는 일에 별로 관심이 없다. ( )( )

95. 사람을 설득시키는 것은 어렵지 않다. ( )( )

96. 심심한 것을 못 참는다. ( )( )

97. 다른 사람을 욕한 적이 한 번도 없다. ( )( )

98. 다른 사람에게 어떻게 보일지 신경을 쓴다. ( )( )

99. 금방 낙심하는 편이다. ( )( )

100. 다른 사람에게 의존하는 경향이 있다. ( )( )

101. 그다지 융통성이 있는 편이 아니다. ( )( )

102. 다른 사람이 내 의견에 간섭하는 것이 싫다. ( )( )

103. 낙천적인 편이다. ( )( )

104. 숙제를 잊어버린 적이 한 번도 없다. ( )( )

105. 밤길에는 발소리가 들리기만 해도 불안하다. ( )( )

106. 상냥하다는 말을 들은 적이 있다. ( )( )

107. 자신은 유치한 사람이다. ( )( )

108. 잡담을 하는 것보다 책을 읽는게 낫다. ( )( )

109. 나는 영업에 적합한 타입이라고 생각한다. ( )( )

110. 술자리에서 술을 마시지 않아도 흥을 돋울 수 있다. ( )( )

111. 한 번도 병원에 간 적이 없다. ( )( )

112. 나쁜 일은 걱정이 되어서 어쩔 줄을 모른다. ( )( )

113. 쉽게 무기력해지는 편이다. ( )( )

YES NO

114. 비교적 고분고분한 편이라고 생각한다. ……( )( )

115. 독자적으로 행동하는 편이다. ……( )( )

116. 적극적으로 행동하는 편이다. ……( )( )

117. 금방 감격하는 편이다. ……( )( )

118. 어떤 것에 대해서는 불만을 가진 적이 없다. ……( )( )

119. 밤에 못 잘 때가 많다. ……( )( )

120. 자주 후회하는 편이다. ……( )( )

121. 뜨거워지기 쉽고 식기 쉽다. ……( )( )

122. 자신만의 세계를 가지고 있다. ……( )( )

123. 많은 사람 앞에서도 긴장하는 일은 없다. ……( )( )

124. 말하는 것을 아주 좋아한다. ……( )( )

125. 인생을 포기하는 마음을 가진 적이 한 번도 없다. ……( )( )

126. 어두운 성격이다. ……( )( )

127. 금방 반성한다. ……( )( )

128. 활동범위가 넓은 편이다. ……( )( )

129. 자신을 끈기있는 사람이라고 생각한다. ……( )( )

130. 좋다고 생각하더라도 좀 더 검토하고 나서 실행한다. ……( )( )

131. 위대한 인물이 되고 싶다. ……( )( )

132. 한 번에 많은 일을 떠맡아도 힘들지 않다. ……( )( )

133. 사람과 만날 약속은 부담스럽다. ……( )( )

134. 질문을 받으면 충분히 생각하고 나서 대답하는 편이다. ……( )( )

135. 머리를 쓰는 것보다 땀을 흘리는 일이 좋다. ……( )( )

136. 결정한 것에는 철저히 구속받는다. ……( )( )

137. 외출 시 문을 잠그었는지 몇 번을 확인한다. ……( )( )

YES NO

138. 이왕 할 거라면 일등이 되고 싶다. ( )( )

139. 과감하게 도전하는 타입이다. ( )( )

140. 자신은 사교적이 아니라고 생각한다. ( )( )

141. 무심코 도리에 대해서 말하고 싶어진다. ( )( )

142. '항상 건강하네요'라는 말을 듣는다. ( )( )

143. 단념하면 끝이라고 생각한다. ( )( )

144. 예상하지 못한 일은 하고 싶지 않다. ( )( )

145. 파란만장하더라도 성공하는 인생을 걷고 싶다. ( )( )

146. 활기찬 편이라고 생각한다. ( )( )

147. 소극적인 편이라고 생각한다. ( )( )

148. 무심코 평론가가 되어 버린다. ( )( )

149. 자신은 성급하다고 생각한다. ( )( )

150. 꾸준히 노력하는 타입이라고 생각한다. ( )( )

151. 내일의 계획이라도 메모한다. ( )( )

152. 리더십이 있는 사람이 되고 싶다. ( )( )

153. 열정적인 사람이라고 생각한다. ( )( )

154. 다른 사람 앞에서 이야기를 잘 하지 못한다. ( )( )

155. 통찰력이 있는 편이다. ( )( )

156. 엉덩이가 가벼운 편이다. ( )( )

157. 여러 가지로 구애됨이 있다. ( )( )

158. 돌다리도 두들겨 보고 건너는 쪽이 좋다. ( )( )

159. 자신에게는 권력욕이 있다. ( )( )

160. 업무를 할당받으면 기쁘다. ( )( )

161. 사색적인 사람이라고 생각한다. ( )( )

YES NO

162. 비교적 개혁적이다. ( )( )

163. 좋고 싫음으로 정할 때가 많다. ( )( )

164. 전통에 구애되는 것은 버리는 것이 적절하다. ( )( )

165. 교제 범위가 좁은 편이다. ( )( )

166. 발상의 전환을 할 수 있는 타입이라고 생각한다. ( )( )

167. 너무 주관적이어서 실패한다. ( )( )

168. 현실적이고 실용적인 면을 추구한다. ( )( )

169. 내가 어떤 배우의 팬인지 아무도 모른다. ( )( )

170. 현실보다 가능성이다. ( )( )

171. 마음이 담겨 있으면 선물은 아무 것이나 좋다. ( )( )

172. 여행은 마음대로 하는 것이 좋다. ( )( )

173. 추상적인 일에 관심이 있는 편이다. ( )( )

174. 일은 대담히 하는 편이다. ( )( )

175. 괴로워하는 사람을 보면 우선 동정한다. ( )( )

176. 가치기준은 자신의 안에 있다고 생각한다. ( )( )

177. 조용하고 조심스러운 편이다. ( )( )

178. 상상력이 풍부한 편이라고 생각한다. ( )( )

179. 의리, 인정이 두터운 상사를 만나고 싶다. ( )( )

180. 인생의 앞날을 알 수 없어 재미있다. ( )( )

181. 밝은 성격이다. ( )( )

182. 별로 반성하지 않는다. ( )( )

183. 활동범위가 좁은 편이다. ( )( )

184. 자신을 시원시원한 사람이라고 생각한다. ( )( )

185. 좋다고 생각하면 바로 행동한다. ( )( )

YES NO

186. 좋은 사람이 되고 싶다. ( )( )

187. 한 번에 많은 일을 떠맡는 것은 골칫거리라고 생각한다. ( )( )

188. 사람과 만날 약속은 즐겁다. ( )( )

189. 질문을 받으면 그때의 느낌으로 대답하는 편이다. ( )( )

190. 땀을 흘리는 것보다 머리를 쓰는 일이 좋다. ( )( )

191. 결정한 것이라도 그다지 구속받지 않는다. ( )( )

192. 외출 시 문을 잠갔는지 별로 확인하지 않는다. ( )( )

193. 지위에 어울리면 된다. ( )( )

194. 안전책을 고르는 타입이다. ( )( )

195. 자신은 사교적이라고 생각한다. ( )( )

196. 도리는 상관없다. ( )( )

197. 침착하다는 말을 듣는다. ( )( )

198. 단념이 중요하다고 생각한다. ( )( )

199. 예상하지 못한 일도 해보고 싶다. ( )( )

200. 평범하고 평온하게 행복한 인생을 살고 싶다. ( )( )

201. 몹시 귀찮아하는 편이라고 생각한다. ( )( )

202. 특별히 소극적이라고 생각하지 않는다. ( )( )

203. 이것저것 평하는 것이 싫다. ( )( )

204. 자신은 성급하지 않다고 생각한다. ( )( )

205. 꾸준히 노력하는 것을 잘 하지 못한다. ( )( )

206. 내일의 계획은 머릿속에 기억한다. ( )( )

207. 협동성이 있는 사람이 되고 싶다. ( )( )

208. 열정적인 사람이라고 생각하지 않는다. ( )( )

209. 다른 사람 앞에서 이야기를 잘한다. ( )( )

YES NO

210. 행동력이 있는 편이다. ( )( )

211. 엉덩이가 무거운 편이다. ( )( )

212. 특별히 구애받는 것이 없다. ( )( )

213. 돌다리는 두들겨 보지 않고 건너도 된다. ( )( )

214. 자신에게는 권력욕이 없다. ( )( )

215. 업무를 할당받으면 부담스럽다. ( )( )

216. 활동적인 사람이라고 생각한다. ( )( )

217. 비교적 보수적이다. ( )( )

218. 손해인지 이익인지를 기준으로 결정할 때가 많다. ( )( )

219. 전통을 견실히 지키는 것이 적절하다. ( )( )

220. 교제 범위가 넓은 편이다. ( )( )

221. 상식적인 판단을 할 수 있는 타입이라고 생각한다. ( )( )

222. 너무 객관적이어서 실패한다. ( )( )

223. 보수적인 면을 추구한다. ( )( )

224. 내가 누구의 팬인지 주변의 사람들이 안다. ( )( )

225. 가능성보다 현실이다. ( )( )

226. 그 사람이 필요한 것을 선물하고 싶다. ( )( )

227. 여행은 계획적으로 하는 것이 좋다. ( )( )

228. 구체적인 일에 관심이 있는 편이다. ( )( )

229. 일은 착실히 하는 편이다. ( )( )

230. 괴로워하는 사람을 보면 우선 이유를 생각한다. ( )( )

231. 가치기준은 자신의 밖에 있다고 생각한다. ( )( )

232. 밝고 개방적인 편이다. ( )( )

233. 현실 인식을 잘하는 편이라고 생각한다. ( )( )

YES NO

234. 공평하고 공적인 상사를 만나고 싶다. ……………………………………………………( )( )

235. 시시해도 계획적인 인생이 좋다. ……………………………………………………( )( )

236. 적극적으로 사람들과 관계를 맺는 편이다. ……………………………………………………( )( )

237. 활동적인 편이다. ……………………………………………………( )( )

238. 몸을 움직이는 것을 좋아하지 않는다. ……………………………………………………( )( )

239. 쉽게 질리는 편이다. ……………………………………………………( )( )

240. 경솔한 편이라고 생각한다. ……………………………………………………( )( )

241. 인생의 목표는 손이 닿을 정도면 된다. ……………………………………………………( )( )

242. 무슨 일도 좀처럼 시작하지 못한다. ……………………………………………………( )( )

243. 초면인 사람과도 바로 친해질 수 있다. ……………………………………………………( )( )

244. 행동하고 나서 생각하는 편이다. ……………………………………………………( )( )

245. 쉬는 날은 집에 있는 경우가 많다. ……………………………………………………( )( )

246. 완성되기 전에 포기하는 경우가 많다. ……………………………………………………( )( )

247. 계획 없는 여행을 좋아한다. ……………………………………………………( )( )

248. 욕심이 없는 편이라고 생각한다. ……………………………………………………( )( )

249. 활동력이 별로 없다. ……………………………………………………( )( )

250. 많은 사람들과 왁자지껄하게 식사하는 것을 좋아한다. ……………………………………………………( )( )

251. 이유 없이 불안할 때가 있다. ……………………………………………………( )( )

252. 주위 사람의 의견을 생각해서 발언을 자제할 때가 있다. ……………………………………………………( )( )

253. 자존심이 강한 편이다. ……………………………………………………( )( )

254. 생각 없이 함부로 말하는 경우가 많다. ……………………………………………………( )( )

255. 정리가 되지 않은 방에 있으면 불안하다. ……………………………………………………( )( )

256. 거짓말을 한 적이 한 번도 없다. ……………………………………………………( )( )

257. 슬픈 영화나 TV를 보면 자주 운다. ……………………………………………………( )( )

YES NO

258. 자신을 충분히 신뢰할 수 있다고 생각한다. ·········( )( )

259. 노래방을 아주 좋아한다. ·········( )( )

260. 자신만이 할 수 있는 일을 하고 싶다. ·········( )( )

261. 자신을 과소평가하는 경향이 있다. ·········( )( )

262. 책상 위나 서랍 안은 항상 깔끔히 정리한다. ·········( )( )

263. 건성으로 일을 할 때가 자주 있다. ·········( )( )

264. 남의 험담을 한 적이 없다. ·········( )( )

265. 쉽게 화를 낸다는 말을 듣는다. ·········( )( )

266. 초초하면 손을 떨고, 심장박동이 빨라진다. ·········( )( )

267. 토론하여 진 적이 한 번도 없다. ·········( )( )

268. 덩달아 떠든다고 생각할 때가 자주 있다. ·········( )( )

269. 아첨에 넘어가기 쉬운 편이다. ·········( )( )

270. 주변 사람이 자기 험담을 하고 있다고 생각할 때가 있다. ·········( )( )

271. 이론만 내세우는 사람과 대화하면 짜증이 난다. ·········( )( )

272. 상처를 주는 것도, 받는 것도 싫다. ·········( )( )

273. 매일 그날을 반성한다. ·········( )( )

274. 주변 사람이 피곤해 하여도 자신은 원기왕성하다. ·········( )( )

275. 친구를 재미있게 하는 것을 좋아한다. ·········( )( )

276. 아침부터 아무것도 하고 싶지 않을 때가 있다. ·········( )( )

277. 지각을 하면 학교를 결석하고 싶어졌다. ·········( )( )

278. 이 세상에 없는 세계가 존재한다고 생각한다. ·········( )( )

279. 하기 싫은 것을 하고 있으면 무심코 불만을 말한다. ·········( )( )

280. 투지를 드러내는 경향이 있다. ·········( )( )

281. 뜨거워지기 쉽고 식기 쉬운 성격이다. ·········( )( )

YES NO

282. 어떤 일이라도 헤쳐 나가는 데 자신이 있다. ( )( )

283. 착한 사람이라는 말을 들을 때가 많다. ( )( )

284. 자신을 다른 사람보다 뛰어나다고 생각한다. ( )( )

285. 개성적인 사람이라는 말을 자주 듣는다. ( )( )

286. 누구와도 편하게 대화할 수 있다. ( )( )

287. 특정 인물이나 집단에서라면 가볍게 대화할 수 있다. ( )( )

288. 사물에 대해 깊이 생각하는 경향이 있다. ( )( )

289. 스트레스를 해소하기 위해 집에서 조용히 지낸다. ( )( )

290. 계획을 세워서 행동하는 것을 좋아한다. ( )( )

291. 현실적인 편이다. ( )( )

292. 주변의 일을 성급하게 해결한다. ( )( )

293. 이성적인 사람이 되고 싶다고 생각한다. ( )( )

294. 생각한 일을 행동으로 옮기지 않으면 기분이 찜찜하다. ( )( )

295. 생각했다고 해서 꼭 행동으로 옮기는 것은 아니다. ( )( )

296. 목표 달성을 위해서는 온갖 노력을 다한다. ( )( )

297. 적은 친구랑 깊게 사귀는 편이다. ( )( )

298. 경쟁에서 절대로 지고 싶지 않다. ( )( )

299. 내일해도 되는 일을 오늘 안에 끝내는 편이다. ( )( )

300. 새로운 친구를 곧 사귈 수 있다. ( )( )

301. 문장은 미리 내용을 결정하고 나서 쓴다. ( )( )

302. 사려 깊은 사람이라는 말을 듣는 편이다. ( )( )

303. 활발한 사람이라는 말을 듣는 편이다. ( )( )

304. 기회가 있으면 꼭 얻는 편이다. ( )( )

305. 외출이나 초면의 사람을 만나는 일은 잘 하지 못한다. ( )( )

YES NO

306. 단념하는 것은 있을 수 없다. ( )( )

307. 위험성을 무릅쓰면서 성공하고 싶다고 생각하지 않는다. ( )( )

308. 학창시절 체육수업을 좋아했다. ( )( )

309. 휴일에는 집 안에서 편안하게 있을 때가 많다. ( )( )

310. 무슨 일도 결과가 중요하다. ( )( )

311. 성격이 유연하게 대응하는 편이다. ( )( )

312. 더 높은 능력이 요구되는 일을 하고 싶다. ( )( )

313. 자기 능력의 범위 내에서 정확히 일을 하고 싶다. ( )( )

314. 새로운 사람을 만날 때는 두근거린다. ( )( )

315. '누군가 도와주지 않을까'라고 생각하는 편이다. ( )( )

316. 건강하고 활발한 사람을 동경한다. ( )( )

317. 친구가 적은 편이다. ( )( )

318. 문장을 쓰면서 생각한다. ( )( )

319. 정해진 친구만 교제한다. ( )( )

320. 한 우물만 파고 싶다. ( )( )

321. 여러가지 일을 경험하고 싶다. ( )( )

322. 스트레스를 해소하기 위해 몸을 움직인다. ( )( )

323. 사물에 대해 가볍게 생각하는 경향이 있다. ( )( )

324. 기한이 정해진 일은 무슨 일이 있어도 끝낸다. ( )( )

325. 결론이 나도 여러 번 생각을 하는 편이다. ( )( )

326. 일단 무엇이든지 도전하는 편이다. ( )( )

327. 쉬는 날은 외출하고 싶다. ( )( )

328. 사교성이 있는 편이라고 생각한다. ( )( )

329. 남의 앞에 나서는 것을 잘 하지 못하는 편이다. ( )( )

YES NO

330. 모르는 것이 있어도 행동하면서 생각한다. ······( )( )

331. 납득이 안 되면 행동이 안 된다. ······( )( )

332. 약속시간에 여유를 가지고 약간 빨리 나가는 편이다. ······( )( )

333. 현실적이다. ······( )( )

334. 곰곰이 끝까지 해내는 편이다. ······( )( )

335. 유연히 대응하는 편이다. ······( )( )

336. 휴일에는 운동 등으로 몸을 움직일 때가 많다. ······( )( )

337. 학창시절 체육수업을 못했다. ······( )( )

338. 성공을 위해서는 어느 정도의 위험성을 감수한다. ······( )( )

339. 단념하는 것이 필요할 때도 있다. ······( )( )

340. '내가 안하면 누가 할 것인가'라고 생각하는 편이다. ······( )( )

341. 새로운 사람을 만날 때는 용기가 필요하다. ······( )( )

342. 친구가 많은 편이다. ······( )( )

343. 차분하고 사려 깊은 사람을 동경한다. ······( )( )

344. 결론이 나면 신속히 행동으로 옮겨진다. ······( )( )

345. 기한 내에 끝내지 못하는 일이 있다. ······( )( )

346. 이유 없이 불안할 때가 있다. ······( )( )

347. 주위 사람의 의견을 생각해서 발언을 자제할 때가 있다. ······( )( )

348. 자존심이 강한 편이다. ······( )( )

349. 생각 없이 함부로 말하는 경우가 많다. ······( )( )

350. 정리가 되지 않은 방에 있으면 불안하다. ······( )( )

351. 거짓말을 한 적이 한 번도 없다. ······( )( )

352. 슬픈 영화나 TV를 보면 자주 운다. ······( )( )

353. 자신을 충분히 신뢰할 수 있다고 생각한다. ······( )( )

YES NO

354. 노래방을 아주 좋아한다. ……………………………………………………( )( )

355. 자신만이 할 수 있는 일을 하고 싶다. ……………………………………( )( )

356. 자신을 과소평가하는 경향이 있다. ………………………………………( )( )

357. 책상 위나 서랍 안은 항상 깔끔히 정리한다. ……………………………( )( )

358. 건성으로 일을 할 때가 자주 있다. ………………………………………( )( )

359. 남의 험담을 한 적이 없다. ………………………………………………( )( )

360. 쉽게 화를 낸다는 말을 듣는다. …………………………………………( )( )

361. 초초하면 손을 떨고, 심장박동이 빨라진다. ……………………………( )( )

362. 토론하여 진 적이 한 번도 없다. …………………………………………( )( )

363. 덩달아 떠든다고 생각할 때가 자주 있다. ………………………………( )( )

364. 아첨에 넘어가기 쉬운 편이다. ……………………………………………( )( )

365. 주변 사람이 자기 험담을 하고 있다고 생각할 때가 있다. ……………( )( )

366. 이론만 내세우는 사람과 대화하면 짜증이 난다. ………………………( )( )

367. 상처를 주는 것도, 받는 것도 싫다. ……………………………………( )( )

368. 매일 그날을 반성한다. ……………………………………………………( )( )

369. 주변 사람이 피곤해하여도 자신은 원기왕성하다. ………………………( )( )

370. 친구를 재미있게 하는 것을 좋아한다. …………………………………( )( )

371. 아침부터 아무것도 하고 싶지 않을 때가 있다. …………………………( )( )

372. 지각을 하면 학교를 결석하고 싶어진다. ………………………………( )( )

373. 이 세상에 없는 세계가 존재한다고 생각한다. …………………………( )( )

374. 하기 싫은 것을 하고 있으면 무심코 불만을 말한다. …………………( )( )

375. 투지를 드러내는 경향이 있다. ……………………………………………( )( )

376. 뜨거워지기 쉽고 식기 쉬운 성격이다. …………………………………( )( )

377. 어떤 일이라도 헤쳐 나가는데 자신이 있다. ……………………………( )( )

YES NO

378. 착한 사람이라는 말을 들을 때가 많다. ( )( )

379. 자신을 다른 사람보다 뛰어나다고 생각한다. ( )( )

380. 개성적인 사람이라는 말을 자주 듣는다. ( )( )

381. 누구와도 편하게 대화할 수 있다. ( )( )

382. 특정 인물이나 집단에서라면 가볍게 대화할 수 있다. ( )( )

383. 사물에 대해 깊이 생각하는 경향이 있다. ( )( )

384. 스트레스를 해소하기 위해 집에서 조용히 지낸다. ( )( )

385. 계획을 세워서 행동하는 것을 좋아한다. ( )( )

386. 현실적인 편이다. ( )( )

387. 주변의 일을 성급하게 해결한다. ( )( )

388. 이성적인 사람이 되고 싶다고 생각한다. ( )( )

389. 생각한 일을 행동으로 옮기지 않으면 기분이 찜찜하다. ( )( )

390. 생각했다고 해서 꼭 행동으로 옮기는 것은 아니다. ( )( )

391. 목표 달성을 위해서는 온갖 노력을 다한다. ( )( )

392. 적은 친구랑 깊게 사귀는 편이다. ( )( )

393. 경쟁에서 절대로 지고 싶지 않다. ( )( )

394. 내일해도 되는 일을 오늘 안에 끝내는 편이다. ( )( )

395. 새로운 친구를 곧 사귈 수 있다. ( )( )

396. 문장은 미리 내용을 결정하고 나서 쓴다. ( )( )

397. 사려 깊은 사람이라는 말을 듣는 편이다. ( )( )

398. 활발한 사람이라는 말을 듣는 편이다. ( )( )

399. 기회가 있으면 꼭 얻는 편이다. ( )( )

400. 외출이나 초면의 사람을 만나는 일은 잘 하지 못한다. ( )( )

PART

IV

면접

CHAPTER

01 면접의 기본

01 면접준비

(1) 면접의 기본 원칙

① 면접의 의미 … 다양한 면접기법을 활용하여 지원한 직무에 필요한 능력을 지원자가 보유하고 있는지를 확인하는 절차라고 할 수 있다. 즉, 지원자의 입장에서는 채용 직무수행에 필요한 요건들과 관련하여 자신의 환경, 경험, 관심사, 성취 등에 대해 기업에 직접 어필할 수 있는 기회를 제공받는 것이며, 기업의 입장에서는 서류전형만으로 알 수 없는 지원자에 대한 정보를 직접적으로 수집하고 평가하는 것이다.

② 면접의 특징 … 면접은 기업의 입장에서 서류전형이나 필기전형에서 드러나지 않는 지원자의 능력이나 성향을 볼 수 있는 기회로, 면대면으로 이루어지며 즉흥적인 질문들이 포함될 수 있기 때문에 지원자가 완벽하게 준비하기 어려운 부분이 있다. 하지만 지원자 입장에서도 서류전형이나 필기전형에서 모두 보여주지 못한 자신의 능력 등을 기업의 인사담당자에게 어필할 수 있는 추가적인 기회가 될 수도 있다.

[서류 · 필기전형과 차별화되는 면접의 특징]

- 직무수행과 관련된 다양한 지원자 행동에 대한 관찰이 가능하다.
- 면접관이 알고자 하는 정보를 심층적으로 파악할 수 있다.
- 서류상의 미비한 사항과 의심스러운 부분을 확인할 수 있다.
- 커뮤니케이션 능력, 대인관계 능력 등 행동 · 언어적 정보도 얻을 수 있다.

③ 면접의 유형

㉠ **구조화 면접** : 사전에 계획을 세워 질문의 내용과 방법, 지원자의 답변 유형에 따른 추가 질문과 그에 대한 평가 역량이 정해져 있는 면접 방식으로 표준화 면접이라고도 한다.

- 표준화된 질문이나 평가요소가 면접 전 확정되며, 지원자는 편성된 조나 면접관에 영향을 받지 않고 동일한 질문과 시간을 부여받을 수 있다.
- 조직 또는 직무별로 주요하게 도출된 역량을 기반으로 평가요소가 구성되어, 조직 또는 직무에서 필요한 역량을 가진 지원자를 선발할 수 있다.
- 표준화된 형식을 사용하는 특성 때문에 비구조화 면접에 비해 신뢰성과 타당성, 객관성이 높다.

㉡ **비구조화 면접** : 면접 계획을 세울 때 면접 목적만을 명시하고 내용이나 방법은 면접관에게 전적으로 일임하는 방식으로 비표준화 면접이라고도 한다.

- 표준화된 질문이나 평가요소 없이 면접이 진행되며, 편성된 조나 면접관에 따라 지원자에게 주어지는 질문이나 시간이 다르다.
- 면접관의 주관적인 판단에 따라 평가가 이루어져 평가 오류가 빈번히 일어난다.
- 상황 대처나 언변이 뛰어난 지원자에게 유리한 면접이 될 수 있다.

④ 경쟁력 있는 면접 요령

㉠ 면접 전에 준비하고 유념할 사항

- 예상 질문과 답변을 미리 작성한다.
- 작성한 내용을 문장으로 외우지 않고 키워드로 기억한다.
- 지원한 회사의 최근 기사를 검색하여 기억한다.
- 지원한 회사가 속한 산업군의 최근 기사를 검색하여 기억한다.
- 면접 전 1주일간 이슈가 되는 뉴스를 기억하고 자신의 생각을 반영하여 정리한다.
- 찬반토론에 대비한 주제를 목록으로 정리하여 자신의 논리를 내세운 예상답변을 작성한다.

㉡ 면접장에서 유념할 사항

- 질문의 의도 파악 : 답변을 할 때에는 질문 의도를 파악하고 그에 충실한 답변이 될 수 있도록 질문사항을 유념해야 한다. 많은 지원자가 하는 실수 중 하나로 답변을 하는 도중 자기 말에 심취되어 질문의 의도와 다른 답변을 하거나 자신이 알고 있는 지식만을 나열하는 경우가 있는데, 이럴 경우 의사소통능력이 부족한 사람으로 인식될 수 있으므로 주의하도록 한다.

• 답변은 두괄식 : 답변을 할 때에는 두괄식으로 결론을 먼저 말하고 그 이유를 설명하는 것이 좋다. 미괄식으로 답변을 할 경우 용두사미의 답변이 될 가능성이 높으며, 결론을 이끌어 내는 과정에서 논리성이 결여될 우려가 있다. 또한 면접관이 결론을 듣기 전에 말을 끊고 다른 질문을 추가하는 예상치 못한 상황이 발생될 수 있으므로 답변은 자신이 전달하고자 하는 바를 먼저 밝히고 그에 대한 설명을 하는 것이 좋다.
• 지원한 회사의 기업정신과 인재상을 기억 : 답변을 할 때에는 회사가 원하는 인재라는 인상을 심어주기 위해 지원한 회사의 기업정신과 인재상 등을 염두에 두고 답변을 하는 것이 좋다. 모든 회사에 해당되는 두루뭉술한 답변보다는 지원한 회사에 맞는 맞춤형 답변을 하는 것이 좋다.
• 나보다는 회사와 사회적 관점에서 답변 : 답변을 할 때에는 자기중심적인 관점을 피하고 좀 더 넓은 시각으로 회사와 국가, 사회적 입장까지 고려하는 인재임을 어필하는 것이 좋다. 자기중심적 시각을 바탕으로 자신의 출세만을 위해 회사에 입사하려는 인상을 심어줄 경우 면접에서 불이익을 받을 가능성이 높다.
• 난처한 질문은 정직한 답변 : 난처한 질문에 답변을 해야 할 때에는 피하기보다는 정면 돌파로 정직하고 솔직하게 답변하는 것이 좋다. 난처한 부분을 감추고 드러내지 않으려 회피하는 지원자의 모습은 인사담당자에게 입사 후에도 비슷한 상황에 처했을 때 회피할 수도 있다는 우려를 심어줄 수 있다. 따라서 직장생활에 있어 중요한 덕목 중 하나인 정직을 바탕으로 솔직하게 답변을 하도록 한다.

(2) 면접의 종류 및 준비 전략

① 인성면접

㉠ 면접 방식 및 판단기준

• 면접 방식 : 인성면접은 면접관이 가지고 있는 개인적 면접 노하우나 관심사에 의해 질문을 실시한다. 주로 입사지원서나 자기소개서의 내용을 토대로 지원동기, 과거의 경험, 미래 포부 등을 이야기하도록 하는 방식이다.
• 판단기준 : 면접관의 개인적 가치관과 경험, 해당 역량의 수준, 경험의 구체성 · 진실성 등

㉡ 특징 : 인성면접은 그 방식으로 인해 역량과 무관한 질문들이 많고 지원자에게 주어지는 면접질문, 시간 등이 다를 수 있다. 또한 입사지원서나 자기소개서의 내용을 토대로 하기 때문에 지원자별 질문이 달라질 수 있다.

㉢ 예시 문항 및 준비전략

• 예시 문항

• 3분 동안 자기소개를 해 보십시오.
• 자신의 장점과 단점을 말해 보십시오.
• 학점이 좋지 않은데 그 이유가 무엇입니까?
• 최근에 인상 깊게 읽은 책은 무엇입니까?
• 회사를 선택할 때 중요시하는 것은 무엇입니까?
• 일과 개인생활 중 어느 쪽을 중시합니까?
• 10년 후 자신은 어떤 모습일 것이라고 생각합니까?
• 휴학 기간 동안에는 무엇을 했습니까?

• 준비전략 : 인성면접은 입사지원서나 자기소개서의 내용을 바탕으로 하는 경우가 많으므로 자신이 작성한 입사지원서와 자기소개서의 내용을 충분히 숙지하도록 한다. 또한 최근 사회적으로 이슈가 되고 있는 뉴스에 대한 견해를 묻거나 시사상식 등에 대한 질문을 받을 수 있으므로 이에 대한 대비도 필요하다. 자칫 부담스러워 보이지 않는 질문으로 가볍게 대답하지 않도록 주의하고 모든 질문에 입사 의지를 담아 성실하게 답변하는 것이 중요하다.

② 발표면접

㉠ 면접 방식 및 판단기준

• 면접 방식 : 지원자가 특정 주제와 관련된 자료를 검토하고 그에 대한 자신의 생각을 면접관 앞에서 주어진 시간 동안 발표하고 추가 질의를 받는 방식으로 진행된다.

• 판단기준 : 지원자의 사고력, 논리력, 문제해결력 등

㉡ 특징 : 발표면접은 지원자에게 과제를 부여한 후, 과제를 수행하는 과정과 결과를 관찰 · 평가한다. 따라서 과제수행 결과뿐 아니라 수행과정에서의 행동을 모두 평가할 수 있다.

㉢ 예시 문항 및 준비전략

• 예시 문항

[신입사원 조기 이직 문제]

※ 지원자는 아래에 제시된 자료를 검토한 뒤, 신입사원 조기 이직의 원인을 크게 3가지로 정리하고 이에 대한 구체적인 개선안을 도출하여 발표해 주시기 바랍니다.

※ 본 과제에 정해진 정답은 없으나 논리적 근거를 들어 개선안을 작성해 주십시오.

• A기업은 동종업계 유사기업들과 비교해 볼 때, 비교적 높은 재무안정성을 유지하고 있으며 업무강도가 그리 높지 않은 것으로 외부에 알려져 있음.

• 최근 조사결과, 동종업계 유사기업들과 연봉을 비교해 보았을 때 연봉 수준도 그리 나쁘지 않은 편이라는 것이 확인되었음.

• 그러나 지난 3년간 1~2년차 직원들의 이직률이 계속해서 증가하고 있는 추세이며, 경영진 회의에서 최우선 해결과제 중 하나로 거론되었음.

• 이에 따라 인사팀에서 현재 1~2년차 사원들을 대상으로 개선되어야 하는 A기업의 조직문화에 대한 설문조사를 실시한 결과, '상명하복식의 의사소통'이 36.7%로 1위를 차지했음.

• 이러한 설문조사와 함께, 신입사원 조기 이직에 대한 원인을 분석한 결과 파랑새 증후군, 셀프홀릭 증후군, 피터팬 증후군 등 3가지로 분류할 수 있었음.

〈동종업계 유사기업들과의 연봉 비교〉

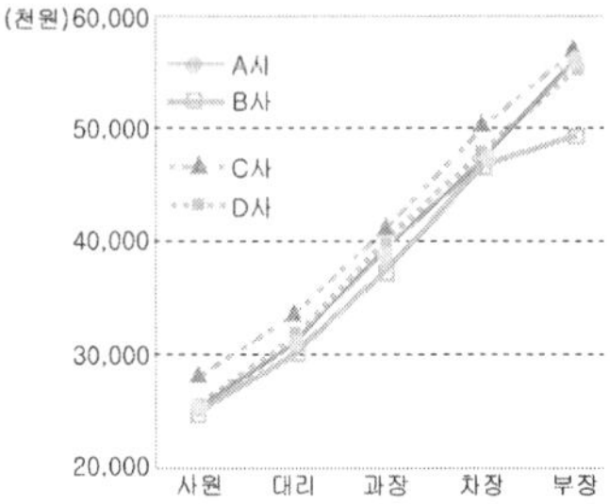

〈우리 회사 조직문화 중 개선되었으면 하는 것〉

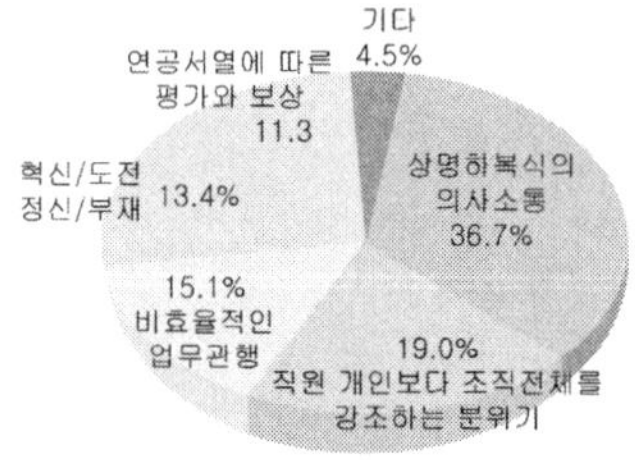

〈신입사원 조기 이직의 원인〉

• 파랑새 증후군

–현재의 직장보다 더 좋은 직장이 있을 것이라는 막연한 기대감으로 끊임없이 새로운 직장을 탐색함.

–학력 수준과 맞지 않는 '하향지원', 전공과 적성을 고려하지 않고 일단 취업하고 보자는 '묻지마 지원'이 파랑새 증후군을 초래함.

• 셀프홀릭 증후군

–본인의 역량에 비해 가치가 낮은 일을 주로 하면서 갈등을 느낌.

• 피터팬 증후군

–기성세대의 문화를 무조건 수용하기보다는 자유로움과 변화를 추구함.

–상명하복, 엄격한 규율 등 기성세대가 당연시하는 관행에 거부감을 가지며 직장에 답답함을 느낌.

• 준비전략 : 발표면접의 시작은 과제 안내문과 과제 상황, 과제 자료 등을 정확하게 이해하는 것에서 출발한다. 과제 안내문을 침착하게 읽고 제시된 주제 및 문제와 관련된 상황의 맥락을 파악한 후 과제를 검토한다. 제시된 기사나 그래프 등을 충분히 활용하여 주어진 문제를 해결할 수 있는 해결책이나 대안을 제시하며, 발표를 할 때에는 명확하고 자신 있는 태도로 전달할 수 있도록 한다.

③ 토론면접

㉠ 면접 방식 및 판단기준

• 면접 방식 : 상호갈등적 요소를 가진 과제 또는 공통의 과제를 해결하는 내용의 토론 과제를 제시하고, 그 과정에서 개인 간의 상호작용 행동을 관찰하는 방식으로 면접이 진행된다.

• 판단기준 : 팀워크, 적극성, 갈등 조정, 의사소통능력, 문제해결능력 등

㉡ 특징 : 토론을 통해 도출해 낸 최종안의 타당성도 중요하지만, 결론을 도출해 내는 과정에서의 의사소통능력이나 갈등상황에서 의견을 조정하는 능력 등이 중요하게 평가되는 특징이 있다.

㉢ 예시 문항 및 준비전략

• 예시 문항

> • 군 가산점제 부활에 대한 찬반토론
> • 담뱃값 인상에 대한 찬반토론
> • 비정규직 철폐에 대한 찬반토론
> • 대학의 영어 강의 확대 찬반토론
> • 워크숍 장소 선정을 위한 토론

• 준비전략 : 토론면접은 무엇보다 팀워크와 적극성이 강조된다. 따라서 토론과정에 적극적으로 참여하며 자신의 의사를 분명하게 전달하며, 갈등상황에서 자신의 의견만 내세울 것이 아니라 다른 지원자의 의견을 경청하고 배려하는 모습도 중요하다. 갈등상황을 일목요연하게 정리하여 조정하는 등의 의사소통능력을 발휘하는 것도 좋은 전략이 될 수 있다.

④ 상황면접

㉠ 면접 방식 및 판단기준

• 면접 방식 : 상황면접은 직무 수행 시 접할 수 있는 상황들을 제시하고, 그러한 상황에서 어떻게 행동할 것인지를 이야기하는 방식으로 진행된다.

• 판단기준 : 해당 상황에 적절한 역량의 구현과 구체적 행동지표

㉡ 특징 : 실제 직무 수행 시 접할 수 있는 상황들을 제시하므로 입사 이후 지원자의 업무수행능력을 평가하는 데 적절한 면접 방식이다. 또한 지원자의 가치관, 태도, 사고방식 등의 요소를 통합적으로 평가하는 데 용이하다.

㉢ 예시 문항 및 준비전략

• 예시 문항

> 당신은 생산관리팀의 팀원으로, 생산팀이 기한에 맞춰 효율적으로 제품을 생산할 수 있도록 관리하는 역할을 맡고 있습니다. 3개월 뒤에 제품A를 정상적으로 출시하기 위해 생산팀의 생산 계획을 수립한 상황입니다. 그러나 원가가 곧 실적으로 이어지는 구매팀에서는 최대한 원가를 줄여 전반적 단가를 낮추려고 원가절감을 위한 제안을 하였으나, 연구개발팀에서는 구매팀이 제안한 방식으로 제품을 생산할 경우 대부분이 구매팀의 실적으로 산정될 것이므로 제대로 확인도 해보지 않은 채 적합하지 않은 방식이라고 판단하고 있습니다. 당신은 어떻게 하겠습니까?

• 준비전략 : 상황면접은 먼저 주어진 상황에서 핵심이 되는 문제가 무엇인지를 파악하는 것에서 시작한다. 주질문과 세부질문을 통하여 질문의 의도를 파악하였다면, 그에 대한 구체적인 행동이나 생각 등에 대해 응답할수록 높은 점수를 얻을 수 있다.

⑤ 역할면접

㉠ 면접 방식 및 판단기준

• 면접 방식 : 역할면접 또는 역할연기 면접은 기업 내 발생 가능한 상황에서 부딪히게 되는 문제와 역할을 가상적으로 설정하여 특정 역할을 맡은 사람과 상호작용하고 문제를 해결해 나가도록 하는 방식으로 진행된다. 역할연기 면접에서는 면접관이 직접 역할연기를 하면서 지원자를 관찰하기도 하지만, 역할연기 수행만 전문적으로 하는 사람을 투입할 수도 있다.

• 판단기준 : 대처능력, 대인관계능력, 의사소통능력 등

㉡ 특징 : 역할면접은 실제 상황과 유사한 가상 상황에서의 행동을 관찰함으로서 지원자의 성격이나 대처 행동 등을 관찰할 수 있다.

㉢ 예시 문항 및 준비전략

• 예시 문항

> [금융권 역할면접의 예]
> 당신은 ○○은행의 신입 텔러이다. 사람이 많은 월말 오전 한 할아버지(면접관 또는 역할담당자)께서 ○○은행을 사칭한 보이스피싱으로 인해 500만 원을 피해 보았다며 소란을 일으키고 있다. 실제 업무상황이라고 생각하고 상황에 대처해 보시오.

• 준비전략 : 역할연기 면접에서 측정하는 역량은 주로 갈등의 원인이 되는 문제를 해결 하고 제시된 해결방안을 상대방에게 설득하는 것이다. 따라서 갈등해결, 문제해결, 조정 · 통합, 설득력과 같은 역량이 중요시된다. 또한 갈등을 해결하기 위해서 상대방에 대한 이해도 필수적인 요소이므로 고객 지향을 염두에 두고 상황에 맞게 대처해야 한다.
역할면접에서는 변별력을 높이기 위해 면접관이 압박적인 분위기를 조성하는 경우가 많기 때문에 스트레스 상황에서 불안해하지 않고 유연하게 대처할 수 있도록 시간과 노력을 들여 충분히 연습하는 것이 좋다.

02 면접 이미지 메이킹

(1) 성공적인 이미지 메이킹 포인트

① 복장 및 스타일

㉠ 남성

• 양복 : 양복은 단색으로 하며 넥타이나 셔츠로 포인트를 주는 것이 효과적이다. 짙은 회색이나 감청색이 가장 단정하고 품위 있는 인상을 준다.
• 셔츠 : 흰색이 가장 선호되나 자신의 피부색에 맞추는 것이 좋다. 푸른색이나 베이지색은 산뜻한 느낌을 줄 수 있다. 양복과의 배색도 고려하도록 한다.
• 넥타이 : 의상에 포인트를 줄 수 있는 아이템이지만 너무 화려한 것은 피한다. 지원자의 피부색은 물론, 정장과 셔츠의 색을 고려하며, 체격에 따라 넥타이 폭을 조절하는 것이 좋다.
• 구두 & 양말 : 구두는 검정색이나 짙은 갈색이 어느 양복에나 무난하게 어울리며 깔끔하게 닦아 준비한다. 양말은 정장과 동일한 색상이나 검정색을 착용한다.
• 헤어스타일 : 머리스타일은 단정한 느낌을 주는 짧은 헤어스타일이 좋으며 앞머리가 있다면 이마나 눈썹을 가리지 않는 선에서 정리하는 것이 좋다.

ⓛ 여성

- 의상 : 단정한 스커트 투피스 정장이나 슬랙스 슈트가 무난하다. 블랙이나 그레이, 네이비, 브라운 등 차분해 보이는 색상을 선택하는 것이 좋다.
- 소품 : 구두, 핸드백 등은 같은 계열로 코디하는 것이 좋으며 구두는 너무 화려한 디자인이나 굽이 높은 것을 피한다. 스타킹은 의상과 구두에 맞춰 단정한 것으로 선택한다.
- 액세서리 : 액세서리는 너무 크거나 화려한 것은 좋지 않으며 과하게 많이 하는 것도 좋은 인상을 주지 못한다. 착용하지 않거나 작고 깔끔한 디자인으로 포인트를 주는 정도가 적당하다.
- 메이크업 : 화장은 자연스럽고 밝은 이미지를 표현하는 것이 좋으며 진한 색조는 인상이 강해 보일 수 있으므로 피한다.
- 헤어스타일 : 커트나 단발처럼 짧은 머리는 활동적이면서도 단정한 이미지를 줄 수 있도록 정리한다. 긴 머리의 경우 하나로 묶거나 단정한 머리망으로 정리하는 것이 좋으며, 짙은 염색이나 화려한 웨이브는 피한다.

② 인사

㉠ 인사의 의미 : 인사는 예의범절의 기본이며 상대방의 마음을 여는 기본적인 행동이라고 할 수 있다. 인사는 처음 만나는 면접관에게 호감을 살 수 있는 가장 쉬운 방법이 될 수 있기도 하지만 제대로 예의를 지키지 않으면 지원자의 인성 전반에 대한 평가로 이어질 수 있으므로 각별히 주의해야 한다.

ⓛ 인사의 핵심 포인트

- 인사말 : 인사말을 할 때에는 밝고 친근감 있는 목소리로 하며, 자신의 이름과 수험번호 등을 간략하게 소개한다.
- 시선 : 인사는 상대방의 눈을 보며 하는 것이 중요하며 너무 빤히 쳐다본다는 느낌이 들지 않도록 주의한다.
- 표정 : 인사는 마음에서 우러나오는 존경이나 반가움을 표현하고 예의를 차리는 것이므로 살짝 미소를 지으며 하는 것이 좋다.
- 자세 : 인사를 할 때에는 가볍게 목만 숙인다거나 흐트러진 상태에서 인사를 하지 않도록 주의하며 절도 있고 확실하게 하는 것이 좋다.

③ 시선처리와 표정, 목소리

㉠ 시선처리와 표정 : 표정은 면접에서 지원자의 첫인상을 결정하는 중요한 요소이다. 얼굴표정은 사람의 감정을 가장 잘 표현할 수 있는 의사소통 도구로 표정 하나로 상대방에게 호감을 주거나, 비호감을 사기도 한다. 호감이 가는 인상의 특징은 부드러운 눈썹, 자연스러운 미간, 적당히 볼록한 광대, 올라간 입 꼬리 등으로 가볍게 미소를 지을 때의 표정과 일치한다. 따라서 면접 중에는 밝은 표정으로 미소를 지어 호감을 형성할 수 있도록 한다. 시선은 면접관과 고르게 맞추되 생기 있는 눈빛을 띄도록 하며, 너무 빤히 쳐다본다는 인상을 주지 않도록 한다.

㉡ 목소리 : 면접은 주로 면접관과 지원자의 대화로 이루어지므로 목소리가 미치는 영향이 상당하다. 답변을 할 때에는 부드러우면서도 활기차고 생동감 있는 목소리로 하는 것이 면접관에게 호감을 줄 수 있으며 적당한 제스처가 더해진다면 상승효과를 얻을 수 있다. 그러나 적절한 답변을 하였음에도 불구하고 콧소리나 날카로운 목소리, 자신감 없는 작은 목소리는 답변의 신뢰성을 떨어뜨릴 수 있으므로 주의하도록 한다.

④ 자세

㉠ 걷는 자세

- 면접장에 입실할 때에는 상체를 곧게 유지하고 발끝은 평행이 되게 하며 무릎을 스치듯 11자로 걷는다.
- 시선은 정면을 향하고 턱은 가볍게 당기며 어깨나 엉덩이가 흔들리지 않도록 주의한다.
- 발바닥 전체가 닿는 느낌으로 안정감 있게 걸으며 발소리가 나지 않도록 주의한다.
- 보폭은 어깨넓이만큼이 적당하지만, 스커트를 착용했을 경우 보폭을 줄인다.
- 걸을 때도 미소를 유지한다.

㉡ 서있는 자세

- 몸 전체를 곧게 펴고 가슴을 자연스럽게 내민 후 등과 어깨에 힘을 주지 않는다.
- 정면을 바라본 상태에서 턱을 약간 당기고 아랫배에 힘을 주어 당기며 바르게 선다.
- 양 무릎과 발뒤꿈치는 붙이고 발끝은 11자 또는 V형을 취한다.
- 남성의 경우 팔을 자연스럽게 내리고 양손을 가볍게 쥐어 바지 옆선에 붙이고, 여성의 경우 공수자세를 유지한다.

㉢ 앉은 자세

• 남성

• 의자 깊숙이 앉고 등받이와 등 사이에 주먹 1개 정도의 간격을 두며 기대듯 앉지 않도록 주의한다. (남녀 공통 사항)
• 무릎 사이에 주먹 2개 정도의 간격을 유지하고 발끝은 11자를 취한다.
• 시선은 정면을 바라보며 턱은 가볍게 당기고 미소를 짓는다. (남녀 공통 사항)
• 양손은 가볍게 주먹을 쥐고 무릎 위에 올려놓는다.
• 앉고 일어날 때에는 자세가 흐트러지지 않도록 주의한다. (남녀 공통 사항)

• 여성

• 스커트를 입었을 경우 왼손으로 뒤쪽 스커트 자락을 누르고 오른손으로 앞쪽 자락을 누르며 의자에 앉는다.
• 무릎은 붙이고 발끝을 가지런히 하며, 다리를 왼쪽으로 비스듬히 기울이면 단정해 보이는 효과가 있다.
• 양손을 모아 무릎 위에 모아 놓으며 스커트를 입었을 경우 스커트 위를 가볍게 누르듯이 올려놓는다.

(2) 면접 예절

① 행동 관련 예절

㉠ **지각은 절대금물** : 시간을 지키는 것은 예절의 기본이다. 지각을 할 경우 면접에 응시할 수 없거나, 면접 기회가 주어지더라도 불이익을 받을 가능성이 높아진다. 따라서 면접장소가 결정되면 교통편과 소요시간을 확인하고 가능하다면 사전에 미리 방문해 보는 것도 좋다. 면접 당일에는 서둘러 출발하여 면접 시간 20~30분 전에 도착하여 회사를 둘러보고 환경에 익숙해지는 것도 성공적인 면접을 위한 요령이 될 수 있다.

㉡ **면접 대기 시간** : 지원자들은 대부분 면접장에서의 행동과 답변 등으로만 평가를 받는다고 생각하지만 그렇지 않다. 면접관이 아닌 면접진행자 역시 대부분 인사실무자이며 면접관이 면접 후 지원자에 대한 평가에 있어 확신을 위해 면접진행자의 의견을 구한다면 면접진행자의 의견이 당락에 영향을 줄 수 있다. 따라서 면접 대기 시간에도 행동과 말을 조심해야 하며, 면접을 마치고 돌아가는 순간까지도 긴장을 늦춰서는 안 된다. 면접 중 압박적인 질문에 답변을 잘 했지만, 면접장을 나와 흐트러진 모습을 보이거나 욕설을 한다면 면접 탈락의 요인이 될 수 있으므로 주의해야 한다.

㉢ 입실 후 태도 : 본인의 차례가 되어 호명되면 또렷하게 대답하고 들어간다. 만약 면접장 문이 닫혀 있다면 상대에게 소리가 들릴 수 있을 정도로 노크를 두세 번 한 후 대답을 듣고 나서 들어가야 한다. 문을 여닫을 때에는 소리가 나지 않게 조용히 하며 공손한 자세로 인사한 후 성명과 수험번호를 말하고 면접관의 지시에 따라 자리에 앉는다. 이 경우 착석하라는 말이 없는데 먼저 의자에 앉으면 무례한 사람으로 보일 수 있으므로 주의한다. 의자에 앉을 때에는 끝에 앉지 말고 무릎 위에 양손을 가지런히 얹는 것이 예절이라고 할 수 있다.

㉣ 옷매무새를 자주 고치지 마라. : 일부 지원자의 경우 옷매무새 또는 헤어스타일을 자주 고치거나 확인하기도 하는데 이러한 모습은 과도하게 긴장한 것 같아 보이거나 면접에 집중하지 못하는 것으로 보일 수 있다. 남성 지원자의 경우 넥타이를 자꾸 고쳐 맨다거나 정장 상의 끝을 너무 자주 만지작거리지 않는다. 여성 지원자는 머리를 계속 쓸어 올리지 않고, 특히 짧은 치마를 입고서 신경이 쓰여 치마를 끌어 내리는 행동은 좋지 않다.

㉤ 다리를 떨거나 산만한 시선은 면접 탈락의 지름길 : 자신도 모르게 다리를 떨거나 손가락을 만지는 등의 행동을 하는 지원자가 있는데, 이는 면접관의 주의를 끌 뿐만 아니라 불안하고 산만한 사람이라는 느낌을 주게 된다. 따라서 가능한 한 바른 자세로 앉아 있는 것이 좋다. 또한 면접관과 시선을 맞추지 못하고 여기저기 둘러보는 듯한 산만한 시선은 지원자가 거짓말을 하고 있다고 여겨지거나 신뢰할 수 없는 사람이라고 생각될 수 있다.

② 답변 관련 예절

㉠ 면접관이나 다른 지원자와 가치 논쟁을 하지 않는다. : 질문을 받고 답변하는 과정에서 면접관 또는 다른 지원자의 의견과 다른 의견이 있을 수 있다. 특히 평소 지원자가 관심이 많은 문제이거나 잘 알고 있는 문제인 경우 자신과 다른 의견에 대해 이의가 있을 수 있다. 하지만 주의할 것은 면접에서 면접관이나 다른 지원자와 가치 논쟁을 할 필요는 없다는 것이며 오히려 불이익을 당할 수도 있다. 정답이 정해져 있지 않은 경우에는 가치관이나 성장배경에 따라 문제를 받아들이는 태도에서 답변까지 충분히 차이가 있을 수 있으므로 굳이 면접관이나 다른 지원자의 가치관을 지적하고 고치려 드는 것은 좋지 않다.

㉡ 답변은 항상 정직해야 한다. : 면접이라는 것이 아무리 지원자의 장점을 부각시키고 단점을 축소시키는 것이라고 해도 절대로 거짓말을 해서는 안 된다. 거짓말을 하게 되면 지원자는 불안하거나 꺼림칙한 마음이 들게 되어 면접에 집중을 하지 못하게 되고 수많은 지원자를 상대하는 면접관은 그것을 놓치지 않는다. 거짓말은 그 지원자에 대한 신뢰성을 떨어뜨리며 이로 인해 다른 스펙이 아무리 훌륭하다고 해도 채용에서 탈락하게 될 수 있음을 명심하도록 한다.

㉢ **경력직인 경우 전 직장에 대해 험담하지 않는다.** : 지원자가 전 직장에서 무슨 업무를 담당했고 어떤 성과를 올렸는지는 면접관이 관심을 둘 사항일 수 있지만, 이전 직장의 기업문화나 상사들이 어땠는지는 그다지 궁금해 하는 사항이 아니다. 전 직장에 대해 험담을 늘어놓는다든가, 동료와 상사에 대한 악담을 하게 된다면 오히려 지원자에 대한 부정적인 이미지만 심어줄 수 있다. 만약 전 직장에 대한 말을 해야 할 경우가 생긴다면 가능한 한 객관적으로 이야기하는 것이 좋다.

㉣ **자기 자신이나 배경에 대해 자랑하지 않는다.** : 자신의 성취나 부모 형제 등 집안사람들이 사회 · 경제적으로 어떠한 위치에 있는지에 대한 자랑은 면접관으로 하여금 지원자에 대해 오만한 사람이거나 배경에 의존하려는 나약한 사람이라는 이미지를 갖게 할 수 있다. 따라서 자기 자신이나 배경에 대해 자랑하지 않도록 하고, 자신이 한 일에 대해서 너무 자세하게 얘기하지 않도록 주의해야 한다.

03 면접 질문 및 답변 포인트

(1) 가족 및 대인관계에 관한 질문

① 당신의 가정은 어떤 가정입니까?

면접관들은 지원자의 가정환경과 성장과정을 통해 지원자의 성향을 알고 싶어 이와 같은 질문을 한다. 비록 가정 일과 사회의 일이 완전히 일치하는 것은 아니지만 '가화만사성'이라는 말이 있듯이 가정이 화목해야 사회에서도 화목하게 지낼 수 있기 때문이다. 그러므로 답변 시에는 가족사항을 정확하게 설명하고 집안의 분위기와 특징에 대해 이야기하는 것이 좋다.

② 친구 관계에 대해 말해 보십시오.

지원자의 인간성을 판단하는 질문으로 교우관계를 통해 답변자의 성격과 대인관계능력을 파악할 수 있다. 새로운 환경에 적응을 잘하여 새로운 친구들이 많은 것도 좋지만, 깊고 오래 지속되어온 인간관계를 말하는 것이 더욱 바람직하다.

(2) 성격 및 가치관에 관한 질문

① 당신의 PR포인트를 말해 주십시오.

PR포인트를 말할 때에는 지나치게 겸손한 태도는 좋지 않으며 적극적으로 자기를 주장하는 것이 좋다. 앞으로 입사 후 하게 될 업무와 관련된 자기의 특성을 구체적인 일화를 더하여 이야기하도록 한다.

② 당신의 장 · 단점을 말해 보십시오.

지원자의 구체적인 장 · 단점을 알고자 하기 보다는 지원자가 자기 자신에 대해 얼마나 알고 있으며 어느 정도의 객관적인 분석을 하고 있나, 그리고 개선의 노력 등을 시도하는지를 파악하고자 하는 것이다. 따라서 장점을 말할 때는 업무와 관련된 장점을 뒷받침할 수 있는 근거와 함께 제시하며, 단점을 이야기할 때에는 극복을 위한 노력을 반드시 포함해야 한다.

③ 가장 존경하는 사람은 누구입니까?

존경하는 사람을 말하기 위해서는 우선 그 인물에 대해 알아야 한다. 잘 모르는 인물에 대해 존경한다고 말하는 것은 면접관에게 바로 지적당할 수 있으므로, 추상적이라도 좋으니 평소에 존경스럽다고 생각했던 사람에 대해 그 사람의 어떤 점이 좋고 존경스러운지 대답하도록 한다. 또한 자신에게 어떤 영향을 미쳤는지도 언급하면 좋다.

(3) 학교생활에 관한 질문

① 지금까지의 학교생활 중 가장 기억에 남는 일은 무엇입니까?

가급적 직장생활에 도움이 되는 경험을 이야기하는 것이 좋다. 또한 경험만을 간단하게 말하지 말고 그 경험을 통해서 얻을 수 있었던 교훈 등을 예시와 함께 이야기하는 것이 좋으나 너무 상투적인 답변이 되지 않도록 주의해야 한다.

② 성적은 좋은 편이었습니까?

면접관은 이미 서류심사를 통해 지원자의 성적을 알고 있다. 그럼에도 불구하고 이 질문을 하는 것은 지원자가 성적에 대해서 어떻게 인식하느냐를 알고자 하는 것이다. 성적이 나빴던 이유에 대해서 변명하려 하지 말고 담백하게 받아들이고 그것에 대한 개선노력을 했음을 밝히는 것이 적절하다.

③ 학창시절에 시위나 집회 등에 참여한 경험이 있습니까?

기업에서는 노사분규를 기업의 사활이 걸린 중대한 문제로 인식하고 거시적인 차원에서 접근한다. 이러한 기업문화를 제대로 인식하지 못하여 학창시절의 시위나 집회 참여 경험을 자랑스럽게 답변할 경우 감점요인이 되거나 심지어는 탈락할 수 있다는 사실에 주의한다. 시위나 집회에 참가한 경험을 말할 때에는 타당성과 정도에 유의하여 답변해야 한다.

(4) 지원동기 및 직업의식에 관한 질문

① 왜 우리 회사를 지원했습니까?

이 질문은 어느 회사나 가장 먼저 물어보고 싶은 것으로 지원자들은 기업의 이념, 대표의 경영능력, 재무구조, 복리후생 등 외적인 부분을 설명하는 경우가 많다. 이러한 답변도 적절하지만 지원 회사의 주력 상품에 관한 소비자의 인지도, 경쟁사 제품과의 시장점유율을 비교하면서 입사동기를 설명한다면 상당히 주목 받을 수 있을 것이다.

② 만약 이번 채용에 불합격하면 어떻게 하겠습니까?

불합격할 것을 가정하고 회사에 응시하는 지원자는 거의 없을 것이다. 이는 지원자를 궁지로 몰아 넣고 어떻게 대응하는지를 살펴보며 입사 의지를 알아보려고 하는 것이다. 이 질문은 너무 깊이 들어가지 말고 침착하게 답변하는 것이 좋다.

③ 당신이 생각하는 바람직한 사원상은 무엇입니까?

직장인으로서 또는 조직의 일원으로서의 자세를 묻는 질문으로 지원하는 회사에서 어떤 인재상을 요구하는 가를 알아두는 것이 좋으며, 평소에 자신의 생각을 미리 정리해 두어 당황하지 않도록 한다.

④ 직무상의 적성과 보수의 많음 중 어느 것을 택하겠습니까?

이런 질문에서 회사 측에서 원하는 답변은 당연히 직무상의 적성에 비중을 둔다는 것이다. 그러나 적성만을 너무 강조하다 보면 오히려 솔직하지 못하다는 인상을 줄 수 있으므로 어느 한 쪽을 너무 강조하거나 경시하는 태도는 바람직하지 못하다.

⑤ 상사와 의견이 다를 때 어떻게 하겠습니까?

과거와 다르게 최근에는 상사의 명령에 무조건 따르겠다는 수동적인 자세는 바람직하지 않다. 회사에서는 때에 따라 자신이 판단하고 행동할 수 있는 직원을 원하기 때문이다. 그러나 지나치게 자신의 의견만을 고집한다면 이는 팀원 간의 불화를 야기할 수 있으며 팀 체제에 악영향을 미칠 수 있으므로 선호하지 않는다는 것에 유념하여 답해야 한다.

⑥ 근무지가 지방인데 근무가 가능합니까?

근무지가 지방 중에서도 특정 지역은 되고 다른 지역은 안 된다는 답변은 바람직하지 않다. 직장에서는 순환 근무라는 것이 있으므로 처음에 지방에서 근무를 시작했다고 해서 계속 지방에만 있는 것은 아님을 유의하고 답변하도록 한다.

(5) 여가 활용에 관한 질문

① 취미가 무엇입니까?

기초적인 질문이지만 특별한 취미가 없는 지원자의 경우 대답이 애매할 수밖에 없다. 그래서 가장 많이 대답하게 되는 것이 독서, 영화감상, 혹은 음악감상 등과 같은 흔한 취미를 말하게 되는데 이런 취미는 면접관의 주의를 끌기 어려우며 설사 정말 위와 같은 취미를 가지고 있다하더라도 제대로 답변하기는 힘든 것이 사실이다. 가능하면 독특한 취미를 말하는 것이 좋으며 이제 막 시작한 것이라도 열의를 가지고 있음을 설명할 수 있으면 그것을 취미로 답변하는 것도 좋다.

② 술자리를 좋아합니까?

이 질문은 정말로 술자리를 좋아하는 정도를 묻는 것이 아니다. 우리나라에서는 대부분 술자리가 친교의 자리로 인식되기 때문에 그것에 얼마나 적극적으로 참여할 수 있는 가를 우회적으로 묻는 것이다. 술자리를 싫어한다고 대답하게 되면 원만한 대인관계에 문제가 있을 수 있다고 평가될 수 있으므로 술을 잘 마시지 못하더라도 술자리의 분위기는 즐긴다고 답변하는 것이 좋으며 주량에 대해서는 정확하게 말하는 것이 좋다.

(6) 지원자를 당황하게 하는 질문

① 성적이 좋지 않은데 이 정도의 성적으로 우리 회사에 입사할 수 있다고 생각합니까?

비록 자신의 성적이 좋지 않더라도 이미 서류심사에 통과하여 면접에 참여하였다면 기업에서는 지원자의 성적보다 성적 이외의 요소, 즉 성격 · 열정 등을 높이 평가했다는 것이라고 할 수 있다. 그러나 이런 질문을 받게 되면 지원자는 당황할 수 있으나 주눅 들지 말고 침착하게 대처하는 면모를 보인다면 더 좋은 인상을 남길 수 있다.

② 우리 회사 회장님 함자를 알고 있습니까?

회장이나 사장의 이름을 조사하는 것은 면접일을 통고받았을 때 이미 사전 조사되었어야 하는 사항이다. 단답형으로 이름만 말하기보다는 그 기업에 입사를 희망하는 지원자의 입장에서 답변하는 것이 좋다.

③ 당신은 이 회사에 적합하지 않은 것 같군요.

이 질문은 지원자의 입장에서 상당히 곤혹스러울 수밖에 없다. 질문을 듣는 순간 그렇다면 면접은 왜 참가시킨 것인가 하는 생각이 들 수도 있다. 하지만 당황하거나 흥분하지 말고 침착하게 자신의 어떤 면이 회사에 적당하지 않는지 겸손하게 물어보고 지적당한 부분에 대해서 고치겠다는 의지를 보인다면 오히려 자신의 능력을 어필할 수 있는 기회로 사용할 수도 있다.

④ 다시 공부할 계획이 있습니까?

이 질문은 지원자가 합격하여 직장을 다니다가 공부를 더 하기 위해 회사를 그만 두거나 학습에 더 관심을 두어 일에 대한 능률이 저하될 것을 우려하여 묻는 것이다. 이때에는 당연히 학습보다는 일을 강조해야 하며, 업무 수행에 필요한 학습이라면 업무에 지장이 없는 범위에서 야간학교를 다니거나 회사에서 제공하는 연수 프로그램 등을 활용하겠다고 답변하는 것이 적당하다.

⑤ 지원한 분야가 전공한 분야와 다른데 여기 일을 할 수 있겠습니까?

수험생의 입장에서 본다면 지원한 분야와 전공이 다르지만 서류전형과 필기전형에 합격하여 면접을 보게 된 경우라고 할 수 있다. 이는 결국 해당 회사의 채용 방침상 전공에 크게 영향을 받지 않는다는 것이므로 무엇보다 자신이 전공하지는 않았지만 어떤 업무도 적극적으로 임할 수 있다는 자신감과 능동적인 자세를 보여주도록 노력하는 것이 좋다.

CHAPTER

02 면접기출

01 한국승강기안전공단 면접기출

① 1분 자기소개를 해 보시오.

② 지원동기를 말해 보시오.

③ 승강기 산업 전망에 대해 자신의 견해를 말해 보시오.

④ 입사 후 자신이 발휘할 수 있는 역량에 대해 설명해 보시오.

⑤ 좌우명은 무엇입니까?

⑥ 남들보다 뛰어난 자신만의 강점을 3가지 이상 말해 보시오.

⑦ 의사소통에 있어 자신만의 기술이 있다면 말해 보시오.

⑧ 10년 후 자신이 어떤 모습일지에 대해 말해 보시오.

⑨ 타인이 자신을 어떻게 평가하는지 말해 보시오.

⑩ 아르바이트 경험 중 가장 인상적이었던 것은 무엇입니까?

⑪ 직장을 선택할 때 중요시 여기는 것이 있다면 무엇입니까?

⑫ 입사 후 회사에 바라는 점이 있다면 무엇입니까?

⑬ 우리 공단에 대해 어떻게 알게 되었는지 말해 보시오.

⑭ 승강기 검사원들이 검사하는 것을 본 경험이 있는가?

⑮ 최근 발생된 승강기 사고와 관련해서 아는 것이 있다면 말해 보시오.

⑯ 승강기의 작동 원리에 대해 설명해 보시오.

⑰ 에스컬레이터 한 줄 서기와 두 줄 서기에 대한 자신의 의견을 말해 보시오.

⑱ 미래의 승강기는 어떤 모습일지 말해 보시오.

⑲ 우리 공단이 하는 일을 말해 보시오.

⑳ 공단에서 하는 행정업무에는 어떤 업무가 있을지 말해 보시오.

㉑ 승강기 고장 사고 시 어떻게 대처할 것인가?

㉒ 승강기 사고를 줄이기 위한 근본적인 대책은 무엇이겠는가?

㉓ 노인연령 70세 이상 상향조정에 대한 찬반(토론)

㉔ 수익성과 공공성 중 어떤 것에 더 역점을 두어야 할까?

㉕ 마지막으로 하고 싶은 말을 30초간 해 보시오.

02 공기업 면접기출

① 상사가 부정한 일로 자신의 이득을 취하고 있다. 이를 인지하게 되었을 때 자신이라면 어떻게 행동할 것인가?

② 본인이 했던 일 중 가장 창의적이었다고 생각하는 경험에 대해 말해보시오.

③ 직장 생활 중 적성에 맞지 않는다고 느낀다면 다른 일을 찾을 것인가? 아니면 참고 견뎌내겠는가?

④ 자신만의 특별한 취미가 있는가? 그것을 업무에서 활용할 수 있다고 생각하는가?

⑤ 면접을 보러 가는 길인데 신호등이 빨간불이다. 시간이 매우 촉박한 상황인데, 무단횡단을 할 것인가?

⑥ 원하는 직무에 배치 받지 못할 경우 어떻게 행동할 것인가?

⑦ 상사와 종교 · 정치에 대한 대화를 하던 중 본인의 생각과 크게 다른 경우 어떻게 하겠는가?

⑧ 타인과 차별화 될 수 있는 자신만의 장점 및 역량은 무엇인가?

⑨ 자격증을 한 번에 몰아서 취득했는데 힘들지 않았는가?

⑩ 오늘 경제신문 첫 면의 기사에 대해 브리핑 해보시오.

⑪ 무상급식 전국실시에 대한 본인의 의견을 말하시오.

⑫ 타인과 차별화 될 수 있는 자신만의 장점 및 역량은 무엇인가?

⑬ 외국인 노동자와 비정규직에 대한 자신의 의견을 말해보시오.

⑭ 장래에 자녀를 낳는다면 주말 계획은 자녀와 자신 중 어느 쪽에 맞춰서 할 것인가?

⑮ 공사 진행과 관련하여 민원인과의 마찰이 생기면 어떻게 대응하겠는가?

⑯ 직장 상사가 나보다 다섯 살 이상 어리면 어떤 기분이 들겠는가?

⑰ 현재 심각한 취업난인 반면 중소기업은 인력이 부족하다는데 어떻게 생각하는가?

⑱ 영어 자기소개, 영어 입사동기

⑲ 지방이나 오지 근무에 대해서 어떻게 생각하는가?

⑳ 상사에게 부당한 지시를 받으면 어떻게 행동하겠는가?

㉑ 최근 주의 깊게 본 시사 이슈는 무엇인가?

㉒ 자신만의 스트레스 해소법이 있다면 말해보시오.

㉓ 방사능 유출에 대한 획기적인 대책을 제시해보시오.

㉔ 고준위 폐기물 재처리는 어떻게 하는 것이 바람직하다고 생각하는가?

PART V

NCS 정답 및 해설

CHAPTER 01

NCS 대표유형 정답해설

PART ① 의사소통능력

1	①	2	③	3	③	4	①	5	③

1 ①

제시된 지문은 공문서의 한 종류인 보도자료에 해당한다. 마지막 문단에 밑줄 친 '거쳐'의 앞뒤 문맥을 파악해 보면, 지방재정협의회에서 논의한 지역 현안 사업은 각 부처의 검토 단계를 밟은 뒤 기재부에 신청되고, 이후 관계 기관의 협의를 거쳐 내년도 예산안에 반영함을 알 수 있다. 즉, 밑줄 친 '거쳐'는 '어떤 과정이나 단계를 겪거나 밟다.'의 의미로 사용되었다. 보기 중 이와 동일한 의미로 쓰인 것은 ①이다.

② 마음에 거리끼거나 꺼리다.

③ 오가는 도중에 어디를 지나거나 들르다.

④ 무엇에 걸리거나 막히다.

2 ③

네 개의 문장에서 공통적으로 언급하고 있는 것은 환경문제임을 알 수 있다. 따라서 (나) 문장이 '문제 제기'를 한 것으로 볼 수 있다. (가)는 (나)에서 언급한 바를 더욱 발전시키며 논점을 전개해 나가고 있으며, (라)에서는 논점을 '잘못된 환경문제의 해결 주체'라는 쪽으로 전환하여 결론을 위한 토대를 구성하며, (다)에서 필자의 주장을 간결하게 매듭짓고 있다.

3 ③

③ 디지털화는 공장 내 사물들 간에 소통이 가능하도록 물리적 아날로그 신호를 디지털 신호로 변환하는 것이다.

①② 두 번째 문단에서 언급하고 있다.

④ 세 번째 문단에서 언급하고 있다.

4 ①

① 부지 용도가 단독주택용지이고 토지사용 가능시기가 '즉시'라는 공고를 통해 계약만 이루어지면 즉시 이용이 가능한 토지임을 알 수 있다.

② 계약체결 후 남은 금액은 공급가격에서 계약금을 제외한 33,250,095,000원이다. 이를 무이자로 3년간 6회에 걸쳐 납부해야 하므로 첫 번째 내야 할 중도금은 5,541,682,500원이다.

③ 규모 400㎡의 단독주택용지를 주택건설업자에게 분양하는 공고이다.

④ 계약금은 공급가격의 10%로 보증금이 더 적다.

---

5 ③

고위직급자와 계약직 직원들에 대한 학습목표 달성을 지원해야 한다는 논의가 되고 있으므로 그에 따른 실천 방안이 있을 것으로 판단할 수 있으나, 교육 시간 자체가 더 증가할 것으로 전망하는 것은 근거가 제시되어 있지 않은 의견이다.

① 22시간→35시간으로 약 59% 증가하였다.

② 평균 학습시간을 초과하여 달성하는 등 상시학습문화가 정착되었다고 평가하고 있다.

④ 생애주기에 맞는 직급별 직무역량교육 의무화라는 것은 각 직급과 나이에 보다 적합한 교육이 실시될 것임을 의미한다.

PART 2 수리능력

1	③	2	②	3	③	4	②	5	③

1 ③

첫 번째와 두 번째 규칙에 따라 두 사람의 점수 총합은 $4 \times 20 + 2 \times 20 = 120$점이 된다. 이 때 두 사람 중 점수가 더 낮은 사람의 점수를 x점이라고 하면, 높은 사람의 점수는 $120 - x$점이 되므로 $120 - x = x + 12$가 성립한다.

따라서 $x = 54$이다.

---

2 ②

주어진 조건에 의해 다음과 같이 계산할 수 있다.

$\{(1,000,000 + 100,000 + 200,000) \times 12 + (1,000,000 \times 4) + 500,000\} \div 365 \times 30 = 1,652,055$원

따라서 소득월액은 1,652,055원이 된다.

3 ③

자료에 제시된 각 암별 치명률이 나올 수 있는 공식은 보기 중 ③이다. 참고적으로 치명률은 어떤 질환에 의한 사망자수를 그 질환의 환자수로 나눈 것으로 보통 백분율로 나타내며, 치사율이라고도 한다.

4 ②

② 〈자료 1〉에 따르면 건강수명은 평균수명에서 질병이나 부상으로 인하여 활동하지 못한 기간을 뺀 기간이다. 〈자료 2〉에서 건강수명 예상치의 범위는 평균수명의 90%에서 ±1% 수준이고, 해당 연도 환경 개선 정도에 따라 계산한다고 기준을 제시하고 있으므로 이를 통해 2014년과 2015년의 건강수명을 구할 수 있다.

- 2014년 건강수명 = 80.79세(평균수명) × 89%(환경 개선 불량) = 71.9031세
- 2015년 건강수명 = 81.2세(평균수명) × 89%(환경 개선 불량) = 72.268세

따라서 2014년 건강수명이 2015년 건강수명보다 짧다.

①③ 2013년의 건강수명 = 80.55세(평균수명) × 91%(환경 개선 양호) = 73.3005세로 2014년의 건강수명인 71.9031세 또는 2015년의 건강수명인 72.268세보다 길다.

④ 2014년 환경 개선 정도가 보통일 경우 건강수명 = 80.79세 × 90% = 72.711세이다. 2013년의 건강수명은 73.3005세이므로 2013년 건강수명이 2014년 건강수명보다 길다.

5 ③

③ 표를 통해 건설 부가가치는 '건설공사 매출액 − 건설비용'의 산식이 적용됨을 알 수 있다. 건설공사 매출액은 국내와 해외 매출액의 합산이므로 해외 매출액의 증감은 건설 부가가치에 직접적인 영향을 미친다.

① 제시된 기업체 수 증가율을 통하여 연도별 기업체 수를 확인할 수 있으며, 2012년도에는 기업체 수가 약 65,183개로 65,000개 이상이 된다.

② 2016년은 313.3 ÷ 356.6 × 100 = 약 87.9%이며, 2017년은 354.0 ÷ 392.0 × 100 = 약 90.3%이다.

④ 다른 항목은 2017년에 모두 증가하였지만, 건설공사 매출액 중 해외 매출액 지표는 감소하였다.

1	④	2	③	3	①	4	④	5	②

1 ④

날짜를 따져 보아야 하는 유형의 문제는 아래와 같이 달력을 그려서 살펴보면 어렵지 않게 정답을 구할 수 있다.

일	월	화	수	목	금	토
	1	2	3	4	5	6
7	8	9	10	11	12	13
14	15	16	17	18	19	20
21	22	23	24	25	26	27
28	29	30	31			

1일이 월요일이므로 정 대리는 위와 같은 달력에 해당하는 기간 중에 출장을 가려고 한다. 3박 4일 일정 중 출발과 도착일 모두 휴일이 아니어야 한다면 월~목요일, 화~금요일, 금~월요일 세 가지의 경우의 수가 생기는데, 현지에서 복귀하는 비행편이 화요일과 목요일이므로 월~목요일의 일정을 선택해야 한다. 회의가 셋째 주 화요일이라면 16일이므로 그 이후 가능한 월~목요일은 두 번이 있으나, 마지막 주의 경우 도착일이 다음 달로 넘어가게 되므로 조건에 부합되지 않는다. 따라서 출장 출발일로 적절한 날은 22일이며 일정은 22~25일이 된다.

2 ③

㉤에서 유진이는 화요일에 학교에 가지 않으므로 ㉢의 대우에 의하여 수요일에는 학교에 간다.
수요일에 학교에 가므로 ㉡의 대우에 의해 금요일에는 학교에 간다.
금요일에 학교에 가므로 ㉣의 대우에 의해 월요일에는 학교를 가지 않는다.
월요일에 학교를 가지 않으므로 ㉠의 대우에 의해 목요일에는 학교에 간다.
따라서 유진이가 학교에 가는 요일은 수, 목, 금이다.

3 ①

조사 대상과 조사 내용을 볼 때, ①은 본 설문조사의 목적으로 가장 적합하지 않다.

② 조사 내용 중 '향후 해외 근거리 당일 왕복항공 잠재 수요 파악'을 통해 해외 당일치기 여객의 수요에 부응할 수 있는 노선 구축 근거를 마련할 수 있다.
③ 조사 내용 중 '과거 해외 근거리 당일 왕복항공 이용 실적 파악'을 통해 해외 근거리 당일 왕복항공을 이용한 실적 및 행태를 파악할 수 있다.
④ 조사 내용 중 '해외 근거리 당일 왕복항공 이용을 위한 개선 사항 파악'을 통해 근거리 국가로 여행 또는 출장을 위해 당일 왕복항공을 이용할 의향과 수용도를 파악할 수 있다.

4 ④

④ 어머니와 본인, 배우자, 아이 셋을 합하면 丁의 가족은 모두 6명이다. 6인 가구의 월평균소득기준은 5,144,224원 이하로, 월평균소득이 480만 원이 되지 않는 丁는 국민임대주택 예비입주자로 신청할 수 있다.

① 세대 분리되어 있는 배우자도 세대구성원에 포함되므로 주택을 소유한 아내가 있는 甲은 국민임대주택 예비입주자로 신청할 수 없다.

② 본인과 배우자, 배우자의 부모님을 합하면 乙의 가족은 모두 4명이다. 4인 가구 월평균소득기준은 4,315,641원 이하로, 월평균소득이 500만 원을 넘는 乙은 국민임대주택 예비입주자로 신청할 수 없다.

③ 신청자인 丙의 배우자의 직계비속인 아들이 전 남편으로부터 아파트 분양권을 물려받아 소유하고 있으므로 丙은 국민임대주택 예비입주자로 신청할 수 없다.

---

5 ②

B팀은 자신들이 제작한 K부서 정책홍보책자를 서울에 모두 배포하거나 부산에 모두 배포한다는 지침에 따라 배포하였는데, B팀이 제작·배포한 K부서 정책홍보책자 중 일부를 부산에서 발견하였으므로, B팀의 책자는 모두 부산에 배포되었다.

A팀이 제작·배포한 책자 중 일부를 서울에서 발견하였지만, A팀은 자신들이 제작한 K부서의 모든 정책홍보책자를 서울이나 부산에 배포한다는 지침에 따라 배포하였으므로, 모두 서울에 배포되었는지는 알 수 없다.

따라서 항상 옳은 평가는 ㉢뿐이다.

PART ④ 대인관계능력

1	③	2	④	3	④	4	③	5	③

1 ③

③ 조직구성원들이 신뢰를 가질 수 있는 카리스마와 함께 조직변화의 필요성을 인지하고 그러한 변화를 나타내기 위해 새로운 비전을 제시하는 능력을 갖춘 리더십을 말한다.

---

2 ④

민수는 각 팀장들에게 프로젝트 성공 시 전원 진급을 약속하였지만 결국 그 약속을 이행하지 못했으므로 정답은 ④이다.

3 ④

위의 사례에서 고객은 자신의 잘못으로 핸드폰 케이스가 깨졌는데도 불구하고 무상 교체를 해줘야 한다고 트집을 잡고 있으므로 트집형 고객임을 알 수 있다.

---

4 ③

변화에 소극적인 직원들을 성공적으로 이끌기 위한 방법

㉠ 개방적인 분위기를 조성한다.
㉡ 객관적인 자세를 유지한다.
㉢ 직원들의 감정을 세심하게 살핀다.
㉣ 변화의 긍정적인 면을 강조한다.
㉤ 변화에 적응할 시간을 준다.

---

5 ③

① 유팀장은 스티커를 이용한 긍정적 강화법을 활용하였다.
② 유팀장은 지금까지 아무도 시도하지 못한 새로운 보안시스템을 개발해 보자고 제안하며 부하직원들에게 새로운 도전의 기회를 부여하였다.
④ 유팀장은 부하직원들에게 자율적으로 출퇴근할 수 있도록 하였고 사내에도 휴식공간을 만들어 자유롭게 이용토록 하는 등 업무환경의 변화를 두려워하지 않았다.

PART 5 기술능력

1	①	2	④	3	②	4	④	5	③

1 ①

1번 기계와 4번 기계가 180° 회전하였고 2번 기계와 3번 기계가 시계방향으로 90° 회전하였다. 따라서 ★, ◆ 스위치를 눌러야 한다. 단, 순서는 바뀌어도 가능하다.

---

2 ④

1번, 2번, 3번 기계는 반시계 방향으로 90° 회전하였고, 4번 기계는 시계 방향으로 90° 회전하였다. 보기 중 스위치를 세 번 눌러서 이와 같이 변화하는 조합은 ☆, ◆, ◇뿐이다.

• ☆(1번, 3번 180°)

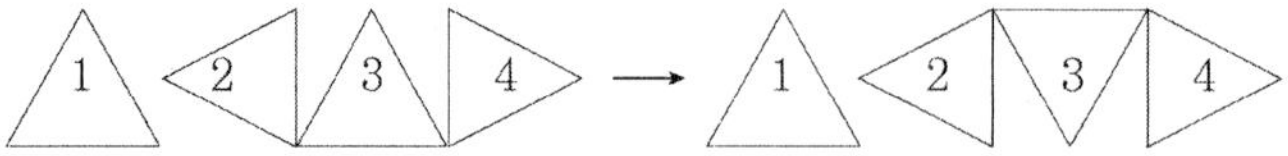

• ◆(2번, 3번 시계방향 90°)

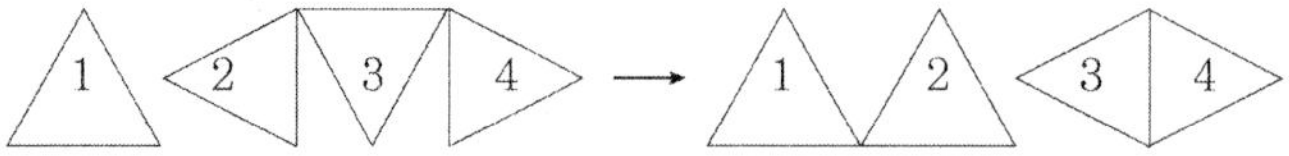

• ◇(1번, 4번 시계방향 90°)

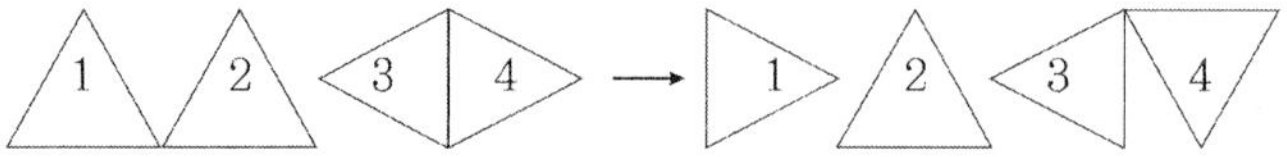

---

3 ②

인쇄 기본 설정 창 열기

① 인쇄하려는 문서를 여세요.

② 파일 메뉴에서 인쇄를 선택하세요.

③ 프린터 선택에서 사용 중인 제품을 선택하세요.

④ 프린터 속성 또는 기본 설정을 클릭하세요.

---

4 ④

〈보기〉에 주어진 그래프와 명령어를 분석하면 다음과 같다.

• C숫자 / H숫자 → X축 최곳값 / Y축 최곳값

• 알파벳(숫자, 숫자) → 도형의 모양(X축값, Y축값)

W 원	S 삼각형	N 사각형	D 다이아몬드

• : 알파벳숫자 → A 작은 도형, B 큰 도형, 1 채우기有, 2 채우기無

따라서 제시된 그래프에 대한 명령어는

C5 / H5　N(1,3) : A2 / W(2,1) : A1 / S(4,4) : A2 / D(5,2) : B2이다.

---

5 ③

• C6 / H5 → X축 최곳값 6 / Y축 최곳값 5

• D(1,5) : B1 → 다이아몬드(1,5) : 큰 도형, 채우기有

• S(2,4) : A2 → 삼각형(2,4) : 작은 도형, 채우기無

• N(3,1) : A1 → 사각형(3,1) : 작은 도형, 채우기有

따라서 제시된 명령어를 실행할 경우 ③과 같은 그래프가 구현된다.

PART 6 직업윤리

1	③	2	①	3	④	4	③	5	없음

1 ③

③ 직장이라는 특수 상황에서 갖는 집단적 인간관계는 가족관계, 개인적 선호에 의한 친분 관계와는 다른 측면의 배려가 필요하다.

2 ①

① 정직과 신뢰는 매사에 조금씩 차곡차곡 축적해 나가야 한다.

3 ④

가. 악수를 하는 동안에는 상대에게 집중하는 의미로 반드시 눈을 맞추고 미소를 짓는다.

다. 처음 만나는 사람과의 악수라도 손끝만을 잡는 행위는 상대방을 존중한다는 마음을 전달하지 못하는 행위이다.

바. 정부 고관을 지낸 사람을 소개할 경우 퇴직한 사람이라도 직급명은 그대로 사용해 주는 것이 일반적인 예절로 인식된다.

4 ③

제시된 상황은 대표적으로 직업윤리와 개인윤리가 충돌하는 상황이라고 할 수 있다. 직무에 따르는 업무적 책임 사항은 반드시 근무일에만 적용된다고 판단하는 것은 올바르지 않으며, 불가피한 경우 휴일에도 직무상 수행 업무가 발생할 수 있음을 감안하는 것이 바람직한 직업윤리의식일 것이다. 따라서 이러한 경우 직업윤리를 우선시하는 것이 바람직하다. 선택지 ④와 같은 경우는 대안을 찾는 경우로서, 책임을 다하는 태도라고 할 수 없다.

5 정답 없음

이런 인성검사와 유사한 유형은 지원자의 성향을 파악하기 위한 것으로 따로 정답이 정해져 있지는 않다. 다만 청렴과 정직, 성실, 책임감 등 기본적인 직업윤리를 바탕으로 정답을 선택하는 것이 바람직하다.

CHAPTER 01

NCS 예상문제 정답해설

PART ❶ 의사소통능력

1	④	2	⑤	3	②	4	④	5	③	6	③	7	⑤	8	④	9	③	10	④
11	⑤	12	③	13	④	14	⑤	15	④	16	②	17	①	18	④	19	④	20	⑤
21	③	22	⑤	23	④	24	③	25	④										

1 ④

제시된 문장에서 '붙다'는 '어떤 일에 나서다. 또는 어떤 일에 매달리다'의 의미로 사용되었다. 따라서 같은 의미로 사용된 것은 ④이다.

① 맞닿아 떨어지지 아니하다.

② 조건, 이유, 구실 따위가 따르다.

③ 불이 옮아 타기 시작하다.

⑤ 어떤 장소에 오래 머무르다.

2 ⑤

트럼프 대통령의 코로나19 백신 사재기와 관련된 내용으로, 보기 중 빈칸에 들어갈 단어로 가장 적절한 것은 '확실히 보증하거나 가지고 있음'을 의미하는 '확보(確保)'이다.

① 개발(開發) : 새로운 물건을 만들거나 새로운 생각을 내어놓음

② 확인(確認) : 틀림없이 그러한가를 알아보거나 인정함

③ 차치(且置) : 내버려 두고 문제 삼지 아니함

④ 매각(賣却) : 물건을 팔아 버림

3 ②

문서를 작성하는 데 있어 근거 자료의 제시는 정보의 신뢰성을 높여 준다.

4 ④

이 글이 주제는 마지막 문단에 '그러므로 ~' 뒤로 이어지는 부분이라고 할 수 있다.

5 ③

乙 과장에게 바로 연락해서 관련 자료를 받으라고 하였으므로, 丙 대리가 가장 먼저 처리해야 하는 일은 乙 과장에게 연락하는 것이다.

① 팀장 회의는 다음 달 초에 열릴 예정이다.
② 丙 대리는 본사에 전화할 필요가 없다.
④ 보고서는 회의에 다녀온 후 작성한다.
⑤ 업무 보고는 내일 하자고 하였다.

6 ③

③ 정밀안점검사는 설치 후 15년이 도래하거나 결함 원인이 불명확한 경우, 중대한 사고가 발생하거나 또는 그 밖에 행정안전부장관이 정한 경우에 실시한다. 에스컬레이터에 쓰레기가 끼이는 단순한 사고가 발생하여 수리한 경우에는 수시검사를 시행하는 것이 적절하다.

7 ⑤

⑤ 쇼핑카트나 유모차, 자전거 등을 가지고 층간 이동을 쉽게 할 수 있도록 승강기를 설치하는 경우에는 계단형의 디딤판을 동력으로 오르내리게 한 에스컬레이터보다 평면의 디딤판을 동력으로 이동시키게 한 무빙워크가 더 적합하다.

8 ④

④ '눈을 감고'는 눈꺼풀을 내려 눈동자를 덮는 것을 의미한다. 단어의 본래의 의미가 사용되었으므로 관용적 표현이 아니다.

9 ③

'3. 업체상호사용' 항목에 따르면, 양사는 업무제휴의 목적에 부합하는 경우에 한하여 상대의 상호를 마케팅에 사용 가능하나 사전에 협의된 내용을 변경할 수는 없다.

10 ④

④ 100ml 이하 용기에 한함으로 500ml 물병에 들어있는 물은 국제선 반입이 불가능하다.

11 ⑤

저출산 문제의 원인으로 '직장 일과 육아 병행의 어려움'이 있으므로 해결 방안으로 '가정을 배려하는 직장 문화 조성'이 들어가야 적절하다.

12 ③

③ 주채무자의 전세보증금 반환의무 지체에 따른 이자 및 지연손해금은 보증 채무를 이행하지 아니한다(제7조 제2호).

13 ④

보증채권자가 서류 중 일부를 누락하여 이행을 청구한 경우 보증회사는 서면으로 기한을 정하여 서류보완을 요청할 수 있다.

14 ⑤

㉠ 15% 할인 후 가격에서 5%가 추가로 할인되는 것이므로 20%보다 적게 할인된다.
㉡ 위 안내문과 일치한다.
㉢ 같은 기종이 아닌 LED TV가 증정된다.
㉣ 노트북, 세탁기, TV는 따로 H카드를 사용해야 한다는 항목이 없으므로 옳지 않다.

15 ④

④ 이 글에서는 사진의 주관성에 대해 설명하면서 주관적으로 사진을 찍어야 함을 강조하고 있을 뿐, 사진을 객관적으로 찍으려면 어떻게 작업해야 한다는 구체적인 정보는 나와 있지 않다.

16 ②

「Mr. Hopkins에게
d. 당신의 최근 주문에 관한 10월 23일의 편지 감사합니다.
b. 당신이 잘못된 주문을 받았다니 매우 유감스럽습니다.
e. 듣자 하니, 이것은 프로세싱 오류로 인해 야기되었습니다.
a. 우리는 무료배송으로 당신에게 정확한 상품을 보낼 것입니다.
c. 다시 한 번, 불편을 드린 것에 대한 저희의 사과를 받아주시길 바라오며, 장래에 다시 서비스를 제공할 수 있기를 기대합니다.」

17 ①

① 발신인이 불명확하거나 의심스러운 메시지 및 메일은 열어보지 말고 즉시 삭제해야 한다.

18 ④

㉠ 미국에서 손해배상소송이 급증한 것은 당연위법원칙이나 배심원 제도 때문이었는데 1980년대 들어서 당연위법원칙이 후퇴하였으므로 손해배상소송이 줄어들었다.

㉡ 가해자에게 과징금을 부과한다 하더라도 국고로 편입되기 때문에 피해자는 만족하지 못하게 되며 공정거래절차의 효용성이 크게 떨어지고 국민의 불신이 높아진다.

19 ④

④ 이분법적인 사고를 바탕으로 한 이항 대립의 한계(서구 문화)를 극복하고, 새로운 패러다임(중간항의 존재)으로 전환해야 한다는 논지를 전개하고 있다.

20 ⑤

⑤ OO은행에서는 본 안내장 외엔 문자를 발송하지 않는다.

21 ③

㉠㉡을 통해 노인인구 증가에 대한 문제제기를 제기하고, ㉢을 통해 노인 복지 정책의 바람직한 방향을 금전적인 복지보다는 경제적인 독립, 즉 일자리 창출 등으로 잡아야 한다고 논지를 전개해야 한다.

22 ⑤

제시문은 라디오 대담 상황으로, 진행자와 전문가의 대담을 통해 '정당행위'의 개념과 배상 책임 면제에 관한 법리를 쉽게 설명해 주고 있다. 전문가는 마지막 말에서 추가적인 정보를 제시하고 있지만 그것을 통해 진행자의 오해를 바로잡고 있는 것은 아니다.

23 ④

④ 해당 영상물의 제작 의도는 탈춤에 무관심한 젊은 세대를 대상으로 하여 우리 고유의 문화유산인 탈춤에 대한 관심을 불러일으키기 위한 것이다. 따라서 탈춤에 대한 학술적 이견들을 깊이 있게 제시하는 것은 제작 의도와 맞지 않는다.

24 ③

①④ 주차대행 서비스가 유료이다.

②⑤ 장애인 차량은 장애인증 확인 후 일반주차요금의 50%가 할인된다.

25 ④

Fast Track 이용 가능한 교통약자는 보행장애인, 7세 미만 유소아, 80세 이상 고령자, 임산부, 동반여객 2인이다.

PART ② 수리능력

1	⑤	2	②	3	②	4	①	5	①	6	④	7	③	8	④	9	③	10	④
11	⑤	12	③	13	①	14	①	15	①	16	①	17	③	18	②	19	④	20	③
21	④	22	③	23	①	24	⑤	25	④										

1 ⑤

⑤ 작업자과실로 인한 승강기사고는 2010년 이후 증감을 반복하다 2015년을 기점으로 감소하고 있다.

2 ②

② 6~10층에 설치된 승강기 대수는 2016년에 증가하였다가 2017년에 감소하는 양상을 보인다. 그러나 26~30층에 설치된 승강기 대수는 계속 증가한다.

3 ②

① 페이스북을 이용하거나 태블릿PC를 사용하는 사원은 김하나, 정민지, 박진숙 3명이다.

③ 취미로 SNS를 활용하는 사원인 박진숙, 한아름의 기기구입비는 440,000+580,000=1,020,000원이다.

④ 2013년에 SNS를 가입하거나 블로그를 이용하는 사원은 김하나, 윤동진, 이정미, 한아름 4명이다.

⑤ 태블릿PC를 사용하는 사원의 평균 앱 구입비는 (10,500+14,500)/2=12,500원이다.

4 ①

① 2011년에는 2분위가 3분위보다 가계직접부담의료비가 많다.

5 ①

신용대출이므로 적용요율이 0.8% 적용된다.

500만 원×0.8%×(100/365)=10,958원
원단위 절사하면 10,950원이다.

6 ④

④ $\frac{392,222}{1,288,847} \times 100 = 30.43\%$
따라서 30%를 초과한다.

7 ③

사고 후 조달원 / 사고 전 조달원	수돗물	정수	약수	생수	합계
수돗물	40	30	20	30	120
정수	10	50	10	30	100
약수	20	10	10	40	80
생수	10	10	10	40	70
합계	80	100	50	140	

수돗물 : 120 → 80
정수 : 100 → 100
약수 : 80 → 50
생수 : 70 → 140
따라서 사고 전에 비해 사고 후에 이용 가구 수가 감소한 식수조달원은 수돗물과 약수 2개이다.

8 ④

④ I공장의 2016년 전체 판매율 : $\frac{702}{794} \times 100 = 88.4\%$

9 ③

현재까지의 판매 이익은 다음과 같다.
- 아메리카노 : $(3,000-200) \times 5 = 14,000$
- 카페라떼 : $(3,500-500) \times 3 = 9,000$
- 바닐라라떼 : $(4,000-600) \times 3 = 10,200$
- 카페모카 : $(4,000-650) \times 2 = 6,700$
- 카라멜마끼아또 : $(4,300-850) \times 6 = 20,700$

현재까지 60,600원의 판매 이익을 얻었으므로, 3,400원이 더 필요하다. 따라서 바닐라라떼 한 잔을 더 팔면 이익을 채울 수 있다.

10 ④

④ 2011년 새꼬리 민태 생산량의 전년대비 증가율 : $\frac{12,447-10,852}{10,852}\times 100=14.7\%$

따라서 10%를 초과한다.

11 ⑤

톤당 생산가격 $=\frac{\text{생산금액}}{\text{생산량}}$ 으로 구한다(단위는 생략).

① 가다랑어 : $\frac{329,163}{229,588}=1.43$

② 황다랑어 : $\frac{163,068}{63,971}=2.55$

③ 명태 : $\frac{49,479}{31,624}=1.56$

④ 새꼬리 민태 : $\frac{18,209}{8,681}=2.10$

⑤ 민대구 : $\frac{8,689}{3,162}=2.75$

12 ③

③ 주어진 자료는 우유생산 현황에 대한 자료이므로 우유 수요가 많은지는 알 수 없다.

13 ①

① 경기도 : 감소 − 감소 − 증가
② 서울특별시 : 증가 − 증가 − 증가
③ 광주광역시 : 감소 − 증가 − 증가
④ 인천광역시 : 증가 − 감소 − 감소
⑤ 부산광역시 : 감소 − 증가 − 증가

경상남도 : 감소 − 감소 − 감소
강원도 : 증가 − 증가 − 증가
전라남도 : 감소 − 증가 − 증가
대구광역시 : 증가 − 감소 − 감소
제주도 : 감소 − 증가 − 증가

14 ①

시험을 응시한 여자사원의 수를 x라 하고, 여자사원의 총점 + 남자사원의 총점 = 전체 사원의 총점이므로

$76x+72(100-x)=73\times 100$

식을 간단히 하면 $4x=100$, $x=25$

∴ 여자사원은 25명이다.

15 ①

식염수의 질량이 줄었어도 농도가 줄어든 것은 아니므로 15% 식염수 200g에 물 100g을 첨가한 것으로 계산하면 된다.

$\frac{30}{200+100}\times 100=10\%$

16 ①

세로의 길이를 x라 하면

$(x+13)\times x\times 7=210$

$x^2+13x=30$

$(x+15)(x-2)=0$

$\therefore x=2(\text{cm})$

17 ③

수빈이가 하루 일하는 양 : $\frac{1}{16}$

혜림이가 하루 일하는 양 : $\frac{1}{12}$

전체 일의 양을 1로 놓고 같이 일을 한 일을 x라 하면

$\frac{3}{16}+(\frac{1}{16}+\frac{1}{12})x+\frac{1}{12}=1$

$\frac{13+7x}{48}=1$

$\therefore x=5$일

18 ②

배의 속력을 x라 하고 강물의 속력을 y라 하면 거리는 36km로 일정하므로

$6(x-y)=36\cdots$ ㉠

$4(x+y)=36\cdots$ ㉡

㉡식을 변형하여 $x=9-y$를 ㉠에 대입하면

$\therefore y=1.5km/h$

19 ④

의자의 개수를 x라 하면

$5x+1=(x-11)\times6+3$

$5x+1=6x-66+3$

$x=64$

20 ③

누나의 나이를 x, 엄마의 나이를 y라 하면,

$2(10+x)=y$

$3(x+3)=y+3$

두 식을 연립하여 풀면,

$x=14$(세)

21 ④

밥류와 면류에서 각각 선택할 수 있는 가지 수가 5가지씩이므로 한 가지씩 골라 주문할 경우 총 $5\times5=25$가지가 된다.

22 ③

직사각형의 짧은 쪽 변의 길이를 a, 긴 쪽 변의 길이를 b라고 할 때, 밧줄의 길이가 12m이므로 $2a+b\le12$여야 한다. 이 부등식이 성립할 수 있는 $(a,\ b)$의 조합은 (1, 10), (2, 8), (3, 6)의 세 가지로 이 중 꽃밭의 넓이 ab의 값이 최대가 되는 경우는 (3, 6)에 해당한다. 따라서 이 꽃밭의 넓이의 최댓값은 $18m^2$이다.

23 ①

[조사 A] : 변량의 개수 = 5, 평균 = 4, 분산 = 6

• 평균 $=\dfrac{\text{변량의 총합}}{\text{변량의 개수}}$, ∴ 변량의 총합 $=5\times4=20$

• 분산 $=\dfrac{(\text{변량}-\text{평균})^2\text{의 총합}}{\text{변량의 개수}}$, ∴ $(\text{변량}-\text{평균})^2$의 총합 $=5\times6=30$

[조사 B] : 변량의 개수 = 5, 평균 = 6, 분산 = 8

• 평균 $=\dfrac{\text{변량의 총합}}{\text{변량의 개수}}$, ∴ 변량의 총합 $=5\times6=30$

• 분산 $=\dfrac{(\text{변량}-\text{평균})^2\text{의 총합}}{\text{변량의 개수}}$, ∴ $(\text{변량}-\text{평균})^2$의 총합 $=5\times8=40$

[조사 A와 B를 섞은 전체 자료]

• 평균(a) $= \frac{20+30}{5+5} = \frac{50}{10} = 5$

• 분산(b) $= \frac{30+40}{5+5} = \frac{70}{10} = 7$

따라서 ab의 값은 35이다.

24 ⑤

요일 계산 문제는 주어진 날짜에서 알고자 하는 날짜까지의 총 며칠인지를 구한 뒤 7로 나눈 나머지를 통해 요일을 추론할 수 있다. 즉, 8월은 16일부터 31일까지 16일에 9월(30일), 10월(31일), 11월(30일), 12월(31일), 1월 1일을 모두 더하면 16 + 30 + 31 + 30 + 31 + 1 = 139일이 된다. 139를 7로 나누면 나머지가 6이 되므로, 일요일에서 6일이 지난 토요일이 된다.

25 ④

도시락의 개수를 x라고 할 때, A 상점과 B 상점에서 도시락 구입 가격은 다음과 같다.

• A 상점 : $5{,}000x$

• B 상점 : $4{,}850x+2{,}000$

이때, A 상점보다 B 상점에서 구입할 때 드는 비용이 더 적어야 하므로

$5{,}000x < 4{,}850x+2{,}000$이 성립하고

$150x < 2{,}000$

$x < 13.333\cdots$이므로 적어도 14개 이상의 도시락을 구입해야 한다.

1	⑤	2	③	3	③	4	④	5	④	6	⑤	7	①	8	③	9	②	10	②
11	①	12	②	13	②	14	②	15	④	16	②	17	②	18	③	19	①	20	③
21	③	22	③	23	③	24	④	25	⑤										

1 ⑤

명제 2와 명제 1을 이용해 결론을 얻기 위해서는,
'밤이 오면 해가 들어간다→(해가 들어가면 밝지 않다)→밝지 않으면 별이 뜬다'로 연결할 수 있다. 따라서 필요한 명제 3은 '해가 들어가면 밝지 않다' 또는 그 대우인 '밝으면 해가 들어가지 않는다'가 된다.

2 ③

세 사람 중 한 사람만 사실을 말하고 있으므로 각각의 경우를 대입하여, 논리적 오류가 없는 것이 정답이 된다.

- **甲이 사실을 말하고 있는 경우** : 조건에 따라 乙과 丙은 거짓말이 되는데, 이는 甲이 먹은 사탕의 개수가 5개일 때만 논리적으로 성립이 가능하다.
- **乙이 사실을 말하고 있는 경우** : 조건에 따라 甲과 丙은 거짓말이 되는데, 乙이 사실일 경우 甲도 사실이 되므로 조건에 모순된다.
- **丙이 사실을 말하고 있는 경우** : 조건에 따라 甲과 乙은 거짓말이 되는데, 丙이 사실일 경우 甲도 사실이 되므로 조건에 모순된다.

따라서 甲이 사실을 말하고 있으면서 사탕을 5개 먹은 경우에만 전제 조건이 성립하므로, 정답은 ③이다.

3 ③

③ 장마가 시작되면 비가 오는 날이 평소보다 많아진다는 것은 가치 있는 정보로 보기 어렵다. '오늘부터 장마가 시작된다'는 사실을 통해 도출할 수 있는 가치 있는 정보로는 '폭우에 대비하여 시설물을 점검한다' 등이 있을 수 있다.

4 ④

보기의 내용을 바탕으로 5Why 단계를 구성해 보면 다음과 같다.
[문제] 최종 육안 검사 시 간과하는 점이 많다.

- 1Why : 왜 간과하는 점이 많은가? → 제대로 보지 못하는 경우가 많다.
- 2Why : 왜 제대로 보지 못하는가? → 잘 보이지 않을 때가 있다.

• 3Why : 왜 잘 보이지 않는가? → 작업장 조명이 어둡다.
• 4Why : 왜 작업장 조명이 어두운가? → 조명의 위치가 좋지 않다.
• 5Why : 왜 조명의 위치가 좋지 않은가? → 작업장 조명에 대한 기준이 없다.
[해결책] 작업장 조명에 대한 기준을 표준화한다.

5 ④

④ 30~50대 여성이 90%를 차지하는 고객 구성의 상황에서 남성 고객 유치를 위해 남성적인 브랜드 이미지를 구축하는 것은 주 고객층의 외면을 불러올 수 있다.

6 ⑤

직원	성공추구 경향성과 실패회피 경향성	성취행동 경향성
A	성공추구 경향성 = 3 × 0.7 × 0.2 = 0.42	= 0.42 − 0.24 = 0.18
	실패회피 경향성 = 1 × 0.3 × 0.8 = 0.24	
B	성공추구 경향성 = 2 × 0.3 × 0.7 = 0.42	= 0.42 − 0.21 = 0.21
	실패회피 경향성 = 1 × 0.7 × 0.3 = 0.21	
C	성공추구 경향성 = 3 × 0.4 × 0.7 = 0.84	= 0.84 − 0.36 = 0.48
	실패회피 경향성 = 2 × 0.6 × 0.3 = 0.36	

7 ①

① 제시된 사례는 중대사고나 중대한 고장 발생에 해당하지 않으므로 한국승강기안전공단에 통보해야 하는 사고가 아니다.

8 ③

내규에 따르면 뇌물로 인정되기 위해서는 그것이 직무에 관한 것이어야 하는데, '직무'란 임직원 또는 중재인의 권한에 속하는 직무행위 그 자체뿐만 아니라 직무와 밀접한 관계가 있는 행위를 말한다. C의 경우 홍보부 가짜뉴스 대응팀 직원이므로 외국인 산업연수생에 대한 관리업체 선정은 C의 권한에 속하는 직무행위이거나 직무와 밀접한 관계에 있는 행위라고 볼 수 없으므로 뇌물에 관한 죄에 해당하지 않는다.

9 ②

①② 계약은 청약에 대한 승낙의 효력이 발생한 시점에 성립되므로 B의 승낙이 A에게 도달한 2018년 1월 14일에 성립된다.
③ 2018년 1월 15일까지 승낙 여부를 통지해 달라고 승낙기간을 지정하였으므로 청약은 철회될 수 없다.
④⑤ 청약에 대한 승낙은 동의의 의사표시가 청약자에게 도달하는 시점에 효력이 발생하므로 B의 승낙이 A에게 도달한 2018년 1월 14일에 성립된다.

10 ②

㉡ : '지자체의 사업추진 역량부족으로 지방재정 낭비심화 초래'에 대한 개선방안이다.

㉣ : '종합적 표준지침 부재로 인한 각 지자체마다 개별적으로 추진'에 대한 개선방안이다.

11 ①

㉠ : '이해관계자 참여를 통한 사업계획의 정당성 확보 노력 미흡'에 대한 개선방안이다.

㉢ : '교통수요 예측 및 사업타당성 검토의 신뢰성 · 적정성 부족'에 대한 개선방안이다.

㉥ : '사업주관 지자체의 행정구역만을 고려한 폐쇄적 계획 수립'에 대한 개선방안이다.

12 ②

중국집 : $90 \times 15 - 0.3 \times 15 \times 100 = 900$

한식집 : $100 \times 12 - 0.2 \times 12 \times 100 = 960$

분식집 : $80 \times 15 - 0.15 \times 15 \times 100 = 975$

편의점 : $70 \times 18 - 0.2 \times 18 \times 100 = 900$

영어학원 : $80 \times 18 - 0.3 \times 18 \times 100 = 900$

태권도학원 : $90 \times 12 - 0.1 \times 12 \times 100 = 960$

분식집의 효용이 가장 높고, 한식집과 태권도학원이 960으로 같다. 음식점 2개를 입주시킬 경우 20만원의 효용이 추가로 발생하므로 분식집과 한식집을 입주시킨다.

13 ②

㉠ **순정** : 다른 사람들의 지지를 이용하기 때문에 '연합 전술'에 해당한다.

㉡ **석일** : 기업의 비전과 가치를 언급함으로써 이상에 호소하여 제안에 몰입하도록 하기 때문에 '영감에 호소'에 해당한다.

14 ②

② 시제품 B는 C에 비해 독창성 점수가 2점 높지만 총점은 같다. 따라서 옳지 않은 발언이다.

15 ④

'안정적 자금 공급'이 자사의 강점이기 때문에 '안정적인 자금 확보를 위한 자본구조 개선'은 향후 해결해야 할 과제에 속하지 않는다.

16 ②

㉠ : 태풍경보 표를 보면 알 수 있다. 비가 270mm이고 풍속 26m/s에 해당하는 경우는 태풍경보 2급이다.

㉡ : 6시간 강우량이 130mm 이상 예상되므로 호우경보에 해당하며 산지의 경우 순간풍속 28m/s 이상이 예상되므로 강풍주의보에 해당한다.

17 ②

각 조건의 대우는 다음과 같다.

- 영어를 잘하는 사람은 수학도 잘한다.
- 미술을 잘하는 사람은 국어도 잘한다.
- 미술을 못하는 사람은 영어도 못한다.

주어진 세 번째 조건과, 두 번째 조건의 대우를 연결하면 '영어를 잘하는 사람은 미술을 잘하고, 미술을 잘하는 사람은 국어도 잘한다'가 되므로 B는 옳다. A는 알 수 없다.

18 ③

철수는 같은 수로 과일 A와 B를 먹었으므로 각각 2개씩 먹었다는 것을 알 수 있다. 철수는 영수보다 과일 A를 1개 더 먹었으므로, 영수는 과일 A를 1개 먹었다.

	A과일	B과일	씨의 개수
철수	2개	2개	6개
영수	1개	3개	5개

19 ①

㉠ 갑 : 가중치가 가장 높은 브랜드명성이 가장 좋게 평가된 A 브랜드 제품을 선택한다.

㉡ 을 : 각 제품의 속성을 가중치에 따라 평가하면 다음과 같다.

A : $10(0.4)+4(0.3)+8(0.2)+9(0.1)=4+1.2+1.6+0.9=7.7$

B : $7(0.4)+8(0.3)+6(0.2)+6(0.1)=2.8+2.4+1.2+0.6=7$

C : $7(0.4)+5(0.3)+7(0.2)+3(0.1)=2.8+1.5+1.4+0.3=6$

∴ A 브랜드 제품을 선택한다.

㉢ 병 : 모든 속성이 4점 이상인 A, B 브랜드 중 디자인 점수가 더 높은 A 브랜드 제품을 선택한다.

20 ③

① 甲 : $6\text{천만 원} \times \frac{7\text{천만 원}}{1\text{억 원}} = 4{,}200\text{만 원}$

② 乙 : 손해액 전액이므로 8,000만 원

③ 丙 : 손해액 전액이므로 9,000만 원

④ 丁 : $6\text{천만 원} \times \frac{9\text{천만 원}}{1\text{억 원}} = 5{,}400\text{만 원}$

⑤ 戊 : $8\text{천만 원} \times \frac{6\text{천만 원}}{6{,}400\text{만 원}} = 7{,}500\text{만 원}$

21 ③

5점을 맞힌 화살의 개수가 동일하다고 했으므로 5점의 개수에 따라 점수를 정리하면 다음과 같다.

	1개	2개	3개	4개	5개	6개	7개
박과장	5+18=23	10+15=25	15+12=27	20+9=29	25+6=31	30+3=33	35+0=35
김과장	5+21=26	10+18=28	15+15=30	20+12=32	25+9=34	30+6=36	35+3=38

22 ③

독미는 민희와 같은 종류의 우유를 2개 구매하였고, 영진이와도 같은 종류의 우유를 하나 구매하였다. 따라서 독미는 우유를 3개 이상을 구매하게 되는데 딸기우유와 바나나우유를 구매하지 않았다고 했으므로 흰우유, 초코우유, 커피우유를 구매했다. 독미와 영진이가 구매한 우유 중에 같은 종류가 하나 있다고 하였고 영진이가 흰우유와 커피우유를 구매하지 않았다고 하였으므로 영진이는 초코우유를 구매했다. 이로서 초코우유는 독미와 영진이가 구매하였고, 민희는 4종류의 우유를 구매했다고 했으므로 초코우유를 제외한 흰우유, 바나나우유, 딸기우유, 커피우유를 구매하였다. 민희와 영진이가 구매한 우유 중에 같은 종류가 하나 있다고 하였는데 그 우유가 바나나우유이다. 따라서 바나나우유를 구매한 사람은 민희와 영진이다.

23 ③

③ C는 정원이 50명이 넘으므로 기타공공기관이 아니며, 자체수입비율이 55%이므로 자체수입액이 총수입액의 2분의 1 이상이기 때문에 공기업이다. 시장형 공기업 조건에 해당하지 않으므로 C는 준시장형 공기업이다.

24 ④

① 배출 시간은 수거 전날 저녁 7시부터 수거 당일 새벽 3시까지인데 일요일은 수거하지 않으므로 토요일 저녁 8시에 쓰레기를 내놓은 甲은 규정을 준수했다고 볼 수 없다.

② 공동주택에서 음식물 쓰레기를 배출할 경우 음식물 전용용기에 담아서 배출해야 한다.

③ 스티로폼은 별도로 묶어서 배출해야 하는 품목이다.

⑤ 저녁 7시부터 새벽 3시까지 배출해야 한다.

25 ⑤

① 2012년 12월에 사회통합프로그램을 신청한 결혼이민자 A는 사전평가 점수에 따라 한국어과정이 면제될 수 있다.
② 2013년 1월에 사회통합프로그램을 신청하여 사전평가에서 95점을 받은 외국인근로자 B는 한국사회이해 과정을 이수하여야 한다.
③ 일반이민자로서 참여를 신청한 자는 사전평가 점수에 의해 배정된 단계로부터 6단계까지 순차적으로 교육과정을 이수하여야 한다고 언급하고 있다.
④ 2013년 1월 1일부터 신청한 결혼이민자에 대해서는 한국어과정 면제제도를 폐지하여 일반이민자와 동일하게 프로그램을 운영한다고 하였으므로 D는 한국어과정 3단계 완료 후 4, 5단계를 완료해야 6단계를 이수할 수 있다.

PART 4 대인관계능력

1	④	2	②	3	④	4	②	5	③	6	②	7	④	8	①	9	②	10	②
11	①	12	④	13	③	14	①	15	④	16	④	17	③	18	④	19	④	20	②
21	③	22	④	23	①	24	②	25	③										

1 ④

제시된 사례는 '기대의 명확화'와 관련된 것으로, 분명한 기대치를 제시해 주는 것이 대인관계에 있어서 오해를 줄이는 방법임을 보여주고 있다.

2 ②

효과적인 팀의 핵심적인 특징
㉠ 팀의 사명과 목표를 명확하게 기술한다.
㉡ 창조적으로 운영된다.
㉢ 결과에 초점을 맞춘다.
㉣ 역할과 책임을 명료화시킨다.
㉤ 조직화가 잘 되어 있다.
㉥ 개인의 강점을 활용한다.
㉦ 리더십 역량을 공유하며 구성원 상호간에 지원을 아끼지 않는다.
㉧ 팀 풍토를 발전시킨다.

㉧ 의견의 불일치를 건설적으로 해결한다.
㉨ 개방적으로 의사소통한다.
㉩ 객관적인 결정을 내린다.
㉪ 팀 자체의 효과성을 평가한다.

---

3 ④
대화를 보면 L사원의 팔로워십이 부족함을 알 수 있다. 팔로워십은 팀의 구성원으로서의 역할을 충실하게 잘 수행하는 능력을 말한다. L사원은 헌신, 전문성, 용기, 정직, 현명함을 갖추어야 하고 리더의 결점이 있으면 올바르게 지적하되 덮어주는 아량을 갖추어야 한다.

---

4 ②
A는 수동형, B는 실무형, C는 소외형, D는 순응형에 해당한다.
① 소외형의 특징이다.
③⑤ 수동형의 특징이다.
④ 실무형의 특징이다.

---

5 ③
제시된 사례에서 甲이 팀워크를 촉진하기 위해 활용한 방법은 팀원들의 동참을 이끌어 내어 의사결정에 참여할 수 있도록 하는 방법이다.

---

6 ②
현재 동신과 명섭의 팀에게 가장 필요한 능력은 팀워크능력이다.

---

7 ④
①②③ 전형적인 독재자 유형의 특징이다.
※ 파트너십 유형의 특징
㉠ 평등
㉡ 집단의 비전
㉢ 책임 공유

---

8 ①
〈사례2〉에서 희진은 자신의 업무에 대해 책임감을 가지고 일을 했지만 〈사례1〉에 나오는 하나는 자신의 업무에 대한 책임감이 결여되어 있다.

9 ②

② 남성과 여성이 함께 에스컬레이터나 계단을 이용하여 위로 올라갈 때는 남성이 앞에 서고 여성이 뒤에 서도록 한다.

10 ②

위의 사례에서 불만고객에 대한 대처가 늦어지고 그로 인해 항의가 잇따르고 있는 이유는 사소한 일조차 상부에 보고해 그 지시를 기다렸다가 해결하는 업무체계에 있다. 따라서 오부장은 어느 정도의 권한과 책임을 매장 직원들에게 위임하여 그들이 현장에서 바로 문제를 해결할 수 있도록 도와주어야 한다.

11 ①

T그룹에서 워크숍을 하는 이유는 직원들 간의 단합과 화합을 키우기 위해서이고 또한 각 부서의 장에게 나름대로의 재량권이 주어졌으므로 위의 사례에서 장부장이 할 수 있는 행동으로 가장 적절한 것은 ①번이다.

12 ④

대화를 보면 L사원의 팔로워십이 부족함을 알 수 있다. 팔로워십은 팀의 구성원으로서의 역할을 충실하게 잘 수행하는 능력을 말한다. L사원은 헌신, 전문성, 용기, 정직, 현명함을 갖추어야 하고 리더의 결점이 있으면 올바르게 지적하되 덮어주는 아량을 갖추어야 한다.

13 ③

리츠칼튼 호텔은 고객이 무언가를 물어보기 전에 고객이 원하는 것에 먼저 다가가는 것을 서비스 정신으로 삼고 있다. 기존 고객의 데이터베이스를 공유하여 고객이 원하는 서비스를 미리 제공할 수 있는 것이다.

14 ①

위의 상황은 엄팀장이 팀원인 문식이에게 코칭을 하고 있는 상황이다. 따라서 코칭을 할 때 주의해야 할 점으로 옳지 않은 것을 고르면 된다.

① 지나치게 많은 정보와 지시로 직원들을 압도해서는 안 된다.

※ 코칭을 할 때 주의해야 할 점

㉠ 시간을 명확히 알린다.
㉡ 목표를 확실히 밝힌다.
㉢ 핵심적인 질문으로 효과를 높인다.
㉣ 적극적으로 경청한다.
㉤ 반응을 이해하고 인정한다.
㉥ 직원 스스로 해결책을 찾도록 유도한다.
㉦ 코칭과정을 반복한다.

ⓞ 인정할 만한 일은 확실히 인정한다.
ⓩ 결과에 대한 후속 작업에 집중한다.

15 ④

M과 K 사이의 갈등이 있음을 발견하게 되었으므로 즉각적으로 개입하여 중재를 하고 이를 해결하는 것이 리더의 대처방법이다.

16 ④

팀장인 K씨는 U씨에게 팀의 생산성에 영향을 미치는 내용을 상세히 설명하고 이 문제와 관련하여 해결책을 스스로 강구하도록 격려하여야 한다.

17 ③

인간관계에서 신뢰를 구축하는 방법(감정은행계좌를 정립하기 위한 예입 수단)

㉠ 상대방에 대한 이해와 양보
㉡ 사소한 일에 대한 관심
㉢ 약속의 이행
㉣ 칭찬하고 감사하는 마음
㉤ 언행일치
㉥ 진지한 사과

18 ④

나팀장의 팀원들은 매일 과도한 업무로 인해 스트레스가 쌓인 상태이므로 잠시 일상에서 벗어나 새롭게 기분전환을 할 수 있도록 배려해야 한다. 그러기 위해서는 조용한 숲길을 걷는다든지, 약간의 수면을 취한다든지, 사우나를 하면서 몸을 푸는 것도 좋은 방법이 될 수 있다.

19 ④

④ 구성원으로 하여금 집단에 머물도록 만들고, 그 집단에 계속 남아 있기를 원하게 만드는 힘은 응집력이다.

20 ②

② 갈등은 문제 해결보다 승리를 중시하는 태도에서 증폭된다.

21 ③

갈등해결방법의 유형

㉠ **회피형** : 자신과 상대방에 대한 관심이 모두 낮은 경우(나도 지고 너도 지는 방법)

㉡ **경쟁형** : 자신에 대한 관심은 높고 상대방에 대한 관심은 낮은 경우(나는 이기고 너는 지는 방법)

㉢ **수용형** : 자신에 대한 관심은 낮고 상대방에 대한 관심은 높은 경우(나는 지고 너는 이기는 방법)

㉣ **타협형** : 자신에 대한 관심과 상대방에 대한 관심이 중간정도인 경우(타협적으로 주고받는 방법)

㉤ **통합형** : 자신은 물론 상대방에 대한 관심이 모두 높은 경우(나도 이기고 너도 이기는 방법)

22 ④

④ 갈등해결방법 모색 시에는 논쟁하고 싶은 유혹을 떨쳐내고 타협하려 애써야 한다.

23 ①

협상과정

협상 시작 → 상호 이해 → 실질 이해 → 해결 대안 → 합의 문서

24 ②

② 협상 상대가 협상에 대하여 책인을 질 수 있고 타결권한을 가지고 있는 사람인지 확인하고 협상을 시작해야 한다. 최고책임자는 협상의 세부사항을 잘 모르기 때문에 협상의 올바른 상대가 아니다.

25 ③

고객 불만 처리 프로세스

경청 → 감사와 공감표시 → 사과 → 해결약속 → 정보파악 → 신속처리 → 처리확인과 사과 → 피드백

1	②	2	①	3	②	4	③	5	④	6	②	7	④	8	②	9	③	10	①
11	④	12	②	13	④	14	③	15	④	16	③	17	①	18	③	19	①	20	④

1 ②

전기식 엘리베이터의 주요 안전장치로는 로프브레이크, 조속기, 도어인터록장치 외에 제동기, 비상정지장치, 리미트스위치류, 문단힘안전장치, 카완충기 등이 있다.

2 ①

① 제동기 드럼과 라이닝 마찰음은 기계실 제동기에서 발생하는 소음으로 가이드 슈 · 가이드 롤러, 주로프, 이동케이블, 균형추 등으로 인하여 발생하는 승강로 소음과 발생원의 성격이 다르다.

※ 소음발생의 주요원인

발생원		주요원인	
기계실	전동기	• 고조파 자기음 • 가감속시 전동기 이상음	• 회전음 • 냉각팬 작동음
	제동기	• 제동기 작동음	• 제동기 드럼과 라이닝 마찰음
	감속기	• 감속기어의 마찰음	• 감속기어의 불균형 소음
	제어반	• 제어반 콘텍터 등의 작동음	
	도르래	• 도르래 회전음	• 도르래와 메인로프의 마찰음
	기타	• 커플링의 불균형 소음	
승강로	출입문	• 도어 개폐음	
	가이드 롤러 또는 가이드 슈	• 가이드 롤러 및 베어링의 회전 진동 • 가이드 슈 또는 롤러의 레일 이음부 통과시 소음 • 가이드 슈 또는 롤러의 조립 상태에 의한 소음	
	주로프	• 도르래와 주로프간의 공진에 의한 소음 • 주로프 장력불균등에 의한 소음 • 장행정 엘리베이터에 의한 소음	
	기타	• 층 도착 작동음 • 카 환기 Fan의 작동음 • 카의 승강에 의한 풍압소음 • 균형체인에 의한 소음 • 이동케이블의 간섭에 의한 소음 • 균형추(카운터웨이터) 승강에 의한 소음	

3 ②

주어진 보기는 모두 기술경영자에게 필요한 능력이지만 자료는 A기업 기술최고책임자(CTO) T가 기존의 기술이 갖고 있던 단점을 보완하여 새로운 기술을 개발해 낸 사례이기 때문에 가장 적절한 답은 ②가 된다.

※ **기술경영자에게 필요한 능력**

㉠ 기술을 기업의 전반적인 전략 목표에 통합시키는 능력
㉡ 빠르고 효과적으로 새로운 기술을 습득하고 기존의 기술에서 탈피하는 능력
㉢ 기술을 효과적으로 평가할 수 있는 능력
㉣ 기술 이전을 효과적으로 할 수 있는 능력
㉤ 새로운 제품개발 시간을 단축할 수 있는 능력
㉥ 크고 복잡하고 서로 다른 분야에 걸쳐 있는 프로젝트를 수행할 수 있는 능력
㉦ 조직 내의 기술 이용을 수행할 수 있는 능력
㉧ 기술 전문 인력을 운용할 수 있는 능력

4 ③

③은 냄새가 나는 경우 확인해봐야 하는 사항이다.

5 ④

④는 세척이 잘 되지 않는 경우의 조치방법이다.

6 ②

버튼 잠금 설정이 되어 있는 경우 '헹굼/건조'와 '살균' 버튼을 동시에 2초간 눌러서 해제할 수 있다.

7 ④

④는 흡입력이 약해졌을 때의 조치방법이다.

8 ②

로봇청소기가 충전 중이지 않은 상태로 아무 동작 없이 10분이 경과되면 자동으로 충전대 탐색을 시작한다. 충전대 탐색에 성공하면 충전을 시작하고 충전대를 찾지 못하면 처음위치로 복귀하여 10분 후에 자동으로 전원이 꺼진다.

9 ③

① 충전이 되지 않을 때의 조치방법이다.
② 회전솔이 회전하지 않을 때의 조치방법이다.
④ 흡입력이 약해졌을 때의 조치방법이다.
⑤ 리모컨으로 작동시킬 수 없을 때의 조치방법이다.

10 ①

첫 번째 상태와 나중 상태를 비교해 보았을 때, 기계의 모양이 바뀐 것은 1번과 2번이다. 스위치를 두 번 눌러서 1번과 2번의 모양을 바꾸려면 1번과 3번을 회전시키고(●), 2번과 3번을 다시 회전시키면(♧) 된다.

11 ④

첫 번째 상태와 나중 상태를 비교해 보았을 때, 기계의 모양이 바뀐 것은 3번과 4번이다. 스위치를 두 번 눌러서 3번과 4번의 모양을 바꾸려면 2번과 3번을 회전시키고(♧), 2번과 4번을 다시 회전시키면(♣) 된다.

12 ②

첫 번째 상태와 나중 상태를 비교해 보았을 때, 기계의 모양이 바뀐 것은 3번과 4번이다. 1번과 2번을 회전시키고(○), 1번과 3번을 회전 시키면(●) 1번은 원래 모양으로 돌아간다. 이 상태에서 2번과 4번을 회전시키면(♣) 2번도 원래 모양으로 돌아가고 3번과 4번의 모양만 바뀌게 된다.

13 ④

첫 번째 상태와 나중 상태를 비교해 보았을 때, 기계의 모양이 바뀐 것은 1번과 2번이며, 작동상태가 바뀐 것은 3번과 4번이다. 스위치를 두 번 눌러서 이 상태가 되려면 1번과 2번을 회전시키고(○) 3번과 4번의 작동상태를 바꾸면(◐) 된다.

14 ③

첫 번째 상태와 나중 상태를 비교해 보았을 때, 기계의 모양이 바뀐 것은 1번과 4번이며, 모든 기계의 작동상태가 바뀌어 있다. 1번과 2번 기계를 회전시키고(○), 2번과 4번을 회전시키면(♣) 2번은 원래의 모양으로 돌아온다. 이 상태에서 모든 기계의 작동 상태를 바꾸면(♥) 된다.

15 ④

첫 번째 상태와 나중 상태를 비교해 보았을 때, 기계의 모양이 바뀐 것은 3번과 4번이며 작동 상태가 바뀌어 있는 것도 3번과 4번이다. 2번과 3번을 회전시키고(♧) 2번 4번을 회전시키면(♣) 2번은 원래의 모양으로 돌아온다. 이 상태에서 3번과 4번의 작동 상태를 바꾸면(◐) 된다.

16 ③

삼각형의 색깔이 W이므로 흰색이 되어야 한다.

17 ①

예시의 그래프에서 W는 가로축의 눈금 수를 나타내는 것이고, L은 세로축의 눈금수를 나타낸다. S, T, C는 그래프 내의 도형 S(star)=☆, T(triangle)=△, C(circle)=○을 나타내며, 괄호 안의 수는 도형의 가로 세로 좌표이다. 좌표 뒤의 B, W는 도형의 색깔로 각각 Black(검정색), White(흰색)을 의미한다.
주어진 조건에 따라 좌표를 나타내면 S(1,2) : B, T(3,3) : W, C(2,1) : B 가 된다.

18 ③

가로축의 눈금은 4개이고, 세로축의 눈금은 5이므로 W4/L5
별모양의 좌표는 (3,1)이며 색깔은 흰색이므로 S(3,1) : W
삼각형의 좌표는 (2,2)이며 색깔은 검정색이므로 T(2,2) : B
동그라미의 좌표는 (4,4)이며 색깔은 흰색이므로 C(4,4) : W

19 ①

• 1단계

9	3	8	1	5	9	3	3	4	7	1	2
×1	×3	×1	×3	×1	×3	×1	×3	×1	×3	×1	×3
=9	=9	=8	=3	=5	=27	=3	=9	=4	=21	=1	=6

• 2단계 : 9 + 9 + 8 + 3 + 5 + 27 + 3 + 9 + 4 + 21 + 1 + 6 = 105
• 3단계 : 105 ÷ 10 = 10 나머지 5
• 4단계 : 10 − 5 = 5
따라서 체크기호는 5가 된다.

20 ④

360도 회전비행을 위해서는 360도 회전비행을 먼저 눌러야 하며 부품별 기능표의 ⑤번 버튼이 이에 해당된다. 다음으로 오른쪽 이동방향 조작 레버를 원하는 방향으로 조작하여야 하므로 ③번 버튼을 조작해야 한다.

PART 6 직업윤리

1	③	2	④	3	②	4	④	5	③	6	②	7	①	8	③	9	②	10	③
11	④	12	③	13	④	14	③	15	①	16	④	17	③	18	①	19	④	20	①
21	④	22	②	23	③	24	③	25	④										

1 ③

③ 직장이라는 특수 상황에서 갖는 집단적 인간관계는 가족관계, 개인적 선호에 의한 친분 관계와는 다른 측면의 배려가 필요하다.

2 ④

김 대리가 윤리적 가치를 준수하고 있는 가장 큰 이유는, 그것이 어떻게 살 것인가 하는 가치관의 문제와도 관련이 있기 때문이다. 그러한 가치는 눈에 보이는 경제적 이득과 육신의 안락만을 추구하는 것이 아니고, 삶의 본질적 가치와 도덕적 신념을 존중하기 때문에 윤리적으로 행동해야 한다는 것을 말해 준다.

3 ②

"SERVICE"에서 'E'는 'Emotion'과 'Excellence'를 의미한다.

※ "SERVICE"의 7가지 의미

㉠ S(Smile & Speed) : 서비스는 미소와 함께 신속하게 하는 것
㉡ E(Emotion) : 서비스는 감동을 주는 것
㉢ R(Respect) : 서비스는 고객을 존중하는 것
㉣ V(Value) : 서비스는 고객에게 가치를 제공하는 것
㉤ I(Image) : 서비스는 고객에게 좋은 이미지를 심어 주는 것
㉥ C(Courtesy) : 서비스는 예의를 갖추고 정중하게 하는 것
㉦ E(Excellence) : 서비스는 고객에게 탁월하게 제공되어져야 하는 것

4 ④

가. 악수를 하는 동안에는 상대에게 집중하는 의미로 반드시 눈을 맞추고 미소를 짓는다.
다. 처음 만나는 사람과의 악수라도 손끝만을 잡는 행위는 상대방을 존중한다는 마음을 전달하지 못하는 행위이다.
바. 정부 고관을 지낸 사람을 소개할 경우 퇴직한 사람이라도 직급명은 그대로 사용해 주는 것이 일반적인 예절로 인식된다.

5 ③

제시된 상황은 대표적으로 직업윤리와 개인윤리가 충돌하는 상황이라고 할 수 있다. 직무에 따르는 업무적 책임 사항은 반드시 근무일에만 적용된다고 판단하는 것은 올바르지 않으며, 불가피한 경우 휴일에도 직무상 수행 업무가 발생할 수 있음을 감안하는 것이 바람직한 직업윤리의식일 것이다. 따라서 이러한 경우 직업윤리를 우선시하는 ③이 가장 바람직하다. 선택지 ④와 같은 경우는 대안을 찾는 경우로서, 본인의 책임을 다하는 태도라고 할 수 없다.

6 ②

제시된 사례는 비윤리적인 결과를 피하기 위하여 일반적으로 필요한 주의나 관심을 기울이지 않는 도덕적 태만에 해당한다. 도덕적 태만은 어떤 결과가 나쁜 것을 알지만 자신의 행위가 그러한 결과를 가져올 수 있다는 것을 모르는 경우이다.

7 ①

직업윤리의 5대 원칙

㉠ **객관성의 원칙** : 업무의 공공성을 바탕으로 공사구분을 명확히 하고, 모든 것을 숨김없이 투명하게 처리하는 원칙을 말한다.

㉡ **고객중심의 원칙** : 고객에 대한 봉사를 최우선으로 생각하고 현장중심, 실천중심으로 일하는 원칙을 말한다.

㉢ **전문성의 원칙** : 자기업무에 전문가로서의 능력과 의식을 가지고 책임을 다하며, 능력을 연마하는 것을 말한다.

㉣ **정직과 신용의 원칙** : 업무와 관련된 모든 것을 숨김없이 정직하게 수행하고, 본분과 약속을 지켜 신뢰를 유지하는 것을 말한다.

㉤ **공정경쟁의 원칙** : 법규를 준수하고, 경쟁원리에 따라 공정하게 행동하는 것을 말한다.

8 ③

직업의 일반적 의미

㉠ 직업은 경제적 보상을 받는 일이다.

㉡ 직업은 계속적으로 수행하는 일이다.

㉢ 직업은 사회적 효용이 있는 일이다.

㉣ 직업은 성인이 하는 일이다.

㉤ 직업은 자기의 의사에 따라 하는 일이다.

㉥ 직업은 노력이 소용되는 일이다.

9 ②

① 소명의식 : 자신이 맡은 일은 하늘에 의해 맡겨진 일이라고 생각하는 태도
③ 직분의식 : 자신이 하고 있는 일이 사회나 기업을 위해 중요한 역할을 하고 있다고 믿고 자신의 활동을 수행하는 태도
④ 책임의식 : 직업에 대한 사회적 역할과 책무를 충실히 수행하고 책임을 다하는 태도

10 ③

③ 좋은 결과를 위해 들이는 단기간의 노력은 성실함과는 거리가 멀다.

11 ④

SERVICE의 7가지 의미

㉠ S(smile & speed) : 서비스는 미소와 함께 신속하게 하는 것
㉡ E(emotion) : 서비스는 감동을 주는 것
㉢ R(respect) : 서비스는 고객을 존중하는 것
㉣ V(value) : 서비스는 고객에게 가치를 제공하는 것
㉤ I(image) : 서비스는 고객에게 좋은 이미지를 심어 주는 것
㉥ C(courtesy) : 서비스는 예의를 갖추고 정중하게 하는 것
㉦ E(excellence) : 서비스는 고객에게 탁월하게 제공되어져야 하는 것

12 ③

③ 고객 앞에서 개인 용무의 전화 통화는 금지해야 하지만 업무상 전화를 받는 행위는 그렇지 않다.

13 ④

④ 주머니에 손을 넣고 악수를 하지 않는다.

14 ③

③ 말을 할 때는 상대방의 이름을 함께 사용한다.

15 ①

3D 기피현상 : 힘들고(Difficult), 더럽고(Dirty), 위험한(Dangerous) 일은 하지 않으려고 하는 현상

16 ④

④는 근로윤리에 해당한다.

17 ③

③ 직장은 성예절에 어긋나는 행동에 대해 도움을 요청 받았을 시 개인 정보의 유출을 철저히 방지해야 한다.

①②⑤ 개인적 대응

④ 직장의 대응

18 ①

직업윤리의 덕목

㉠ **소명의식** : 자신이 맡은 일을 하늘에 의해 맡겨진 일이라고 생각하는 태도

㉡ **천직의식** : 자신의 일이 자신의 능력에 맞는다 여기고 열성을 가지고 성실히 임하는 태도

㉢ **직분의식** : 자신이 하고 있는 일이 사회나 기업을 위해 중요한 역할을 하고 있다고 믿는 태도

㉣ **책임의식** : 직업에 대한 사회적 역할과 책무를 충실히 수행하고 책임을 다하는 태도

㉤ **전문가의식** : 자신의 일이 누구나 할 수 있는 것이 아니라 해당분야의 지식을 바탕으로 가능한 것이라 믿는 태도

㉥ **봉사의식** : 직업활동을 통해 다른 사람과 공동체에 대해 봉사하는 정신을 갖춘 태도

19 ④

소개

- 나이 어린 사람을 연장자에게 소개한다.
- 내가 속해 있는 회사의 관계자를 타 회사의 관계자에게 소개한다.
- 신참자를 고참자에게 소개한다.
- 동료임원을 고객, 손님에게 소개한다.
- 비임원을 임원에게 소개한다.
- 소개받는 사람의 별칭은 그 이름이 비즈니스에서 사용되는 것이 아니라면 사용하지 않는다.
- 반드시 성과 이름을 함께 말한다.
- 상대방이 항상 사용하는 경우라면, Dr. 또는 Ph.D. 등의 칭호를 함께 언급한다.
- 정부 고관의 직급명은 퇴직한 경우라도 항상 사용한다.
- 천천히 그리고 명확하게 말한다.
- 각각의 관심사와 최근의 성과에 대하여 간단한 언급을 한다.

20 ①

명함 교환

- 명함은 반드시 명함 지갑에서 꺼내고 상대방에게 받은 명함도 명함 지갑에 넣는다.
- 상대방에게서 명함을 받으면 받은 즉시 호주머니에 넣지 않는다.
- 명함은 하위에 있는 사람이 먼저 꺼내는데 상위자에 대해서는 왼손으로 가볍게 받쳐 내는 것이 예의이며, 동위자, 하위자에게는 오른손으로만 쥐고 건넨다.
- 명함을 받으면 그대로 집어넣지 말고 명함에 관해서 한두 마디 대화를 건네 본다.
- 쌍방이 동시에 명함을 꺼낼 때는 왼손으로 서로 교환하고 오른손으로 옮겨진다.

21 ④

휴대전화 예절

- 당신이 어디에서 휴대전화로 전화를 하든지 간에 상대방에게 통화를 강요하지 않는다.
- 상대방이 장거리 요금을 지불하게 되는 휴대전화의 사용은 피한다.
- 운전하면서 휴대전화를 사용 하지 않는다.
- 친구의 휴대전화를 빌려 달라고 부탁하지 않는다.
- 비상시에만 휴대전화를 사용하는 친구에게는 휴대전화로 전화하지 않는다.

22 ②

직장에서 여성의 특징을 살린 한정된 업무를 담당하던 과거와는 달리 여성과 남성이 대등한 동반자 관계로 동등한 역할과 능력발휘를 한다는 인식을 가질 필요가 있다.

23 ③

③ 타협하거나 부정직을 눈감아 주지 말아야 한다.

24 ③

직장에서의 E-mail 예절

㉠ E-mail 보내기

- 상단에 보내는 사람의 이름을 적는다.
- 메시지에는 언제나 제목을 넣도록 한다.
- 메시지는 간략하게 만든다.
- 요점을 빗나가지 않는 제목을 잡도록 한다.
- 올바른 철자와 문법을 사용한다.

㉡ E-mail 답하기

- 원래 이-메일의 내용과 관련된 일관성 있는 답을 하도록 한다.
- 다른 비즈니스 서신에서와 마찬가지로 화가 난 감정의 표현을 보내는 것은 피한다.
- 답장이 어디로, 누구에게로 보내는지 주의한다.

25 ④

공동체윤리

① **봉사** : 직업인에게 봉사란 자신보다 고객의 가치를 최우선으로 하는 서비스 개념이다.

② **책임** : 책임은 모든 결과는 나의 선택으로 인한 결과임을 인식하는 태도로, 상황을 회피하지 않고 맞닥뜨려 해결하는 자세가 필요하다.

③ **준법** : 준법은 민주 시민으로서 기본적으로 지켜야 하는 의무이며 생활 자세이다.

④ **예절** : 예절은 일정한 생활문화권에서 오랜 생활습관을 통해 하나의 공통된 생활방법으로 정립되어 관습적으로 행해지는 사회계약적 생활규범으로, 언어문화권에 따라 다르고 같은 언어문화권이라도 지방에 따라 다를 수 있다.

상식 용어사전 시리즈

합격GO!

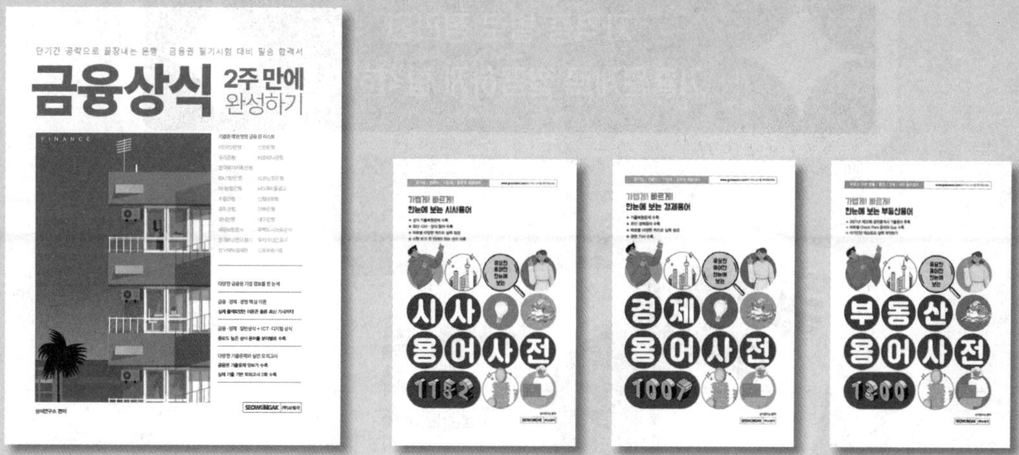

1 금융상식 2주 만에 완성하기

금융은행권, 단기간 공략으로 끝장낸다! 필기 걱정은 이제 NO! <금융상식 2주 만에 완성하기> 한 권으로 시간은 아끼고 학습효율은 높이자!

2 중요한 용어만 한눈에 보는 시사용어사전 1130

매일 접하는 각종 기사와 정보 속에서 현대인이 놓치기 쉬운, 그러나 꼭 알아야 할 최신 시사상식을 쏙쏙 뽑아 이해하기 쉽도록 정리했다!

3 중요한 용어만 한눈에 보는 경제용어사전 961

주요 경제용어는 거의 다 실었다! 경제가 쉬워지는 책, 경제용어사전!

4 중요한 용어만 한눈에 보는 부동산용어사전 1273

부동산에 대한 이해를 높이고 부동산의 개발과 활용, 투자 및 부동산 용어 학습에도 적극적으로 이용할 수 있는 부동산용어사전!